René Nouel

Docteur en droit
Avocat à la Cour d'appel de Paris.

Les
Sociétés par Actions
La réforme

Préface de M. PIERRE BAUDIN, sénateur.

Paris, FÉLIX ALCAN, éditeur.

LES

SOCIÉTÉS PAR ACTIONS

LA RÉFORME

COULOMMIERS

Imprimerie Paul BRODARD.

LES
SOCIÉTÉS PAR ACTIONS

LA RÉFORME

PAR

RENÉ NOUEL

Docteur en droit
Avocat à la Cour d'Appel de Paris

PRÉFACE DE M. PIERRE BAUDIN, SÉNATEUR

PARIS
FÉLIX ALCAN, ÉDITEUR
LIBRAIRIES FÉLIX ALCAN ET GUILLAUMIN RÉUNIES
108, BOULEVARD SAINT-GERMAIN, 108

—

1911

PRÉFACE

Rien n'est si difficile que de rajeunir les lois.
Les plus anciennes, les plus désuètes même, recè-
lent une grande force de résistance aux réformes.
Elles trouvent souvent, à vrai dire, des auxiliaires
précieux dans ceux mêmes qui les attaquent et
entreprennent de les refondre. En particulier le
réformateur français est, qu'il le veuille ou non,
un redoutable conservateur. Qu'il siège au parlement ou dans les commissions ministérielles ou
dans les sociétés savantes ou même dans les céna-
cles ignorants, il n'aboutit à rien ou du moins
il aboutit rarement à une réforme équili-
brée. C'est qu'il a en lui un démon pernicieux,
qui par un manège obscur allant de la raison au

sentiment et du cœur au cerveau, arrive à troubler les vues les plus claires. Je veux parler de l'esprit de système. Ce serait une revue à plus d'un titre instructive que celle des erreurs et des fautes qu'il nous fait commettre presque journellement. Soit qu'il s'agisse de l'éducation générale, ou de l'enseignement professionnel, ou de l'organisation militaire ou de la marine, soit qu'il nous faille mettre l'outillage de notre commerce au niveau des progrès réalisés à l'étranger, l'esprit de système intervient qui annihile l'intelligence critique la plus éveillée et met en échec les volontés les mieux trempées. C'est un terrible adversaire. Son jeu est toujours le même. En invoquant des principes, il masque les plus évidentes réalités. Il tue l'observation.

Les exemples se présentent innombrables des maux qu'il a engendrés. Les meilleurs desseins, au cours de notre histoire, ont été faussés par une application intransigeante des principes. En France, dès qu'on veut légiférer, on pose un principe. Oh ! les principes ! Froides idoles sans visage devant qui l'humanité nouvelle se courbe, dévote et pâmée ! Principe de liberté, quelles tyrannies n'as-tu pas vu naître et grandir sous le couvert de ton

saint des saints! Principe de justice, quelles ini-
quités, n'as-tu pas protégées de ton glaive!

Ce livre étale précisément sous nos yeux l'extraordinaire conflit de la réalité avec les principes.
Il est fait pour décourager les purs théoriciens de la
liberté et de la justice. Mais il sera d'un réel secours
aux hommes dont la pratique des intérêts a formé
et guidé l'esprit.

Il traite de la grave question des sociétés par
actions. Il n'en est pas de plus actuelle, de plus
pressante.

Personne aujourd'hui ne conteste la nécessité
de refondre la loi de 1867. A vrai dire, il faut
remonter plus loin pour découvrir les bases de ce
droit en déconfiture. Il faut remonter à 1810,
époque où il fut pour la première fois légiféré sur
la matière. La loi de 1856, celle de 1863 et celle
de 1867 n'ont pas modifié le sens général du droit.
Ce droit s'inspire de l'intérêt des tiers. C'est la
protection des tiers qui contractent avec la société
ou qui ont affaire à elle, que le droit vise à peu
près exclusivement.

La chose s'explique aisément par les dates. Au-
trefois le capitalisme était le fait d'un petit nombre. *Quantum mutatus!* Un tel point de vue est

tourné aujourd'hui à l'envers de la vie sociale. Depuis bien des années, l'épargne est la forme la plus puissante et la force la plus étendue du capitalisme. L'actionnaire est un personnage au moins aussi intéressant que le tiers. A vrai dire il est le personnage le plus intéressant, parce qu'il est l'universalité nationale, parce que c'est lui qui accorde ou repousse la confiance, qui crée ou refuse le crédit.

C'est par lui que le commerce et l'industrie peuvent se développer à l'intérieur et au dehors. Il est l'agent le plus efficace de la prospérité nationale.

Pour s'en rendre compte il suffit de considérer les effets produits sur le crédit par l'un des grands kracks financiers. Les années qui suivirent la débâcle de l'Union générale furent très difficiles pour les affaires. L'épargne se mobilisa presque uniquement vers les fonds d'État, au grand préjudice des industries.

La réforme de la législation paraissait à ce moment, aux yeux des hommes les mieux qualifiés pour parler au nom du Commerce, comme sa revendication la plus instante. C'est ce mouvement d'opinion qui aboutit à la loi de 1893. Mais on ne peut voir dans ce texte nouveau qu'une bien faible correction des dispositions de la loi de 1867. Tout son système subsiste, et aucun de ses vices essentiels n'a été supprimé ni même atténué.

Depuis lors le parlement a été sans cesse saisi de propositions tendant à une réforme totale. Malheureusement la plupart de leurs auteurs s'inspiraient bien moins des leçons de choses qui résultent des innombrables faits juridiques relatés dans la jurisprudence que d'idées préconçues, plus ou moins inspirées par l'esprit de système. Liberté ou surveillance, il semble qu'il n'y ait pour le législateur que ce dilemme. L'expérience d'un siècle démontre cependant que ni la liberté absolue ni le contrôle le plus méticuleux ne peuvent donner de résultats favorables. La liberté, c'est-à-dire l'exclusion de toute vérification sérieuse dans la fondation et les premiers actes de la Société, est une thèse infiniment nuisible. En réalité son application aurait pour premier résultat d'écarter des sociétés anonymes l'immense généralité des petits capitalistes.

Quant au contrôle méticuleux on en peut juger par les résultats de la loi de 1867. Il n'est capable de donner qu'une fausse sécurité. Il n'a empêché ni les grandes escroqueries, ni les multiples tricheries, ni l'industrie des aigrefins, ni les menus empiétements des entreprises douteuses sur la rigoureuse honnêteté.

Les sanctions sévères de la loi tombent souvent à faux. Elles frappent parfois très durement les actionnaires. Elles laissent échapper de lourdes fautes, elles offrent aussi aux maîtres chanteurs des moyens perfectionnés d'intimidation. Mais ce sont justement ces imperfections reconnues et éprouvées qui doivent servir d'indication au législateur dans son œuvre nouvelle.

Il faut ajouter que la surveillance étroite n'est plus, d'autre part, compatible avec les mœurs et la profusion des affaires qui nécessitent la forme de la société anonyme. C'est donc bien, comme le démontre M. René Nouel, à la vie pratique, à l'expérience seule, qu'il convient de demander la direction des règles à substituer à celles de 1867.

L'entreprise n'a rien de chimérique. Les recueils de la jurisprudence sont là comme des témoins de laboratoire. Il suffit d'y puiser avec sagacité.

On saura gré à M. René Nouel d'avoir accompli ce travail. Ce n'est point diminuer son mérite que de révéler l'origine principale de sa compétence : une longue et étroite collaboration avec Waldeck-

Rousseau, dont il fut le secrétaire au Palais. Le bénéfice qu'un homme a pu retirer de la fréquentation, quasi-journalière et dans le travail, d'un si haut esprit et d'une conscience à la fois si repliée et si généreuse est inappréciable; mais il n'a pas été donné à un grand nombre de savoir le recueillir et le conserver.

A lire son ouvrage on s'aperçoit vite que M. René Nouel n'en a rien laissé échapper.

L'érudition chez lui n'est point un amas confus de connaissances qui trouble la source du jugement. Elle est une réserve régulière et fidèle qui approvisionne sans cesse l'esprit en vérité et en clarté. Sous sa plume le droit cesse d'être un jeu de conceptions idéologiques et d'hypothèses. Il s'anime d'une vie puissante, de la vie sociale moderne, des intérêts énormes et des passions que l'argent attise.

Ainsi cet ouvrage, en apportant une vive lumière sur l'une des matières les plus compliquées du droit, fournit une preuve nouvelle que la méthode expérimentale n'est pas confinée dans l'ordre de la pure science, mais qu'elle est aussi le meilleur guide du gouvernement des hommes. Au-dessus des abstractions il y a les faits.

Pierre BAUDIN.

LES SOCIÉTÉS PAR ACTIONS

LA RÉFORME

INTRODUCTION

DANS QUEL ESPRIT CE LIVRE A ÉTÉ ÉCRIT

Lorsqu'on étudie les discussions qui ont eu lieu
ans les congrès, les assemblées législatives, les corps
avants sur la législation des sociétés par actions,
orsqu'on lit les livres, les articles, les rapports qui
nt été consacrés à ces questions, on est frappé du
ôle qu'y jouent les théories générales de droit et sur-
out les principes économiques. L'esprit non prévenu
'étonne parfois de constater que la solution de telle
u telle difficulté, exclusivement pratique, dépend
urtout de considérations purement théoriques.

C'est ainsi qu'on voit souvent les membres d'une
ssemblée se prononcer pour ou contre une mesure
égislative, suivant qu'ils se réclament de la doctrine
lassique du laisser-faire, ou qu'au contraire ils pré-
onisent ou même seulement admettent l'intervention
e l'État. Le lecteur qui voudrait se convaincre de

l'exactitude de cette observation n'aurait qu'à parcourir le compte rendu sténographique du congrès international des sociétés par actions de 1900, où l'on trouve une des discussions les plus complètes des principales questions que soulève la législation de ces sociétés.

On y lit des phrases comme celles-ci : « Je me rallie à l'opinion la plus libérale » ; « Nous demandons la priorité pour l'opinion la plus libérale; » « Je mets aux voix l'opinion la plus libérale. » De telle sorte que la raison de décider semble être non l'excellence pratique de la mesure proposée, mais sa conformité plus ou moins grande avec les doctrines d'une école économique. Le savant président du congrès, M. le professeur Lyon-Caen, a constaté du reste ce fait. Commentant un vote de la proposition « la plus libérale », il présente cette observation : *Vous voyez que nous sommes logiques avec nous-mêmes; nous sommes tous des esprits libéraux* [1].

Le remarquable praticien, qui avait bien voulu assumer les fonctions de rapporteur général du congrès, M. Rodolphe Rousseau, insistait également sur la méthode à suivre dans les termes suivants : *Je crois qu'il faut que nous restions fidèles à un principe*, qui, je l'espère, est admis par la plupart d'entre nous. Ce principe, c'est qu'il est utile que la loi réglemente les sociétés par actions, comme vous l'avez décidé hier, mais qu'en définitive, la constitution d'une

---

1. P. 152.

société par actions est une affaire purement privée, qu'*aucune espèce d'autorité*, ni judiciaire ni administrative, *n'a à intervenir ni directement ni indirectement*, dans la constitution des sociétés par actions. (*Applaudissements* [1].)

On commence donc par poser des principes : la constitution d'une société par actions est une affaire purement privée : toute intervention directe ou indirecte d'une autorité quelconque doit être écartée ; puis de ces principes on déduit la solution des diverses questions pratiques qui se posent ; c'est la méthode déductive.

Le présent livre a été conçu dans un tout autre esprit ; nous sommes de ceux qui croient que les théories générales du droit, les principes économiques et, d'une façon toute spéciale, les controverses sur la liberté et l'intervention n'auraient jamais dû franchir le seuil des écoles, les portes des sociétés savantes ; nous estimons que c'est par des raisons pratiques et non par des principes d'économie politique qu'il faut résoudre des questions pratiques. Autant nous admirons la méthode déductive dans le domaine des mathématiques, autant nous en considérons l'emploi comme dangereux dans les matières de législation pratique ; nous croyons même qu'un grand nombre d'insuccès des lois pratiques provient de l'utilisation malencontreuse de cette méthode. Nous lui substituons la méthode inductive, celle de l'expérience et de l'observation.

1. P. 74.

Les sociétés par actions ne sont pas une nouveauté en France; elles y fonctionnent depuis plus d'un siècle; la législation qui les a régies a plusieurs fois varié et même profondément; on peut facilement savoir quelles dispositions ont réussi, quelles autres ont été frappées d'insuccès. Et comme, à moins d'un changement radical dans les mœurs, changement que l'observation révélerait, il n'est pas vraisemblable que ce qui a été reconnu mauvais hier devienne bon demain, nous tirerons de cette étude les renseignements les plus utiles pour la législation à établir.

Ce n'est pas tout : il ne faut pas se borner à constater les résultats; nous rechercherons les causes des succès et des insuccès que l'observation aura révélés, et là encore nous aurons des éléments intéressants d'appréciation. Nous essaierons d'aller plus loin; nous étudierons, à l'occasion, la psychologie et la manière d'agir de ceux qui font partie des sociétés par actions ou qui gravitent autour. Nous nous demanderons quelle est la mentalité, quels sont les procédés des fondateurs, lanceurs d'affaires, banquiers émetteurs; nous tenterons de dégager les raisons qui déterminent la masse des capitalistes à souscrire ou à acquérir des titres; enfin l'examen de l'administration des sociétés nous révélera le rôle qu'y jouent ou sont susceptibles d'y jouer, dans l'état actuel des mœurs, actionnaires, administrateurs, directeurs, commissaires, etc.

Une fois ces éléments réunis par l'observation, nous

pourrons plus facilement prévoir les conséquences pratiques des dispositions législatives qu'on pourrait songer à adopter. Autant, en effet, de telles prévisions peuvent paraître téméraires et divinatoires lorsqu'elles n'ont pour base que des principes et des raisonnements, autant elles ont de chances de se réaliser lorsqu'elles sont la conséquence et le résultat de l'observation des faits.

Nous n'avons pas jusqu'à présent parlé des législations étrangères et des expériences résultant de leur application ; ce n'est pas qu'il faille systématiquement dédaigner cette source de renseignements ; mais on ne peut utiliser ces observations qu'avec une certaine réserve et beaucoup de précautions ; il ne faut pas en effet oublier qu'elles sont prises dans des milieux assez différents. On ne peut sans danger conclure de ce qui se passe en Angleterre à ce qui aura lieu en France ; les habitudes des capitalistes et les mœurs financières des deux pays sont trop éloignées. De même si l'on voulait introduire en France certaines pratiques qui semblent toutes naturelles en Allemagne, on risquerait de soulever les plus vives protestations.

Les observations ainsi recueillies serviront de base à l'étude des réformes à introduire dans la législation des sociétés par actions. Lorsque le succès pratique d'une de ces réformes paraîtra probable, nous l'adopterons sans nous demander si elle est conforme à tel ou tel principe, si elle est admise par telle ou telle école.

Mais, avant d'en arriver ainsi à rebâtir, il faut observer les constructions qui ont existé successivement et se pénétrer des causes qùi ont déterminé leurs ruines. Tel sera l'objet de la première partie de ce travail.

PREMIÈRE PARTIE

LES SOCIÉTÉS PAR ACTIONS ET SPÉCIALEMENT LES SOCIÉTÉS ANONYMES DE 1807 A 1909

CHAPITRE PREMIER

LES SOCIÉTÉS PAR ACTIONS SOUS LE RÉGIME DU CODE DE COMMERCE

Au point de vue pratique, il semble complètement inutile de rechercher les origines des sociétés par actions ; un pareil travail appartient exclusivement au domaine de l'histoire ; dans cette étude purement pratique, il suffit de remonter aux dispositions du code de commerce.

Le législateur de 1807 n'a défini ni l'action ni les sociétés par actions ; il s'est borné à déclarer que les actions pourraient être nominatives ou au porteur ; que, dans le premier cas, la cession s'opérerait par une déclaration de transfert inscrite sur un registre spécial ; que, dans le deuxième cas, la remise du titre suffirait à transmettre les droits d'associés (art. 35 et 36).

De ce silence sont nées des difficultés d'interprétation ; une controverse célèbre s'est développée sur la question de savoir en quoi consiste une action, en d'autres termes, quel critérium permet de distinguer l'*action* de la *part d'intérêt* dans une société ; cette controverse n'a été définitivement tranchée ni en doctrine ni en jurisprudence[1]. Au point de vue d'une réforme de la législation des sociétés, l'examen de la question présente peu d'intérêt ; les espèces où elle se pose sont exceptionnelles, les difficultés se rencontrent surtout à propos de l'application des lois fiscales.

Il suffira de constater ici que l'incessibilité est le propre des parts d'intérêts ; si, dans certains cas, leur cessibilité se trouve, suivant les opinions, plus ou moins permise, elle est entourée de telles restrictions et exige de telles formalités qu'elle ne rentre pas dans le domaine de la pratique. L'action, au contraire, circule avec la plus grande facilité ; le plus souvent le titulaire peut la mettre au porteur, à sa volonté ; dans tous les cas sa transmission s'opérant par les modes commerciaux ne présente pas de difficultés, ce n'est que dans des espèces exceptionnelles et dans des buts très spéciaux que peuvent intervenir des entraves légères à la transmission. Du reste la société par actions pratique, la seule qui puisse avoir de l'intérêt au point de vue financier, est celle dont les titres nominatifs ou au porteur circulent en toute liberté ; on ne peut confondre une telle société avec une société par parts d'intérêt.

1. Houpin, *Traité des sociétés civiles et commerciales*, 4ᵉ édition, I, n° 276, p. 225.

Les sociétés par parts d'intérêt présentent le caractère de sociétés de personnes; elles sont formées entre quelques associés qui se connaissent généralement; en tous cas, le petit nombre même de ces associés établit presque nécessairement entre eux des rapports directs; de plus, comme la cession des droits reste toujours soumise à de graves restrictions, le personnel ne subit que peu de variations.

Les sociétés par actions, ou sociétés de capitaux, comprennent au contraire en général un grand nombre d'actionnaires, qui sont étrangers les uns aux autres et se trouvent réunis accidentellement par le désir de faire un emploi fructueux de leurs capitaux. En outre, comme les titres circulent facilement, les actionnaires varient presque chaque jour. Ces sociétés font donc largement appel à l'épargne et par des procédés souvent répréhensibles : de là résultent des dangers spéciaux pour cette épargne. De plus le nombre des associés crée des difficultés particulières d'administration. Il faudra souvent revenir sur ces points; il suffit ici de les indiquer. A raison de ces particularités, presque toutes les législations ont aujourd'hui adopté des dispositions spéciales réglementant la constitution des sociétés par actions. Au commencement du XIXe siècle le besoin de cette législation particulière s'était fait moins sentir; aussi le code de commerce de 1807 ne contient-il guère de réglementation des sociétés par actions. Il prévoit deux sortes de sociétés par actions :

la société anonyme qu'il soumet à l'autorisation du gouvernement, et la société en commandite par actions qu'il laisse entièrement libre, sous l'empire du droit commun.

Les sociétés anonymes sont ainsi appelées parce qu'à la différence des sociétés de personnes le nom d'aucun associé ne figure dans la raison sociale; elles sont qualifiées par l'objet de l'entreprise ou portent quelque dénomination de fantaisie : Société du Crédit foncier de France, Cie des chemins de fer du Midi, Cie le Phénix. Le caractère propre de la société anonyme réside dans ce fait que tous les associés, sans aucune exception, ne sont tenus des dettes sociales qu'à concurrence de leur mise dans la société; leur responsabilité reste limitée au montant des actions qu'ils ont souscrites ou acquises; cette règle s'applique même aux administrateurs : ceux-ci, salariés ou gratuits, sont des mandataires; ils n'ont à répondre que de l'exécution du mandat qu'ils ont accepté; ils ne contractent à raison de leur gestion aucune obligation personnelle, ni solidaire, relativement aux engagements de la société (art. 31, 32, 33 du code de commerce).

Les sociétés anonymes ne peuvent être formées que par acte notarié (art. 40); elles n'existent qu'avec l'autorisation du gouvernement donnée dans la forme des règlements d'administration publique (décret rendu au conseil d'État) (art. 39). Le conseil d'État examine non seulement si les dispositions des statuts paraissent contraires à l'ordre public ou aux principes généraux du droit, mais si ces statuts et les conditions dans lesquelles la constitution de la société a lieu présentent des garanties suffisantes; bien mieux, parfois il pèse les chances de succès de l'entreprise. Il n'existe aucun recours contre le refus d'autorisation; c'est une décision souveraine de l'administration. De plus, le gouvernement peut toujours révoquer l'autorisation donnée pour divers motifs, notamment en cas de violation des statuts; cette révocation met fin aux opérations de la société.

Les sociétés en commandite par actions, au contraire, se constituent sans autorisation; la loi n'établit même aucune réglementation spéciale pour la constitution de ces sociétés et leur administration; elle les déclare soumises au droit commun. L'article 38 se borne à dire : « Le capital des sociétés en commandite pourra être divisé en actions, sans aucune autre dérogation aux règles établies pour ce genre de sociétés. »

Pourquoi deux traitements si différents pour les sociétés anonymes et pour les sociétés en commandite par actions? On ne peut concevoir aucun doute sur les raisons de cette différence. Le législateur s'est uniquement préoccupé de l'intérêt des tiers, de ceux qui traiteront avec la société; il a pensé que la limitation de la responsabilité des membres de la société anonyme constituait un danger pour ces tiers et il a voulu que le gouvernement ne permette à une telle société de naître et de vivre qu'autant que sa constitution et son fonctionnement paraîtraient entourés de garanties suffisantes.

Au contraire, la société en commandite par actions n'a pas paru présenter les mêmes dangers, parce que, si certains associés, les commanditaires, ne sont soumis qu'à une responsabilité limitée, d'autres, au contraire, appelés gérants ou commandités, sont tenus *in infinitum* des dettes sociales. Ces associés, dont le nom figure dans la raison sociale [1], doivent, d'après le législateur, inspirer confiance à ceux qui traitent avec la société.

Ainsi, dès le début, on voit se manifester le désir du législateur de protéger les tiers, les actionnaires sont par contre laissés quelque peu abandonnés à eux-mêmes. La même préoccupation se retrouvera dans les diverses lois qui, successivement, ont en France régi les sociétés par actions; sans doute, les actionnaires seront un peu mieux protégés, mais le législateur songera toujours de préférence aux tiers. Il y a là un caractère important de notre législation, sur lequel il faut dès maintenant attirer l'attention.

Quelque opinion qu'on puisse avoir sur les dispositions ou l'absence de dispositions du code de commerce sur les sociétés par actions, il faut constater qu'au point de vue expérimental, cette législation présente un intérêt particulier, puisqu'on va voir fonctionner côte à côte pendant un demi-siècle les

---

1. Par exemple, la société qui exploite les magasins du Bon Marché a, comme raison sociale : Fillot, Ricois, Lucet et Cie.

deux systèmes législatifs les plus opposés, celui de l'intervention de l'État sous sa forme brutale, et celui de la liberté, celui si souvent préconisé sous le nom de législation du droit commun. Ni l'un ni l'autre de ces systèmes n'a réussi; ils ont tous les deux été successivement abandonnés; le premier qui a succombé est celui du droit commun.

La liberté, presque absolue, laissée aux sociétés en commandite par actions, n'a pas produit de bons résultats. On a vu se créer de multiples sociétés sans base sérieuse; et, bien qu'à cette époque la difficulté des communications et surtout la rareté des journaux rendissent la publicité plus difficile, les lanceurs d'affaires et les spéculateurs sont parvenus à faire coter à des titres au moins douteux des cours très élevés (on cite des cours de 10000 francs)[1]. Voici le tableau des exagérations de cette période dressé par le législateur lui-même[2] : « Malheureusement, les actionnaires se sont laissé séduire par les plus folles espérances et sont tombés dans les plus extravagantes exagérations. La mauvaise foi a compris tout ce qu'elle pouvait tirer de cette disposition des esprits; elle a par des assertions mensongères fait croire à des bénéfices impossibles, elle a paru donner des garanties de crédit et de moralité en se plaçant sous le patronage nominal de personnes honorables;

---

1. Voir *Rev. des Soc.*, 1897, p. 106. — Léon Say, *Des interventions à la Bourse*. — Leroy-Beaulieu, *Traité d'économie politique*, IV, p. 430 (F. Alcan).

2. Exposé des motifs de la loi de 1856.

elle a, *en exagérant la valeur de l'apport social*, absorbé en grande partie, dans l'intérêt des fondateurs, les capitaux souscrits par les commanditaires; elle a trouvé dans le mécanisme même de la commandite, dans la forme des actions, des moyens de réaliser des avantages illicites, entièrement indépendants du succès des affaires sociales. »

On pourrait croire que ce passage est écrit d'hier; et l'on ne s'étonnerait pas d'y voir la signature des ministres, qui ont proposé les réformes actuellement soumises aux Chambres; les maux qu'on constatait il y a soixante-dix ans sont les mêmes que ceux dont on se plaint aujourd'hui, et, fait intéressant à noter, dès cette époque, on met en première ligne parmi les dangers principaux la majoration des apports, les avantages illicites que s'attribuent ceux qui participent à la création des sociétés.

Les excès qui viennent d'être rappelés aboutirent au krach de 1838. La situation parut si grave que le gouvernement n'hésita pas devant des mesures draconiennes; le projet présenté à la Chambre des députés ne tendait à rien moins qu'à la prohibition absolue des sociétés par actions. Une commission, nommée par la Chambre des députés, et composée d'hommes « dont les lumières, l'expérience et le caractère offraient les plus complètes garanties[1] », se livra à une étude approfondie du projet. Après deux mois d'examen, elle déposa un rapport qui, en re-

---

1. Exposé des motifs de la loi de 1856.

poussant le système absolu du gouvernement, présentait un ensemble de dispositions tendant à assurer la régularité des constitutions des sociétés en commandite par actions, et leur bonne administration.

Le projet, n'ayant pu être voté dans la session, tomba ensuite dans l'oubli; il paraissait d'un intérêt moins grand; l'épargne s'abstenant, les tromperies diminuaient. Mais, et c'est un fait également à noter, la même défiance atteignait les sociétés sérieuses; les sociétés par actions souffrirent d'une maladie de langueur. Le mal dura longtemps; cette durée fut prolongée par la crise économique, qui atteignit son maximum d'intensité dans les années qui suivirent la révolution de 1848.

Lors de la reprise des affaires, les événements de 1838 étaient depuis longtemps oubliés, mais les procédés des lanceurs d'affaires revoyaient le jour, et l'on put constater « que les affaires équivoques, les spéculations frauduleuses, reprenaient aussi une funeste activité ». « Les annonces de sociétés par actions, lit-on dans l'exposé des motifs de la loi de 1856, ont de nouveau paru, exposant les plus étranges projets, demandant des capitaux considérables, promettant des bénéfices immenses, employant tous les moyens de séduction déjà connus, et en imaginant d'autres au besoin... *Les leçons de l'expérience n'ont point suffi à empêcher ces manœuvres de produire leurs déplorables effets*, et il n'y a que trop d'exemples de sociétés dont les actions avilies presque le lendemain de leur émission ont entraîné la ruine de ceux qui ont eu la folie de les accepter. » Le même exposé des motifs constatait que depuis quelques années les statuts créaient des actions de 50, 20, 5 francs, et que ces titres de valeur infime présentaient les plus graves dangers pour l'épargne.

Voilà le système de la liberté, celui du droit commun, jugé par une expérience de près de cinquante années. Le gouvernement, « ému à la suite de ces désordres », proposait, le 28 mai 1856, un projet réglementant les sociétés en commandite par actions; ce projet fut voté à l'énorme majorité de 221 voix contre 12 et promulgué le 17 juillet 1856; il y avait donc avis à peu près unanime sur les résultats de l'expérience. Les dispositions essentielles de cette loi ayant été presque intégralement reproduites dans celle de 1867, une seule étude de cette législation suffira; avant de la faire, il est intéressant d'observer les résultats du système de l'autorisation gouvernementale, appliqué par le code de commerce aux sociétés anonymes.

Les sociétés anonymes n'ont pas subi de crises comme les sociétés en commandite par actions; le régime de l'autorisation n'a évidemment pas préservé de toute chute les sociétés qui y étaient soumises, mais les désastres se sont montrés proportionnellement plus rares. Il faut du reste observer que de cette époque datent nombre de sociétés encore très florissantes; si l'on parcourt les tableaux de la Bourse, on constate que parmi les valeurs les plus sûres beaucoup ont été émises par des sociétés fondées avant 1867. Il suffira de citer les compagnies de chemins de fer, la Banque de France, le Crédit foncier et d'autres grandes banques et certaines compagnies d'assurances très florissantes. Sans doute, ces sociétés se sont dans la suite modernisées, beaucoup se sont soumises à la législation nouvelle, mais il ne faut pas oublier que les bases sur lesquelles les édifices ont été construits avaient été posées sous le régime de l'autorisation gouvernementale.

Il ne faudrait pas cependant exagérer la portée de l'observation ; comme il sera ci-dessous souligné, la plupart de ces sociétés avaient des éléments de vitalité indépendants de la loi même sous laquelle elles étaient constituées : elles avaient en effet pour objet souvent l'exploitation de monopoles, parfois elles étaient soumises à un contrôle de l'administration ; enfin certaines jouissaient de garanties pécuniaires fournies par l'État. Néanmoins, il est incontestable que l'intervention du gouvernement avait pour effet d'assainir la constitution des sociétés soumises à son approbation.

Aussi l'abandon du système de l'autorisation gouvernementale n'a-t-il pas eu pour cause son inefficacité. Au moment même où il inaugurait le régime de liberté, en permettant de constituer sous le nom de sociétés à responsabilité limitée de véritables sociétés anonymes libres, le législateur de 1863 constatait les bons effets du régime de l'autorisation. De même l'exposé des motifs de la loi de 1867 indique dans ces termes les raisons de la suppression définitive de l'autorisation : « L'intervention de l'autorité publique n'a point été envisagée de la même manière. On a paru moins touché des garanties qu'elle offrait que des difficultés et des lenteurs qu'elle pouvait faire naître. »

Telle est la cause principale de la suppression de l'autorisation ; ce régime ne permettait la constitution que d'un petit nombre de sociétés, ce fait est démontré par le tableau suivant qui indique la *moyenne annuelle* des constitutions de sociétés par actions[1] :

Années.	41-45	46-50	51-55	56-60	61-65
Commandites par actions.....	141	220	288	212	116
Sociétés anonymes..........	24	16	22	12	16

La constitution de 15 à 20 sociétés anonymes par an ne correspondait certainement pas aux besoins du commerce et de l'industrie, surtout sous le second Empire ; et c'était, sans aucun doute possible, le régime de l'autorisation qui entravait la création de ces sociétés. En voici la meilleure preuve : aussitôt après le vote de la loi de 1867, qui a supprimé cette autorisation, le nombre des sociétés anonymes décuple en quelques années ; la *moyenne annuelle* passe à 126 dans la période 1866-1870 et à 202 dans la période 1871-1875. Il fallait un régime plus souple que celui de l'autorisation, se prêtant mieux aux besoins de l'époque ; mais l'établissement de la législation nouvelle a été singulièrement facilité par

---

1. *Journal des sociétés*, 1882, p. 665.

l'influence des idées des économistes de l'école classique sur l'empereur Napoléon III. A cette influence
sont dus en grande partie les traités de commerce
et plusieurs lois importantes promulguées dans la
deuxième partie du règne.

Le changement de régime s'est produit en deux
fois : la loi du 23 mai 1863 a créé, sous le nom de
sociétés à responsabilité limitée, des sortes de
sociétés anonymes libres ; puis l'autorisation a été
définitivement supprimée par la loi du 24 juillet 1867.
Dans cette loi le législateur s'est approprié la plupart des dispositions de la loi de 1863 comme de
celle de 1856. Il ne sera donc pas utile de consacrer
à cette loi des études spéciales ; il suffira de dégager
les règles posées en 1867, règles qui sont encore les
bases de la législation en vigueur.

De telle sorte qu'en 1909 les sociétés par actions
vivent sous un régime qui a été inauguré en 1856,
à une époque où personne ne pouvait soupçonner
l'importance que ces sociétés prendraient, ni le développement que la facilité des communications et la
multiplication des journaux donneraient à la publicité. Et l'on est amené à se demander si des bases
si anciennes, et surtout posées dans des conditions
si différentes de celles qui existent aujourd'hui,
n'ont pas subi quelque peu les atteintes du temps,
et si l'absence de solidité de l'édifice modifié n'est
pas dû à ce manque de stabilité des bases. Cette
question sera examinée de près au cours du présent
travail, surtout lorsqu'on étudiera les causes de

l'insuccès de la loi de 1867 et des dispositions qui l'ont modifiée.

Quoi qu'il en soit, en 1867 a définitivement disparu le double régime établi par le code de commerce; en prenant acte de cette disparition, il n'est pas inutile de constater que le régime de la liberté, du droit commun a été abandonné le premier, à la suite de l'expérience qui en avait été faite, expérience qui a révélé les très graves abus auxquels il donnait lieu. Au contraire on n'oubliera pas que si le régime de l'autorisation gouvernementale a disparu, ce n'est pas à raison de son inefficacité, mais parce qu'il manquait de la souplesse nécessaire et entravait le développement des sociétés anonymes. Ce sont là des faits matériels devant lesquels il faut s'incliner, sauf à en tirer plus tard, s'il y a lieu, les conséquences pratiques qu'ils paraîtraient comporter.

CHAPITRE II

LA LOI DE 1867

I. — CONSTITUTION DES SOCIÉTÉS ANONYMES

Le législateur de 1867 s'est, dans la constitution
des sociétés anonymes, surtout préoccupé des intérêts
de ceux qui traiteront avec la société; les précautions prises paraissent l'avoir été, moins pour protéger les actionnaires que pour garantir aux tiers
l'exécution des engagements de la société.

Ce qui importe aux tiers, c'est le capital social;
dans la société anonyme, il n'y a pas d'associés indéfiniment responsables, le crédit de la société dépend
surtout du capital social. Le montant de ce capital
est indiqué dans l'acte de société, en d'autres termes
dans les statuts. Ce sont les statuts qui fixent les
conditions de constitution, d'administration et de
dissolution de la société et les droits des divers
intéressés. Ils sont rédigés par le ou les fondateurs;
ceux-ci ont toute liberté pour cette rédaction, à la
condition d'observer les dispositions qui seront ci-

dessous rappelées. Les indications concernant le capital social sont publiées par dépôt dans les greffes et par insertions dans les journaux ; bien mieux, « dans tous les actes, factures, annonces, publications et autres documents imprimés ou autographiés » concernant toute société anonyme, la dénomination sociale doit toujours être précédée ou immédiatement suivie de ces mots écrits lisiblement et en toutes lettres : « Société anonyme au capital de..... »

Après avoir donné au capital une telle importance, il faut à tout prix assurer sa constitution ; le législateur ne manque pas à cette obligation. Il commence par décider que le capital sera divisé en actions, dont il fixe le taux minimum selon l'importance de la société ; cette règle, destinée à protéger l'épargne et surtout la petite épargne, fera ci-dessous l'objet d'une étude plus détaillée. De même la loi fixe à sept le nombre minimum des actionnaires.

A la différence de plusieurs lois étrangères, et notamment des lois anglaises, qui permettent de constituer la société dès l'instant où sept personnes promettent de souscrire chacune une action, la loi de 1867 ne déclare la société constituée qu'autant que le capital social aura été intégralement souscrit (art. 21 et 23). Les actions seront libérables en espèces ou seront remises contre l'apport à la société de biens ou valeurs autres que des espèces. La loi a établi des règles minutieuses dans les deux cas ; il faut les étudier séparément, en commençant par les dispositions qui concernent les actions libérables en numéraire.

Toutes les actions-numéraire doivent être souscrites avant la constitution de la société, en d'autres termes, des personnes doivent s'engager à prendre ces actions et à en verser le montant aux époques et dans les conditions prévues aux statuts; si la fictivité de certaines souscriptions se trouve établie, les tribunaux estiment que le capital social n'est pas intégralement souscrit. Les souscriptions doivent être réelles et les souscripteurs sérieux! On a annulé des sociétés formées avec des prête-noms complaisants; la même nullité a été prononcée dans le cas où le fondateur avait fait prendre partie du capital par ses employés notoirement insolvables [1].

Pour mieux assurer le caractère sérieux des souscriptions, la loi de 1867 (art. 1 et 21) exige le versement immédiat du quart du montant de l'action, soit 125 francs pour une action de 500 francs; la société n'est constituée qu'après qu'on a opéré ce versement sur toutes les actions libérables en espèces.

Les souscriptions et les versements sont reçus par les fondateurs ou ceux qu'ils ont chargés de ces opérations. La loi ne prescrit aucune formalité à cet égard; elle n'impose même pas la signature d'un bulletin de souscription. Mais, une fois les souscriptions reçues et les versements effectués, une décla-

---

1. Houpin, I, n° 540.

ration faite devant notaire par les fondateurs constate ces opérations; à cette déclaration sont annexés la liste des souscripteurs, l'état des versements et aussi un exemplaire des statuts, s'ils sont sous seing privé ou s'ils ont été passés devant un notaire autre que celui qui reçoit la déclaration. La loi, en effet, n'exige pas, pour la rédaction des statuts, l'intervention d'un officier ministériel, mais elle veut qu'avant la constitution, les statuts soient authentiqués par le dépôt dans l'étude d'un notaire (art. 1 et 21).

Ces formalités une fois remplies, les fondateurs convoquent tous les souscripteurs en assemblée générale, quel que soit le nombre des actions souscrites. Dans cette assemblée chaque actionnaire a au moins une voix, et au maximum dix voix, nonobstant toute disposition contraire des statuts (art. 27). L'assemblée, pour délibérer valablement, doit comprendre des actionnaires possédant moitié au moins du capital social. Si le quorum n'est pas réuni, les actionnaires ne peuvent prendre qu'une délibération provisoire; dans ce cas, les fondateurs convoquent une nouvelle assemblée. Deux avis publiés à huit jours d'intervalle au moins, un mois à l'avance, dans l'un des journaux d'annonces légales, font connaître aux actionnaires les résolutions provisoires adoptées par la première assemblée, et ces résolutions deviennent définitives si elles sont approuvées par la nouvelle assemblée, composée d'actionnaires représentant au moins un cinquième du capital social (art. 30).

Les fondateurs doivent soumettre la déclaration de souscription et l'état des versements à cette assemblée, qui en vérifie la sincérité ; puis l'assemblée nomme les premiers administrateurs, s'ils n'ont pas été désignés par les statuts, et des commissaires chargés de vérifier les comptes du premier exercice. La société n'est constituée qu'après acceptation de leurs fonctions par les personnes ainsi désignées (art. 25) ; et pour mieux s'assurer qu'avant d'accepter leurs fonctions les administrateurs vérifieront la régularité de la constitution, la loi les déclare solidairement responsables de la nullité de la société avec les conséquences si graves, qui seront ci-dessous précisées (art. 42).

Il n'a pas paru inutile d'entrer dans le détail des formalités, pour montrer avec quel soin et même quelle minutie tout a été prévu.

Après avoir ainsi pris toutes précautions estimées utiles pour assurer à l'origine la souscription du capital social, et le versement du quart, le législateur ne néglige pas la libération des trois autres quarts. Naturellement la loi ne se préoccupe pas des dates des versements, elles varieront suivant les besoins de la société et seront fixées soit par les statuts, soit par l'administration de la société ; mais toutes précautions sont prises pour assurer ces versements.

Les actions restent nominatives tant qu'elles n'ont pas été libérées de moitié (art. 3), et, dans cet état, les représentants de la société, conseil d'administration, liquidateur, syndic, peuvent réclamer les sommes restant dues sur les actions non seulement au propriétaire actuel, mais au souscripteur originaire et à tous les titulaires intermédiaires de l'action. Si l'un d'eux ne consent pas à payer amiablement, les poursuites peuvent être dirigées contre tous les obligés à la fois et chacun être condamné à payer le tout; en tout cas, le poursuivant peut choisir sa victime, sauf à celle-ci à exercer, s'il y a lieu, contre les autres des recours plus ou moins faciles et même souvent illusoires. L'action dure trente ans. Ainsi, dans une société dont tous les titres étaient nominatifs, un actionnaire pouvait, sous l'empire de la loi de 1867, se voir, vingt-neuf ans après avoir cédé ses titres, réclamer leur libération, et ce alors que, la société se trouvant en faillite, les actions avaient perdu toute valeur. L'application de ces dispositions a donné souvent lieu à des condamnations vraiment excessives.

L'article 3 apportait une dérogation à la rigueur du principe. Lorsque les statuts le permettaient, l'assemblée générale pouvait autoriser la mise au porteur des actions libérées de moitié; dans ce cas, soit que certaines actions aient conservé la forme nominative, soit que toutes aient été converties au porteur, les souscripteurs originaires et les acheteurs ne restaient tenus de la libération que pendant deux ans à partir du vote de l'assemblée, lorsqu'ils avaient auparavant cédé leurs actions. Quant aux capitalistes qui n'avaient acquis leurs titres

qu'après le vote autorisant la conversion, ils étaient
libérés par le seul fait de la revente de leurs titres
avant l'appel de fonds. La réclamation n'atteignait
que le titulaire de l'action à la date où l'appel était
fait, et la société qui réclamait le paiement devait
prouver que celui qu'elle assignait était bien titulaire du titre à la susdite date. La nature même des
titres au porteur rendait, on le comprend facilement,
les appels de fonds aléatoires, surtout lorsqu'ils
intervenaient après faillite[1].

Ainsi, rigueur excessive dans le cas où la conversion n'a pas été autorisée et votée, relâchement exagéré après cette conversion. La loi de 1893 complétera et modifiera heureusement ces dispositions;
après sa promulgation on pourra dire que toutes précautions utiles ont été prises pour assurer la pleine
et entière libération du capital social. Les tiers reçoivent satisfaction aussi complète que possible.

Toutes les dispositions qui viennent d'être examinées ont en effet été écrites surtout dans l'intérêt
des tiers; quant aux actionnaires, ils sont parfois
victimes de certaines d'entre elles. Rien n'est plus
naturel dans beaucoup de cas; ceux qui traitent
avec la société font confiance au capital social, ils
ont droit à ce capital. Mais l'application des dispositions légales conduit, dans le cas où la société est
déclarée nulle, à des résultats très juridiques mais
fort durs, et par suite de nature a décourager

_____

1. Voir, sur tous ces points, Houpin, I, n° 318.

l'épargne. Les associés ne peuvent opposer cette nullité (art. 7) aux tiers, il en résulte que, malgré cette nullité, l'actionnaire reste responsable du montant de son action; on peut sans doute considérer cette responsabilité comme la punition de n'avoir pas vérifié la constitution de la société; mais le châtiment paraît particulièrement sévère dans le cas où l'actionnaire n'a été, ce qui arrive parfois, déterminé à souscrire que par des manœuvres dolosives; il doit tenir vis-à-vis des créanciers les engagements qu'il n'a pris qu'à la suite de ces manœuvres; il n'a qu'un seul droit, celui de demander des dommages-intérêts aux auteurs de la tromperie; combien de fois un tel recours présentera-t-il de l'efficacité?

En résumé, il faut constater que, dans l'intérêt surtout des tiers, le législateur paraît avoir pris toutes mesures possibles pour assurer la constitution du capital social et sa libération, et qu'il n'a pas hésité, lorsqu'il l'a estimé utile, à sacrifier les actionnaires, *sans s'inquiéter si, de la sorte, il n'écarterait pas l'épargne des placements en actions des sociétés anonymes.*

Les mesures prises par le législateur pour assurer la constitution du capital se trouvaient en défaut, dans le cas où la mise des actionnaires ou de certains d'entre eux consistait en autre chose que des espèces, lorsque, par exemple, ils apportaient à la société un immeuble, un fonds de commerce, des brevets.

Dans ce cas, les statuts précisent les avantages que les apporteurs entendent se réserver, actions, parts dans les bénéfices, avec ou sans soulte espèces ; en souscrivant les actions, les capitalistes adhèrent aux statuts et par suite acceptent les apports ainsi que les avantages stipulés par les apporteurs. L'application des principes généraux du droit conduirait du moins à ce résultat : l'apporteur fait une offre, il pose à la cession de ses biens les conditions qui lui plaisent, les capitalistes restent libres de les accepter ou de les repousser ; mais dès l'instant où ils souscrivent, ils acceptent l'apport dans les conditions mêmes où il est offert ; le contrat se trouve définitivement formé.

Le législateur de 1856, suivi par celui de 1867, a introduit une grave dérogation aux principes du droit. Il a observé que l'actionnaire souscrivait, sur les indications de prospectus, que rien ne lui permettait de vérifier, et il a estimé que le contrat se formait « sans réflexion et sans contradiction ». Il a pensé qu'à raison de la nature particulière du contrat et des conditions tout à fait spéciales dans lesquelles il devait être conclu, la nécessité s'imposait, dans l'intérêt non seulement des contractants, mais aussi des tiers, de prendre des précautions spéciales, il a imaginé un système extrêmement ingénieux.

La première assemblée, celle qui vérifie, même lorsqu'il n'y a pas d'apports, la sincérité de la déclaration de souscription du capital et de versement du quart, désigne un ou plusieurs commissaires, choisis parmi les actionnaires ou même étrangers à la société, au besoin de véritables experts de profession; ces commissaires sont chargés d'apprécier la valeur des apports. Ils font un rapport, et, comme il doit rester trace de ce travail, ce rapport est imprimé, puis mis à la disposition des souscripteurs. Après ce dépôt les fondateurs convoquent une deuxième assemblée générale, qui ne peut être tenue que cinq jours après le dépôt du rapport; les actionnaires ont donc tout le temps de réfléchir. La deuxième assemblée statue souverainement sur l'approbation des apports, elle les accepte ou les rejette à la simple majorité et cette assemblée doit réunir les conditions ci-dessus précisées pour l'assemblée qui vérifie la déclaration notariée; notamment, les gros souscripteurs ne peuvent imposer leur volonté aux petits. Bien entendu, ne peuvent prendre part aux votes de désignation des commissaires et d'approbation des apports que les actionnaires qui ont souscrit des actions à libérer en espèces; les apporteurs ne comptent ni pour le quorum, ni pour la majorité, et ce même pour les actions numéraires qu'ils auraient pu souscrire [1].

Les souscripteurs non apporteurs, qui ont le plus grand intérêt à ce que les apports ne soient pas exagérés, possèdent donc tous les moyens de se renseigner sur la valeur de ces apports; s'ils estiment qu'il y a majoration ou, même si, après réflexion, la combinaison ne leur convient pas, ils peuvent refuser

1. Houpin, I, n° 500.

les apports et la société ne se constitue pas. Leur décision n'a pas besoin d'être motivée; elle peut n'être que le résultat d'une simple fantaisie. Les fondateurs ou apporteurs ne pourraient pas saisir les tribunaux et faire juger que les évaluations proposées pour les apports sont plus que modérées.

Les souscripteurs pourraient hésiter à refuser leur approbation, s'ils devaient supporter une part des frais, souvent considérables, faits pour la souscription des actions, la déclaration notariée, la vérification des apports, la réunion des assemblées générales et surtout pour la publicité. Bien que la loi ne s'explique pas sur ces frais, les auteurs paraissent d'accord pour décider qu'en cas de non-constitution de la société, tous les frais restent à la charge des fondateurs et que les souscripteurs doivent obtenir la restitution intégrale des sommes par eux versées [1].

Les mêmes dispositions s'appliquent dans le cas où les fondateurs, les futurs administrateurs, ou même des actionnaires quelconques doivent, aux termes des statuts, obtenir des avantages particuliers dans la société. Ces avantages n'ont de valeur qu'autant qu'ils ont été approuvés par les actionnaires non avantagés et ce dans les formes de l'article 4. La loi ne prescrit qu'une seule exception aux règles concernant la vérification des apports et des avantages particuliers; dans le cas où la société est formée exclusivement entre propriétaires

---

1. Houpin, I, p. 508.

indivis, on ne procède pas à la vérification des apports. Après quelques hésitations, la jurisprudence a étendu cette exception à l'espèce où tous les actionnaires se trouvent apporteurs ; on ne pourrait pas faire utilement approuver les apports, puisque personne n'aurait le droit de voter ou du moins ne pourrait émettre de vote désintéressé [1].

L'approbation des apports et des avantages particuliers donnée dans les formes légales produit des effets importants ; les actionnaires ou les créanciers ne peuvent se plaindre que les apports aient été majorés ; mais cette approbation ne fait pas obstacle à l'exercice ultérieur de l'action, qui peut être intentée pour cause de dol et de fraude (art. 4).

Il semble à première vue difficile d'imaginer un système qui soit de nature à mieux assurer la sincérité et l'exacte évaluation des apports ; le législateur paraît avoir pris toutes les précautions pour que le capital de la société existe bien. Le danger ne pourrait provenir que du mépris des règles de la loi ; aussi, l'observation de ces règles est-elle assurée par les sanctions civiles les plus graves et même dans certains cas par des sanctions pénales.

Parmi les sanctions civiles il faut mettre au premier rang la nullité de la société et la responsabilité des fondateurs, des apporteurs et des membres du premier conseil d'administration.

1. Houpin, I, n° 500.

Les articles 7 et 21 de la loi de 1867 déclarent nulle la société anonyme constituée sans l'observation des formalités édictées par la loi. Peu importent la nature et la gravité de l'infraction, la bonne ou la mauvaise foi des fondateurs, l'importance du préjudice causé ou même l'absence de préjudice. La nullité pourra être prononcée pour une simple erreur de forme, aussi bien que pour vices du fond. La moindre erreur, la moindre infraction entraînent la nullité; une société au capital de dix millions sera annulée, si une seule action de 500 francs n'a pas été souscrite ou s'il manque un versement de 125 francs. La même sanction existera, si la deuxième assemblée s'est réunie quatre jours et non cinq jours après le dépôt du rapport des commissaires; et, dans ce dernier cas, l'apporteur n'aura pas le droit d'établir que les actionnaires ont approuvé l'apport en parfaite connaissance de cause.

Tout intéressé peut demander la nullité et la jurisprudence interprète très largement cette expression. Elle range parmi les intéressés : 1° les créanciers sociaux; 2° les créanciers des associés; 3° le syndic ou le liquidateur de la société; 4° les porteurs de parts de fondateur; 5° ceux qui ayant traité avec la société désirent se libérer de leurs engagements; 6° les actionnaires, sous cette réserve qu'ils ne peuvent pas opposer la nullité aux tiers[1] (art. 7).

On a vu, par exemple, celui qui est mis en demeure

1. Houpin, I, n° 546.

d'exécuter un contrat, qu'il estime désavantageux, invoquer pour se soustraire à ses obligations la nullité de la société ; de même celui qui postérieurement à l'apport d'un immeuble à une société anonyme a obtenu un jugement contre l'apporteur et fait inscrire une hypothèque judiciaire peut se prévaloir de l'inobservation d'une des formes prescrites par la loi de 1867 pour faire juger que, la société étant nulle, l'immeuble doit être réputé à son égard propriété de son débiteur, et se trouve par suite grevé de l'hypothèque ! De même encore les créanciers chirographaires pourront demander la nullité des hypothèques consenties par la société.

Comme le fait remarquer M. Houpin (I, 465), auquel ces exemples sont empruntés : « Le droit de propriété d'une société par actions sur un immeuble reste toujours incertain, tant que l'action en nullité n'est pas prescrite. Les tiers qui contractent avec une société relativement à un immeuble lui appartenant, doivent s'éclairer et agir avec prudence. »

Ces résultats paraissent d'une équité et aussi d'une utilité douteuses, mais la doctrine et la jurisprudence qui ont admis ces solutions ne sont pas seulement conformes à la lettre mais encore à l'esprit de la loi. Le législateur a voulu que l'être moral, créé dans des conditions jugées par lui dangereuses, ne puisse vivre et, dans ce but, il n'a posé de restrictions à l'exercice de l'action en nullité que celle écrite dans l'article 7, au préjudice des actionnaires. Il semble que tant de personnes ont intérêt à cette nullité, que la société doive être arrêtée avant qu'elle ait pu produire un mal sérieux.

L'ardeur des créanciers ou des actionnaires qui demandent la nullité se trouve stimulée par les responsabilités énormes édictées par la loi de 1867.

Aux termes de l'article 42 : « Lorsque la nullité est prononcée, les fondateurs et les premiers administrateurs sont responsables solidairement envers les tiers sans préjudice des droits des actionnaires ». La même responsabilité solidaire atteint ceux des associés dont les apports n'auraient pas été approuvés conformément aux dispositions de l'article 24. La jurisprudence a interprété ce texte de la façon la plus dure : elle déclare les fondateurs responsables par le seul fait de la nullité de la société ; elle admet la même solution pour les membres du premier conseil d'administration ; peu importe qu'ils aient donné, quelques jours après, leur démission, leur acceptation a permis de constituer la société (art. 25) ; ils devaient vérifier avant de commencer les affaires sociales. Et cette responsabilité s'étend fort loin : si, vis-à-vis des actionnaires, les personnes ci-dessus désignées ne sont tenues qu'à concurrence du préjudice causé, préjudice qui déjà peut être considérable, la jurisprudence s'était fixée, avant la loi de 1893, en ce sens que les créanciers pouvaient réclamer la totalité du passif social. De la sorte la moindre erreur commise de bonne foi, l'omission d'une souscription de 500 francs, d'un jour de délai, d'une formalité sans importance pouvait ruiner les fondateurs, les premiers administrateurs, etc.

Il faut ajouter que l'action en nullité et en responsabilité durait trente ans et qu'il n'existait aucun moyen de couvrir la nullité : par exemple le versement du quart du capital huit jours après la constitution n'empêchait pas les fondateurs d'être responsables du passif causé par trente ans d'une déplorable gestion, à laquelle ils avaient été étrangers. Les risques étaient tellement énormes, que certains hommes d'affaires n'hésitaient pas à conseiller aux enfants de ceux qui avaient participé à la fondation des sociétés, de n'accepter leur succession, quelque opulente qu'elle paraisse, que sous bénéfice d'inventaire.

On a pu, non sans raison, critiquer la dureté et même parfois l'injustice de ces sanctions; mais il faut reconnaître qu'il a dû sembler aux législateurs de 1867 difficile d'en trouver de plus efficaces. Comment supposer qu'en présence de telles responsabilités les fondateurs n'observent pas les dispositions légales? Si les intéressés ont pris comme fondateurs des hommes de paille, ceux-ci sont surveillés non seulement par les assemblées constitutives, mais encore et surtout par les premiers administrateurs. Si, par impossible, fondateurs, apporteurs, administrateurs ont été négligents ou coupables, trop de personnes ont droit et intérêt à faire prononcer la nullité de la société pour qu'elle puisse longtemps prolonger son existence irrégulière.

Il faut ajouter que, si la loi n'édicte pas de sanctions pénales contre la constitution irrégulière d'une société anonyme, elle punit de peines correctionnelles l'émission et la négociation d'actions d'une société irrégulièrement constituée. Ces dispositions seront étudiées dans un prochain chapitre. Auparavant il faut préciser le système institué par la loi de 1867 pour l'administration des sociétés anonymes.

CHAPITRE III

LA LOI DE 1867

II. — ADMINISTRATION DES SOCIÉTÉS ANONYMES

Le législateur de 1867 a organisé l'administration des sociétés anonymes par les actionnaires; ceux-ci se réunissent en assemblées générales, désignent certains d'entre eux pour administrer les affaires sociales, en choisissent d'autres pour surveiller l'administration; les uns et les autres rendent compte de leur mandat à l'assemblée générale, qui statue définitivement. Il faut dire quelques mots de chacun de ces organes.

Le nombre des administrateurs, fixé par les statuts, est très variable; une société anonyme peut être administrée par une seule personne; on voit parfois des conseils d'administration composés de trente membres. Les assemblées générales nomment les administrateurs pour une durée qui n'excède pas six ans; néanmoins les statuts peuvent désigner les premiers administrateurs en limitant à trois ans leurs pouvoirs. Tous ces administrateurs sont, sauf dispositions contraires des statuts, rééligibles. Les administrateurs doivent être choisis parmi les actionnaires, propriétaires d'un nombre d'actions fixé par les statuts (art. 22 et 26).

Les administrateurs, aussi bien ceux nommés par l'assemblée générale que ceux désignés dans les statuts, sont toujours révocables par délibération d'une assemblée générale; cette délibération n'a même pas besoin d'être motivée, la majorité peut décider la révocation par son seul bon plaisir. La loi interdit, sous peine de nullité, toute convention tendant, soit directement, soit indirectement (par exemple, par l'allocation d'une indemnité de brusque renvoi), à supprimer ou restreindre les droits de révocation de l'assemblée générale[1].

Les administrateurs délibèrent en commun; ils forment ce qu'on appelle le conseil d'administration. Les statuts fixent les pouvoirs des administrateurs, le plus souvent très larges; on ne réserve aux assemblées générales que les décisions exceptionnelles.

Les administrateurs organisent, comme ils l'entendent, l'administration des affaires sociales, dans les limites des dispositions statutaires. Ils peuvent déléguer tout ou partie de leurs pouvoirs soit à l'un d'entre eux, soit à des actionnaires, ne faisant pas partie du conseil d'administration, soit même à une

____

1. Houpin, II, n° 782.

personne étrangère à la société; mais ils répondent de ceux qu'ils se sont ainsi substitués.

La loi impose à ces administrateurs certains actes : tous les six mois, le conseil d'administration dresse un état sommaire de la situation active et passive de la société; chaque année, il établit, conformément aux dispositions du code de commerce, un inventaire régulier. Cet inventaire est résumé dans un tableau appelé bilan; et les résultats de l'exercice dans un autre tableau désigné sous le nom de compte des profits et pertes (art. 34).

Un ou plusieurs commissaires des comptes, nommés chaque année par l'assemblée générale, surveillent la gestion des administrateurs; ces commissaires peuvent être choisis soit parmi les actionnaires, soit parmi les personnes étrangères à la société et notamment parmi les experts comptables. Les commissaires peuvent, dans les trois mois qui précèdent l'assemblée générale, prendre communication des livres et examiner les opérations de la société. L'état semestriel leur est communiqué; l'inventaire, le bilan et le compte de profits et pertes sont mis à leur disposition quarante jours avant l'assemblée générale annuelle (art. 33).

A défaut de nomination de commissaires par l'assemblée générale ou encore en cas d'empêchement ou de refus d'un ou plusieurs commissaires désignés, il est procédé à leur nomination ou à leur remplacement par ordonnance du président du tribunal de commerce du siège de la société à la requête de tout intéressé, les administrateurs dûment convoqués (art. 32).

Dans beaucoup de sociétés les statuts étendent les attributions des commissaires des comptes; ils sont chargés de la surveillance constante des opérations; dans ce cas ils prennent souvent le nom de censeurs.

Les administrateurs et les commissaires exercent parfois gratuitement leurs fonctions; le plus souvent ils reçoivent une rémunération fixée par l'assemblée générale.

L'assemblée se réunit au moins une fois chaque année; elle entend le rapport du conseil d'administration et celui des commissaires, sur les comptes, sur l'emploi des bénéfices et notamment sur la distribution ou non-distribution d'un dividende. A l'assemblée ordinaire annuelle sont soumises toutes les questions de sa compétence et toutes celles sur lesquelles les administrateurs et les commissaires estiment utile d'avoir l'avis des actionnaires. Nombre de statuts permettent aux actionnaires, ou plutôt aux groupes d'actionnaires d'une certaine importance, de faire mettre des questions à l'ordre du jour de l'assemblée en prévenant en temps utile le conseil d'administration.

L'assemblée est convoquée par le conseil d'administration, et, si celui-ci néglige de faire cette convocation, par les commissaires; on admet même que, dans le cas où aucune convocation n'interviendrait en temps utile, des actionnaires pourraient demander au tribunal de désigner un mandataire de justice chargé de convoquer l'assemblée et d'assurer sa réunion.

La loi prend toutes les précautions pour que les décisions représentent bien la volonté des actionnaires et pour qu'on évite, autant que possible, les surprises. Les convocations sont soit adressées individuellement aux actionnaires, soit publiées dans les journaux d'annonces légales, et ce en temps utile pour que les actionnaires puissent s'y rendre, et auparavant se documenter en vue de l'assemblée. Les convocations doivent indiquer non seulement les lieu, jour et heure de la réunion, mais les questions soumises à l'assemblée, à moins qu'elles ne résultent de la nature même de l'assemblée; c'est ainsi, par exemple, que l'assemblée ordinaire annuelle ayant pour objet habituel la reddition des comptes de l'exercice précédent, il est moins nécessaire d'indiquer dans la convocation son ordre du jour. Chaque actionnaire a le droit, quinze jours avant l'assemblée, de prendre au siège social communication de l'inventaire et de se faire délivrer copie du bilan résumant l'inventaire, et du rapport du commissaire des comptes. En outre, pour permettre aux actionnaires de s'entendre, la loi les autorise à se faire communiquer la feuille de présence de la précédente assemblée et la liste des actionnaires (art. 28).

L'assemblée se réunit aux lieu, jour et heure fixés par la convocation; elle comprend en principe tous les actionnaires et chacun a une voix par action, mais les statuts peuvent exclure les actionnaires possédant moins d'un certain nombre d'actions, et restreindre au contraire le nombre de voix des gros actionnaires (art. 27).

Il est tenu une feuille de présence certifiée par le bureau; elle indique les noms et domiciles des actionnaires présents ou représentés (art. 28). Cette feuille est déposée au siège social et communiquée à tout requérant (art. 28). L'assemblée prend les délibérations à la majorité des voix; les administrateurs, directeurs, commissaires participent au vote pour leurs actions. La délibération n'est valable que si le quart au moins du capital se trouve représenté; lorsque l'assemblée ne réunit pas le quorum exigé, on convoque une nouvelle assemblée dans les délais prescrits par les statuts; cette assemblée délibère valablement quelle que soit la portion du capital qui s'y trouve représentée (art. 29).

En dehors des assemblées générales ordinaires qui ont pour principal objet l'examen des comptes de l'exercice, existent les assemblées extraordinaires; lorsque ces assemblées délibèrent sur des modifications aux statuts, sur la continuation de la société au delà du terme fixé, ou encore sur la dissolution avant le terme, elles ne sont régulièrement constituées et ne délibèrent valablement qu'autant qu'elles comprennent des actionnaires, représentant la moitié au moins du capital social (art. 31). Cette disposition a donné lieu à une controverse célèbre. Les auteurs ont en général soutenu que les assemblées ne pouvaient modifier les statuts que si les statuts autorisaient les modifications et dans la mesure de cette autorisation. La jurisprudence, sous l'influence des considérations pratiques, a décidé au contraire que, sauf prohibition du pacte social, les assemblées pourraient apporter les modifications aux statuts dont l'expérience révélerait la nécessité, à la condition de respecter l'objet social et l'égalité entre les actionnaires [1].

Il faut du reste observer que la jurisprudence, se fondant sur les principes généraux du droit et les usages des assemblées délibérantes, a établi toute une série de règles concernant les assemblées générales d'actionnaires. En outre la pratique a introduit dans les statuts les clauses dont l'expérience révélait l'utilité. On peut dire qu'à l'heure actuelle la réglementation des assemblées générales a été poussée aussi loin que possible; on pourra codifier les décisions des tribunaux, trancher certaines controverses, rendre légales certaines clauses usuelles; mais on ne trouvera guère de règles nouvelles; tout, on peut bien le dire, a été au moins essayé.

La loi de 1867 contient encore diverses dispositions concernant l'administration des sociétés; on peut, non sans utilité, en rappeler quelques-unes.

L'article 40 interdit aux administrateurs de prendre ou de conserver un intérêt direct ou indirect dans une entreprise ou dans un marché fait avec la société ou pour son compte, à moins qu'ils n'y soient

---

1. Voir, sur la controverse, Houpin, II, n{os} 906 et suiv.

autorisés par l'assemblée générale. Chaque année
le conseil rend un compte spécial, à l'assemblée
générale, des marchés ou entreprises par elle autorisés dans les conditions de l'article 40.

L'article 36 prévoit qu'on fera sur les bénéfices nets
de chaque année un prélèvement d'un vingtième au
moins, affecté à la formation d'un fonds de réserve;
ce prélèvement ne cesse d'être obligatoire que
lorsque le fonds de réserve a atteint le dixième du
capital social.

Toute société commerciale est sujette à des pertes,
le législateur ne peut naturellement pas empêcher
ces pertes de se produire; mais, comme il se préoccupe, on l'a déjà plusieurs fois remarqué, surtout
des tiers, il prend des mesures pour que les affaires
sociales ne puissent pas, en continuant, léser ceux
qui traiteront avec la société.

Lorsque les pertes atteignent les trois quarts du
capital social, les administrateurs doivent provoquer
la réunion d'une assemblée générale extraordinaire,
qui statuera sur la question de savoir s'il y a lieu de
prononcer la dissolution de la société : le conseil doit
dans tous les cas rendre publique la délibération de
l'assemblée. A défaut par les administrateurs de
réunir l'assemblée générale, comme dans les cas où
cette assemblée n'aurait pu se constituer régulièrement, tout intéressé peut demander la dissolution
de la société devant les tribunaux (art. 37). Il faut,
du reste, observer que la jurisprudence tend à appliquer aux sociétés anonymes, comme aux autres

sociétés, les dispositions de l'article 1871 du code civil qui autorise les tribunaux à prononcer la dissolution des sociétés pour tous justes motifs, dont ils sont souverains appréciateurs.

Ces dispositions légales semblent avoir poussé la prévoyance aussi loin que possible : les tiers sont absolument protégés, puisque, avant que le capital soit perdu, la dissolution doit intervenir ou tout au moins doit se produire un débat sur la situation de la société, débat qui mettra le public en garde.

Lorsqu'on examine l'ensemble des dispositions établies par la loi de 1867 sur l'administration des sociétés, les décisions de la jurisprudence, et les clauses inventées par la pratique, on doit reconnaître que l'administration a été aussi bien organisée que possible. Le législateur n'a du reste pas négligé d'assurer l'observation des règles qu'il édictait.

Tout d'abord, la loi et la jurisprudence déclarent nulle toute délibération des assemblées générales ou du conseil d'administration prise en violation des dispositions de la loi, des statuts, ou des règles qui s'appliquent à toutes les assemblées délibérantes, et cette nullité peut être demandée pendant trente ans par tout intéressé. La nullité entraîne la responsabilité des administrateurs en fonctions au moment où elle a été encourue (art. 42).

Les administrateurs, commissaires, etc., sont des mandataires et, comme tels, responsables envers la société suivant les règles du mandat : s'ils reçoivent une rémunération, ils répondent de toutes leurs fautes; si leurs fonctions sont gratuites, ils ne sont tenus que des fautes lourdes (art. 43 et 44 de la loi de 1867, 1992 du code civil). Les fautes qu'ils commettent engagent aussi leur responsabilité envers les tiers dans les termes du droit commun (art. 44 de la loi de 1867 et 1382 c. civ.). En outre, les administrateurs sont de plein droit responsables des personnes qu'ils se sont substituées (art. 22); ils peuvent aussi être déclarés responsables les uns des autres; la jurisprudence décide que les tribunaux doivent prononcer des condamnations solidaires, lorsque la faute est commune et le préjudice indivisible. L'exécution des condamnations se trouve garantie par les actions des administrateurs, ceux-ci affectent à la garantie de leur gestion un certain nombre d'actions fixé par les statuts; ces actions restent nominatives et frappées d'inaliénabilité durant cette gestion (art. 26). Ces sanctions civiles déjà si graves sont accompagnées de sanctions pénales très sévères.

L'article 17 assure la sincérité des assemblées générales; ce texte punit d'une amende de 500 francs à 10 000 francs, et même d'un emprisonnement de 15 jours à 6 mois, ceux qui, se présentant comme propriétaires d'actions qui ne leur appartiennent pas, ont créé frauduleusement une majorité factice dans une assemblée générale, et ceux qui ont remis les actions pour en faire l'usage frauduleux.

Quant aux administrateurs, ils encourent les peines de l'escroquerie (1 à 5 ans de prison) lorsqu'en l'absence d'inventaires, ou grâce à des inventaires frauduleux, ils opèrent entre les actionnaires des distributions de dividendes fictifs (art. 25). Il faut ajouter que les dispositions du code pénal restent néanmoins applicables; et notamment celles de l'article 405 (escroquerie) et de l'article 408 (abus de confiance). Ce dernier article punit de 6 mois à 2 ans de prison les mandataires qui commettent des détournements; l'application de cette disposition en matière de sociétés n'a pas besoin d'être expliquée.

Pour mieux assurer l'exercice de ces actions les articles 17 et 34 autorisent des actionnaires représentant au moins un vingtième du capital social à charger à leurs frais un ou plusieurs mandataires de soutenir tant en demandant qu'en défendant une action contre les administrateurs et les commissaires, et de les représenter dans ce cas en justice, et l'article 17 a soin d'ajouter « sans préjudice de l'action que chaque actionnaire peut intenter individuellement en son nom personnel ».

La jurisprudence a tiré de ces textes et surtout des principes généraux du droit toute une théorie de l'exercice des actions en responsabilité; elle distingue les actions sociales et les actions individuelles. Les premières ont pour objet la réparation du préjudice causé à la société, les secondes celle du préjudice spécial subi par le demandeur. Un exemple montrera la portée générale de cette distinction. Les administrateurs distribuent des dividendes fictifs;

de cette faute naîtront deux groupes d'actions : une action sociale, en réparation du préjudice causé à la société dont le capital aura été diminué puisqu'on aura prélevé les dividendes sur ce capital, des actions individuelles de la part de ceux qui auraient été déterminés à acheter des actions. Dans ces espèces la distinction s'impose, dans d'autres elle est fort difficile à faire. Les actions sociales appartiennent à la société ; elles sont introduites et suivies par ses représentants, administrateurs, liquidateurs, syndics, ou encore par des mandataires spéciaux désignés par l'assemblée générale ; quant aux actionnaires, ils ne peuvent les intenter qu'autant que les représentants de la société négligent de les exercer ; les actions sont éteintes par toute transaction consentie, ou même tout quitus donné en connaissance de cause par l'assemblée générale.

Telles sont les dispositions concernant l'administration des sociétés, elles s'ajoutent heureusement à celles sur la constitution ; elles ne forment pas cependant un ensemble absolument complet. Le législateur ne doit pas se désintéresser des titres que la société va créer ; ces titres vont être placés dans le public, circuler de mains en mains ; ces placements et cette circulation peuvent donner lieu aux plus graves abus, de là la nécessité d'une réglementation qui va maintenant être étudiée.

CHAPITRE IV

LA LOI DE 1867

III. — VALEUR NOMINALE, SOUSCRIPTION, ÉMISSION, NÉGOCIATION DES ACTIONS

Le législateur de 1867 s'est moins préoccupé du placement des titres des sociétés que de la constitution et de l'administration de ces dernières; la loi ne parle même que des actions. Profitant de la liberté qui leur était laissée, les sociétés par actions ont émis diverses sortes de titres; trois seulement se sont montrées réellement pratiques : les actions, les obligations, les parts bénéficiaires ou parts de fondateur. On a vu ci-dessus que les actions sont des parts d'associés; on appelle obligations des créances, généralement à très longue échéance, représentées par des titres nominatifs et au porteur analogues à ceux des actionnaires; quant aux parts de fondateur, il semble plus difficile de définir leur nature. La controverse à laquelle la détermination de cette nature a donné lieu sera examinée dans un chapitre spécial;

il suffit de constater que les parts de fondateur donnent droit à des bénéfices, quelquefois à une part de l'actif en cas de liquidation, mais qu'elles diffèrent des actions notamment en ce que les porteurs n'étant pas associés ne prennent pas part à l'administration de la société. Les titres de parts de fondateur présentent une grande analogie avec ceux des actionnaires et des obligataires ; ils circulent avec la même facilité et donnent lieu par suite à des abus, au moins aussi nombreux et aussi graves.

La loi de 1867 ne s'occupe que des actions et encore les dispositions les concernant paraissent plus rares ; elle en contient cependant et de très importantes.

Tout d'abord le législateur de 1856, suivi par celui de 1867, s'est préoccupé de la valeur nominale, du taux de l'action ; cette question n'a qu'une importance relative pour la constitution de la société, peu importe que le capital soit divisé en actions de 1 000 francs ou de 25 francs, pourvu qu'il fasse l'objet d'un versement effectif. La création d'actions de 25 francs peut rendre un peu plus compliquée l'administration de la société, mais on peut sans grande difficulté remédier à ce léger inconvénient par les dispositions statutaires. Au contraire, la question du taux minimum des actions présente un intérêt capital, lorsqu'on se préoccupe des dangers que peut courir l'épargne dans ses placements. On a vu plus haut que, sous l'empire du code de commerce, on avait créé des actions de 50, 20, 10 francs et même moins, et que l'expérience n'avait point été favorable à ces titres; aussi le législateur a-t-il nettement réagi : les actions doivent avoir une valeur nominale de 100 francs au moins, dans les sociétés dont le capital ne dépasse pas 200 000, et de 500 francs au moins dans les autres. La violation de cette disposition entraîne la nullité de la société.

La loi de 1867 intervient encore autrement dans la forme de l'action. Elle prescrit que les actions resteront nominatives jusqu'à libération de moitié et ne pourront être mises au porteur qu'en vertu d'une clause des statuts et d'une délibération de l'assemblée; ces dispositions paraissent édictées moins pour protéger l'épargne que pour mieux assurer la libération des actions, il suffit donc de les rappeler ici.

La forme des actions une fois déterminée, les conditions de leur création fixées, il reste à examiner le placement dans le public; ce placement a lieu par voie de souscription, émission ou négociation. La souscription est l'acte par lequel une personne s'engage à prendre un certain nombre de titres d'une société en formation; on appelle émission l'opération de remise des titres à la personne qui les a souscrits ou à ses ayants-droit, et, d'une façon plus générale, le placement dans le public des titres souscrits; quant à la négociation, elle consiste dans la cession du titre par un mode commercial, surtout par le transfert du titre nominatif ou par la remise du titre au porteur.

On a déjà vu que la loi ne réglemente pas la souscription; elle n'exige même pas la signature d'un écrit; l'émission, de même que la négociation, ne préoccupe le législateur que si la société se trouve irrégulièrement constituée; on admet même la négociation des actions ou promesses d'actions avant la constitution de la société, aussitôt le versement du quart (art. 2).

Ce n'est pas que les abus auxquels les souscriptions, émissions, négociations, donnent lieu aient échappé au législateur; mais, d'une part, il a estimé qu'il importait surtout d'assurer la valeur du titre en réglementant la constitution et l'administration de la société et, d'autre part, il a créé une répression qui vient utilement compléter les dispositions du code pénal.

L'article 13 punit d'une amende de 500 à 10 000 francs l'émission d'actions d'une société constituée contrairement aux dispositions des articles 1, 2 et 3, c'est-à-dire à toutes les règles constitutives, sauf à celles concernant la vérification des apports. Enfin l'article 14 punit de la même peine toute négociation d'actions dont la valeur et la forme seraient contraires aux dispositions des articles 1, 2 et 3 ou pour lesquelles le quart n'aurait pas été versé; toute participation à cette négociation et toute publication de la valeur des dites actions sont assimilées, au point de vue pénal, à la négociation.

Le principal danger auquel l'épargne, et surtout la petite épargne, est exposée résulte des manœuvres destinées à tromper le public et à l'amener à souscrire; les prospectus mensongers, s'ils n'avaient pas pour se répandre les mêmes facilités qu'aujourd'hui, existaient bien avant 1856, on a vu plus haut ce qu'en pensait dès cette époque le législateur, aussi a-t-il pris des mesures pour réprimer les graves abus qu'il constatait.

Déjà le droit commun contenait une disposition applicable dans les cas les plus graves ; l'article 405 (code pénal) punit de 1 à 5 ans de prison ceux qui, en employant des manœuvres frauduleuses pour persuader l'*existence de fausses entreprises*, d'un pouvoir ou d'un *crédit imaginaire*, ou pour faire naître l'espérance d'un événement chimérique, se seront fait remettre des fonds. L'article 15 de la loi étend encore les dispositions de l'article 405 ; sont punis des mêmes peines : « ceux qui par simulation de souscriptions, ou par publication faite de mauvaise foi ou de versements qui n'existent pas, *ou de tous autres faits faux*, ont obtenu ou tenté d'obtenir des souscriptions ou des versements ; 2° ceux qui, pour provoquer des souscriptions ou des versements, ont de mauvaise foi publié les noms de personnes dési-gnées contrairement à la vérité comme étant ou devant être attachées à la société à un titre quel-conque ». Il y a dans ce texte quelques mots qu'il faut souligner d'une façon tout à fait particulière : « ceux qui *par publication faite de mauvaise foi de tous autres faits faux* ont obtenu ou *tenté* d'obtenir des souscriptions ». On aurait pu difficilement em-ployer une formule plus large.

Une fois la société constituée, le public trouve sa

protection à la fois dans l'article 405 du code pénal
et dans l'article 15 de la loi, qui punit la distribution
de dividendes fictifs. Les manœuvres principales
destinées à tromper le public résultent en effet de la
falsification des bilans, et surtout de la distribution
des dividendes fictifs.

Si les manœuvres ne paraissaient pas assez graves
pour tomber sous le coup des lois pénales, le capitaliste trompé n'était pas complètement désarmé, il
lui restait l'action de dol et le quasi-délit. L'auteur
des fautes doit réparer le préjudice qu'elles ont
causé (art. 1382). C'est ainsi que les tribunaux ont
condamné à rembourser des actions achetées sur le
vu d'un dividende fictif des administrateurs de bonne
foi, mais qui avaient eu le tort de ne pas suffisamment surveiller les agissements de leurs collègues.

Aussi, bien que la loi de 1867 contienne une réglementation moins complète des souscriptions, émissions, négociations, il faut reconnaître que ces dispositions venant s'ajouter à celles du code pénal
forment un ensemble suffisant pour résister à la
critique.

Et maintenant qu'on peut jeter un coup d'œil
d'ensemble sur la législation de 1867, on voit que
rarement loi a été plus étudiée, rarement dispositions ont paru plus sérieuses. Si les auteurs de la loi
ont eu quelques préoccupations, ils n'ont pas dû
s'inquiéter de l'inefficacité de leur œuvre; ils ont
plutôt dû craindre, en accumulant nullités, responsabilités et pénalités, d'écarter de la constitution des

sociétés anonymes et de leur administration les personnes, honnêtes et riches, mais prudentes. Et, cependant, cette loi n'a pas produit les résultats qu'on espérait, c'est ce qu'il faut maintenant constater en reprenant l'examen des faits.

CHAPITRE V

RÉSULTATS DE LA LOI DE 1867

La suppression de l'autorisation gouvernementale
a eu pour effet immédiat de permettre la naissance
d'un beaucoup plus grand nombre de sociétés anonymes, nombre correspondant, du reste, aux besoins
économiques de l'époque; en même temps diminuaient les sociétés en commandite par actions qui
n'avaient pris une extension exagérée qu'à raison
des entraves apportées à la création des sociétés
anonymes. Les chiffres qui suivent caractérisent
bien les effets de la loi de 1867.

Les sociétés en commandite par actions, qui avaient
atteint leur apogée dans la période 1851-1855 (moyenne
annuelle 288), diminuent légèrement après la loi
de 1856 (1856-1860, moyenne annuelle 212), puis plus
rapidement après la loi sur les sociétés à responsabilité limitée (moyenne annuelle 116, période 1861
à 1865); elles sont à peu près abandonnées, lorsque
la loi de 1867 est entrée en plein fonctionnement

(moyenne annuelle 38, 1871-1875). Au contraire, les sociétés anonymes nouvelles dont la moyenne annuelle n'avait pas dépassé 22 (1851 à 1853), 12 (1856 à 1860), atteignent par an 126 (1866 à 1870) et 202 (1871-1875).

L'expérience ne s'est pas montrée favorable à la législation nouvelle; deux années s'étaient à peine écoulées, depuis sa promulgation, que déjà une voix s'élevait au Corps législatif pour en demander la revision. Les critiques dirigées contre la loi ne faisant qu'augmenter, le garde des sceaux, M. Dufaure, réunissait en 1875 une commission extra-parlementaire, chargée d'étudier la révision de la législation des sociétés par actions. Un projet fut préparé par un des membres de cette commission, commentateur très connu de la loi de 1867, M. Vavasseur; ce projet ne fut jamais soumis à la commission, qui se sépara sans l'avoir examiné; les graves événements politiques qui marquèrent les années 1876 et 1877 détournèrent quelque peu l'attention des réformes pratiques.

Après la liquidation des dépenses de la guerre, la solution définitive de la question constitutionnelle, un mouvement considérable d'affaires se produisit en France; on n'y rêva bientôt qu'entreprises plus ou moins grandioses; c'est le moment où vit le jour le plan Freycinet; il ne s'agissait de rien moins que de renouveler l'outillage économique de la France. Ce mouvement d'affaires se manifesta avec une intensité particulière à la Bourse. En quelques années l'on vit le 3 p. 100 passer de 65 francs (fin de 1875) à 84 (fin 1880) ; vers la même époque, le 5 p. 100 atteignait le cours de 120 francs. Les valeurs mobilières et spécialement les actions des sociétés anonymes, qui avaient d'abord suivi le mouvement, ne tardèrent pas à le devancer. De la fin de 1875 à la fin de 1881, les actions de la Banque de France s'élevèrent de 3 810 francs à 5 750, celles du Crédit foncier de 910 à 1 770, celles du Comptoir d'escompte de 620 à 1 045, celles de le Compagnie Paris-Lyon-Méditerranée de 963 à 1 745, et enfin celles du canal de Suez de 737 à près de 3 500.

L'année 1881 fut une année de spéculation effrénée ; des actions de sociétés nouvelles doublent en quelques mois ; on remarque parmi elles surtout les actions de l'Union générale. Cette banque, fondée en 1878 au capital de 25 millions, avait en plusieurs fois porté son capital à 150 millions. Malgré ces émissions à jet continu, les cours passaient de 955 francs à la fin de 1880 à plus de 3 000 au commencement de 1882. Presque aussitôt commençait la débâcle ; les actions tombaient en quelques jours à 2 000, 1 500, 1 000, 500 francs, et, en février 1882, la société était déclarée en faillite, sans qu'aucun événement extérieur ait pu expliquer une telle chute. Les autres valeurs, même les meilleures, subissaient des variations importantes ; on voyait notamment le Suez baisser de 1 500 francs en un mois.

Crise de spéculation, dirent les optimistes : une fois que le marché aura été débarrassé des titres éclos au cours de la période de folie, lorsque les bonnes valeurs seront descendues à des cours correspondant à leur valeur réelle, les affaires reprendront tout naturellement dans le marché assaini [1]. Les faits devaient donner à ces prévisions un cruel démenti.

D'une part, en effet, les pertes causées par la spéculation s'élevèrent à des sommes beaucoup plus considérables qu'on ne l'avait cru d'abord, le parquet des agents de change de Lyon fut bouleversé, on craignit un instant que celui de Paris ne fût ébranlé, il ne résista que grâce à sa forte organisation ; les ruines s'accumulaient partout, atteignant toutes les classes de la société.

D'autre part, l'engouement pour les valeurs mobilières avait amené la création d'un nombre exagéré de sociétés, dont l'épargne avait pris les titres à des cours tout à fait majorés. Le nombre des sociétés anonymes constituées en France, qui n'atteignait en 1878 que 256, passait en 1879 à 511, en 1880 à 707, en 1885 à 976. Les chiffres des capitaux de ces sociétés seraient encore plus éloquents, malheureusement la statistique officielle de la justice civile en France, à laquelle les renseignements ci-dessus sont empruntés, ne donne les chiffres des capitaux que depuis 1889 ; néanmoins on peut se faire une idée de l'importance du mouvement, si l'on compare les capitaux des sociétés fondées dans le département de la Seine dans les mêmes années. Les chiffres

1. Voir notamment *Economiste français*, 1882, I, p. 65, 96, 97, 142, 162.

empruntés aux discours annuels des Présidents du tribunal de commerce, sont en bloc pour toutes les sociétés par actions *ou autres*, mais les variations proviennent surtout des sociétés anonymes. En 1878 les capitaux de toutes les sociétés constituées dans la Seine ne dépassaient pas 325 millions, ils atteignaient 930 millions en 1879, 1 285 millions en 1880 et 2 630 millions en 1881, plus de deux milliards et demi.

Non seulement ces entreprises n'avaient pas été suffisamment étudiées, mais les fondateurs avaient foulé aux pieds les règles de constitution les plus essentielles de la loi de 1867; de plus, pour placer les titres, les émetteurs avaient employé des manœuvres graves, falsifié des bilans, distribué des dividendes fictifs, etc. Aussi le krach de 1882 était-il suivi d'une liquidation judiciaire longue et pénible. « Sociétés industrielles, sociétés de crédit, écrit le rédacteur du Bulletin de la *Revue des Sociétés*, tombent les unes après les autres et nos recueils, devenus registres funéraires, ne suffisent plus à inscrire ces arrêts de mort. » Quelque temps après, le même recueil constate que la crise atteint les sociétés d'assurances; les chutes succèdent aux chutes [1].

Pendant plusieurs années les tribunaux et les cours furent encombrés de procès. On vit se multiplier liquidations, faillites, nullités, appels de fonds, responsabilités des fondateurs, administrateurs,

---

1. *Rev. des soc.*, 1884, p. 605; 1884, p. 671; 1885, p. 249 et 589; 1886, p. 1.

apporteurs, commissaires. En même temps, les tribunaux répressifs distribuaient à profusion amendes et prison ; le directeur et le président du conseil d'administration d'une grande société financière étaient notamment condamnés à deux ans de prison. Cette liquidation, rendue plus longue par les hésitations d'une jurisprudence qui n'était pas définitivement fixée, dura plus de cinq ans.

Les pertes subies par l'épargne française grossissaient chaque jour ; on pouvait lire dans les journaux et revues que le krach avait plus coûté à la France que la guerre de 1870 ; que certaines régions viticoles avaient plus souffert des mauvais placements que du phylloxéra, qui venait de détruire les vignes. Il y avait sans doute dans ces plaintes quelque exagération ; il n'en est pas moins certain que l'épargne française avait subi des pertes considérables.

L'opinion générale n'hésita pas à attribuer ces pertes aux défectuosités de la loi des sociétés. « La loi de 1867, écrivait M. Vavasseur [1], n'a que quinze ans d'existence et, depuis longtemps déjà, elle est l'objet de critiques nombreuses ; des imperfections et des lacunes ont été signalées ; elle devait protéger l'épargne publique contre les majorations frauduleuses, contre les apports fictifs ; toutes ses prescriptions ont été impunément déjouées ; toutes ses sanctions civiles ou pénales évitées. *La loi est si bien*

_____

1. *Rev. soc.*, 1883, p. 57.

tournée qu'elle est comme inexistante pour qui sait et veut passer à côté. » On trouve des observations analogues dans les discours annuels des présidents du tribunal de commerce de la Seine. MM. Baudelot et Moreau avaient lancé leurs avertissements au moment de la grande spéculation [1]; leurs successeurs n'eurent que plus d'autorité pour demander après le krach la révision de la loi de 1867.

Le krach de 1882 et la liquidation à laquelle il donna lieu eurent une influence décisive sur les placements de l'épargne et la constitution des sociétés anonymes. On lit souvent, à propos des crises, dans les ouvrages des adeptes de l'école économique classique du laisser-faire, que les crises financières, si elles produisent sur le moment des ruines, n'ont pas en réalité de conséquences funestes sur le développement économique du pays; il semble même pour certaines personnes que ces crises présentent presque de l'utilité, en faisant l'éducation des capitalistes. Les événements qui ont suivi le krach de 1882 donnent à ces théories le démenti le plus certain.

Les pertes subies par l'épargne ont eu d'abord pour conséquence de ralentir ses placements, et en même temps de les écarter des actions des sociétés pour les diriger vers les valeurs d'États, de départements, de communes, etc. Rien n'était plus naturel; mais, fait plus grave, ce mouvement n'a pas été passager; son influence s'est fait sentir pendant plus

---

1. *J. S.*, 1880, p. 98.

de dix ans, et lorsque les affaires de sociétés essaieront de reprendre, cette reprise aura lieu dans des conditions particulières sur lesquelles on insistera plus loin ; aujourd'hui encore l'évolution financière souffre des suites du krach de 1882.

La crise détermina la raréfaction des sociétés anonymes. Les constitutions de sociétés nouvelles avaient été de 511 en 1879 ; 787 en 1880 ; 976 en 1881 ; 738 en 1882 ; elles tombent à 489 en 1883, et, point qu'il faut noter, la diminution va en s'accentuant, alors que l'épargne a cependant réuni des capitaux nouveaux. Les statistiques révèlent 363 sociétés anonymes nouvelles en 1884, 325 en 1885, 319 en 1886, 295 en 1887. On constate la même diminution dans les capitaux des sociétés constituées dans le département de la Seine [1] : 1879, 930 millions ; 1880, 1 285 millions ; 1881, 2 630 millions ; 1882, 1 276 millions ; 1883, 545 millions ; 1884, 373 millions ; 1885, 399 millions ; 1886, 290 millions. De tous côtés des cris d'alarme sont poussés ; les bulletins de la *Revue des sociétés* les enregistrent régulièrement ; on en arrive à se demander si la société anonyme n'a pas fait son temps, et l'on discute à la Société d'Économie politique la question de savoir s'il ne faudrait pas revenir à la commandite par actions, en réservant la forme anonyme à quelques entreprises exceptionnelles [2].

1. Il faut rappeler qu'il s'agit de toutes les sociétés, mais que les grosses différences portent sur les sociétés anonymes.

2. *Economiste français*, 15 nov. 1894. Voir également *Revue des sociétés*, 1892, p. 488.

A la veille de l'exposition de 1889 on constate une
légère amélioration, les sociétés anonymes nouvelles
passent de 295 en 1887 à 324 en 1888, 365 en 1889,
420 en 1890, 628 en 1891. Mais de nouveaux sinistres
financiers viennent ébranler encore la confiance des
capitalistes; cette fois ce sont de vieilles sociétés qui
s'écroulent à la suite de mauvaise administration,
notamment la Société des dépôts et comptes courants,
la Banque d'escompte, la Société des Métaux et surtout le Comptoir d'escompte. Le Comptoir d'escompte, dont les actions étaient considérés comme
des valeurs de tout repos, que les notaires indiquaient
dans les contrats de mariage, pour les remplois
dotaux; le Comptoir d'escompte, établissement de
confiance, fait une brusque chute et dans quelles
conditions! On voit « tomber en un mois, après les
déclarations officielles les plus satisfaisantes, et une
augmentation de dividende, un établissement qui
était censé posséder un capital de 80 millions, et qui
en outre avait pour administrateurs et pour censeurs
une vingtaine de personnes toutes connues, généralement estimées, jouissant de grandes fortunes et
ayant un passé qui faisait présumer de l'expérience
et une certaine capacité [1] ».

Ces désastres et aussi les scandales auxquels la
Société du canal du Panama a donné lieu, désorien-
tèrent le public capitaliste; il se détourna des
sociétés anonymes. Le nombre de ces sociétés

____

1. Leroy-Beaulieu, *Economiste français*, 6 avril 1889.

diminua (620 en 1891, 536 en 1892, 532 en 1893); les différences sont encore plus sensibles si l'on prend les capitaux : ils tombent de 449 millions en 1889 à 323 millions en 1893. En même temps les actions des sociétés sont délaissées sur le marché de la Bourse; l'épargne se jette sur les valeurs à revenu fixe, et surtout les fonds d'États; c'est le moment de la hausse inouïe de ces valeurs; le 3 p. 100, qui avant le krach ne valait que 84 francs, dépassait 98 francs à la fin de 1898. Cette hausse fut suivie de multiples conversions.

Ceux même qui déploraient ce détournement des capitaux des affaires productives durent reconnaître qu'il n'était que trop justifié. On lit dans les bulletins de la *Revue des sociétés* des observations comme celles-ci : « Si l'épargne est réfractaire, il ne faut pas s'en étonner »; « la société anonyme, qui a eu son heure de grandeur, penche vers sa décadence; elle s'est employée à tant de besognes souvent fort vilaines qu'elle est tombée en discrédit[1] »; « avec un instrument aussi dangereux que les sociétés anonymes comment veut-on que le capital, tant de fois déçu, se confie aux entreprises nouvelles ?

Au milieu de ce concert, la voix si autorisée de M. le président Dervillé se fait entendre à la séance d'ouverture du tribunal de commerce de la Seine du 31 janvier 1894[2]. Après avoir constaté une nouvelle décroissance dans le nombre et l'importance des

1. *Rev. soc.*, 1894, p. 169. — *Rev. soc.*, 1895, p. 4.
2. *Ibid.*, 1894, p. 84.

sociétés par actions constituées à Paris, M. Dervillé
recherche les causes de cette décroissance :

« Faut-il ne voir là qu'une conséquence de la crise
commerciale et industrielle que nous traversons?...
Sans méconnaître les obstacles que les conditions
économiques apportent à la création de sociétés nouvelles, nous pensons cependant que l'explication en
serait incomplète. Cette décroissance témoignerait-
elle d'une réaction grandissante contre l'esprit d'association, et l'évolution qui, depuis un demi-siècle,
substituait le groupement des capitaux à l'action
trop restreinte des efforts individuels, se serait-elle
définitivement arrêtée? Nous ne voulons point l'admettre. »... « En réalité, la société par actions n'a pas
cessé de répondre chez nous aux besoins des vastes
entreprises et de constituer le moyen pour ainsi
dire exclusif de les réaliser; *mais les désastres financiers qui se sont succédé, nombreux et retentissants,
au cours des dernières années, ont effrayé les capitaux
et les ont peu à peu détournés d'une forme légale, instrument de tant de ruines.* Il importait de les ras-
surer par une refonte de la législation des sociétés;
mes prédécesseurs se sont fait depuis longtemps les
apôtres de cette révision ; et tous les ans, à la même
époque, ils ne cessaient de la demander, *à formules
simples, plus efficace dans ses garanties, de meilleure
mesure dans ses responsabilités, ramenant à elles les
compétences honnêtes et laborieuses que décourageaient
les peines de la fondation et des premiers conseils.* »

Il fallait citer *in extenso* ces passages non seulement à raison de la grande autorité de leur auteur, mais aussi parce qu'ils contiennent un jugement définitif sur la loi de 1867, jugement qu'on a parfois trop perdu de vue; la loi de 1867 a échoué parce que les garanties fournies à l'épargne manquent d'efficacité, et aussi parce que les pénalités qu'elle établit sont ou mal conçues ou excessives. Ce dernier caractère échappera aux auteurs de la loi élaborée après le krach; ils ne songeront qu'à la sévérité, et ce sera la raison de l'échec auquel leurs efforts aboutiront.

CHAPITRE VI

LES PROJETS DE RÉFORME. — LA LOI DE 1893

Pendant la période de spéculation, le gouvernement, suivant les invitations des Présidents du tribunal de commerce de la Seine et des publicistes,
avait dès 1879 fait préparer un projet par le Conseil
d'État[1]. Au lendemain du krach, deux hommes d'État
éminents, MM. Waldeck-Rousseau et Félix Faure,
déposaient un projet modifiant la loi de 1867[2]. Les
deux Chambres étaient également saisies d'autres
projets provenant de l'initiative parlementaire[3].
Quant au gouvernement, il réunissait, dès le 20 février 1882, une commission extraparlementaire; les
travaux de cette commission, poussés activement,
aboutissaient à un projet que le gouvernement déposait sur le bureau du Sénat le 6 décembre 1882, le

1. *Journ. des soc.*, 1880, p. 98.
2. Voir Étude de ce projet, *Journ. des soc.*, 1882, p. 255.
3. Voir notamment projet de M. Naquet sur les sociétés étrangères; *J. S.*, 1882, p. 196.

projet était en 1884 voté par cette assemblée avec quelques modifications[1].

Le projet de 1883 est l'un des plus étudiés qui aient été jamais soumis aux Chambres françaises; la lecture de l'exposé des motifs et du rapport de M. Bozérian[2] forme le préliminaire nécessaire de tout travail sur la réforme de la législation des sociétés par actions; les défauts du projet pro viennent des conditions dans lesquelles la prépara tion et le vote ont eu lieu; on se trouvait encore trop sous le coup des événements de janvier 1882 et on voulait à tout prix en éviter le retour.

L'esprit dans lequel le projet est conçu se dégage nettement des termes du rapport comme de l'exposé des motifs. On écarte le système de l'autorisation; quant au régime de la liberté des conventions, à l'application du droit commun, on en prononce la condamnation dans des termes qu'il n'est pas inutile de rappeler : « c'est un leurre » ; « il faut laisser de côté les mots, pour se mettre en face des choses ».

Le projet maintient les règles concernant la con stitution des sociétés anonymes dans leurs disposi tions essentielles; il renforce la vérification de la déclaration notariée, si le quart des actionnaires présents en fait la demande, la sincérité de la déclaration est soumise à la vérification d'un ou de trois experts nommés par le président du tribunal de

1. *Journal officiel*, 1884, p. 1579.
2. *Rev. des soc.*, 1883, p. 129, et suiv., 1884, p. 106 et suiv., p. 712 et suiv.

commerce; une disposition analogue existe pour la vérification des apports (art. 9, 10, 11). De plus, les commissaires nommés par la première assemblée générale doivent, immédiatement après leur nomination, s'assurer si toutes les dispositions contenues dans la loi ont été observées; s'ils constatent l'inobservation d'une ou plusieurs de ces formalités, ils doivent, avant le commencement des opérations sociales, mettre les administrateurs en demeure de s'y conformer et convoquer à bref délai la réunion d'une assemblée générale à laquelle il sera rendu compte ou demandé une approbation nouvelle; dans ce cas, la société n'est constituée définitivement qu'après cette approbation (art. 16).

Les actions d'apport restent à la souche pendant deux ans et ne deviennent négociables qu'après cette période. Les actions numéraires demeurent nominatives jusqu'à complète libération, mais les souscripteurs et propriétaires intérimaires cessent d'être responsables des appels de fonds deux ans après le transfert de leurs actions (art. 6).

Le gouvernement et la commission avaient écarté comme inefficaces et gênantes les dispositions du projet de MM. Waldeck-Rousseau et Martin Feuillée tendant à rendre obligatoire le dépôt du quart dans des banques déterminées. Le gouvernement avait demandé que l'expertise, édictée pour contrôler la régularité de la déclaration notariée et l'évaluation des apports, fût obligatoire et non facultative et qu'en dehors de l'action de dol réservée par la loi de 1867, les actionnaires aient pendant 3 ans une action en dommages-intérêts au cas de majoration de plus de moitié des apports; la commission et le Sénat ont rejeté ces dispositions (art. 11).

On maintient le système des nullités. Le nombre de ces nullités se trouve même augmenté, puisque des formalités nouvelles, prescrites presque toutes à peine de nullité, sont édictées; les personnes responsables de la constitution restent soumises aux mêmes responsabilités; il faut ajouter à leur nombre les commissaires, à raison de la vérification dont ils sont chargés. Mais le projet atténue les responsabilités à un double point de vue : 1° à l'égard des créanciers, la responsabilité n'est plus égale au passif; dans aucun cas les dommages-intérêts ne peuvent excéder le préjudice causé; 2° l'action en nullité et l'action en responsabilité qui en résulte ne sont plus recevables trois ans après le jour où la nullité a été encourue, lorsqu'avant l'introduction de la demande la cause de nullité a cessé d'exister (art. 42).

Le projet contenait également une série de dispositions améliorant l'administration des sociétés anonymes; ces dispositions concernaient notamment la tenue et les pouvoirs des assemblées, les communications aux actionnaires, les paiements d'intérêts dans la période de premier établissement, le rachat des actions, la dissolution en cas de perte d'une partie du capital social, etc. Ces améliorations de détail ne sauraient être analysées ici, il faut cependant noter une disposition de l'article 34 aux termes de laquelle les administrateurs ne peuvent pas prendre part au vote de désignation des commissaires.

La réglementation concernant la souscription, l'émission et la négociation des actions mérite plus d'attention. On a déjà signalé les règles qui établissent la non-négociabilité des actions d'apport et l'obligation de laisser nominatives les actions non libérées; il faut ajouter une légère modification à la valeur nominale minima des actions; le taux au-dessous duquel on ne pouvait descendre aurait été 50, 100 et 500 francs, suivant l'importance du capital. Mais la partie réellement intéressante du projet concerne la publicité; il suffira d'indiquer ici les dispositions principales.

Il est créé (art. 63) un recueil officiel dans lequel seront publiés les actes et délibérations des sociétés par actions. En cas de souscription publique, on reproduit le projet des statuts dans le recueil officiel dix jours au moins avant l'ouverture de la souscription (art. 64); toute souscription est constatée par un bulletin qui doit contenir certaines mentions; les affiches, prospectus, insertions doivent renfermer les mêmes énonciations (art. 4). Dans les ventes publiques, autres que celles ordonnées par justice, les affiches, prospectus, insertions dans les journaux, circulaires, ainsi que les bulletins d'achat doivent reproduire les mentions de l'article 4 et en outre indiquer la date de l'assemblée constitutive ou, si le capital a été augmenté, la date de l'assemblée qui a réalisé cette augmentation, et enfin le montant de la somme restant à verser par action. Sur les titres des actions doivent être portées des mentions analogues ; les imprimés de la société doivent à la suite de l'indication du capital préciser la partie qui reste à verser (art. 74).

Le projet contenait en outre des titres consacrés aux sociétés en commandite par actions, aux obligations, aux sociétés d'assurances et aux sociétés étrangères ; il ne sera question dans cette partie de ce travail que des sociétés étrangères.

Les sociétés étrangères qui établissent des succursales en France doivent préalablement publier leurs statuts (art. 94) ; elles sont soumises pour l'émission de leurs titres aux mêmes dispositions que les sociétés françaises (art. 95). Les valeurs à lots sont interdites ; quant aux actions, on ne peut les émettre et les négocier en France qu'autant que leur valeur nominale n'est pas inférieure au minimum fixé par la loi française ; aucune émission ou négociation ne peut avoir lieu avant la souscription de la totalité du capital social et le versement du quart (art. 92).

L'une des caractéristiques du projet voté en 1884 consiste dans le renforcement des pénalités ; on se trouvait au moment du vote et surtout de la préparation de la loi sous le coup de l'émotion causée par la crise de 1882. Les délits prévus par la loi de 1867 sont maintenus, certains sont aggravés, à l'amende s'ajoute le plus souvent une peine de prison ; on invente des délits nouveaux.

Jamais législateur n'avait imaginé plus formidable appareil répressif; non seulement toutes déclarations inexactes, toutes réticences, mais même certaines violations des statuts étaient punies de prison. Le gouvernement et la commission s'étaient laissé entraîner trop loin, là se trouvait le point faible du projet; l'exagération des pénalités devait empêcher les dispositions votées par le Sénat d'acquérir force de loi.

Des voix autorisées s'élevèrent presque aussitôt contre le projet; dans un article paru en 1884 dans le *Journal des Économistes*, M. Mathieu Bodet, analysant les dispositions du projet, y relevait 31 nullités, sans parler des pénalités, et mettait en garde contre de telles dispositions. On aurait pu croire que le spectacle des effondrements successifs des sociétés nées pendant la période de spéculation, la constatation des violations constantes de la loi, des fraudes répétées, auraient poussé le public à demander une aggravation des responsabilités; c'est le phénomène contraire qu'on a vu se produire.

Les poursuites correctionnelles multipliées contre les administrateurs et fondateurs, et les répressions sévères qui en avaient été la conclusion, les condamnations pécuniaires énormes, souvent disproportionnées avec les fautes commises, prononcées contre ceux qui avaient participé à la constitution des sociétés et à leur administration, ont amené une sorte de réaction en leur faveur. Les actionnaires poursuivis en libération de leurs actions par les syndics et les liquidateurs, qui faisaient les appels de fonds, en sont arrivés à se demander s'il n'y avait pas abus même à l'égard des administrateurs et fondateurs. La passion politique s'en mêlant, certaines personnes ont cherché à rejeter sur le parti au pouvoir la responsabilité du krach ; d'après elles, l'Union Générale n'était tombée que par un abus d'autorité du ministère !

De leur côté, les hommes pratiques, les publicistes étaient effrayés de la diminution constante des créations de sociétés anonymes et se posaient la question de savoir si toute cette répression n'aboutissait pas à empêcher les constitutions de sociétés nouvelles. « Or, nous le demandons, quel est l'homme sensé qui oserait affronter de telles expectatives? Pour entrer à ce prix dans une société, il faut, on l'a dit avant nous, être frappé de démence et digne d'interdiction ; ou bien il faut n'avoir rien à risquer et alors, c'est l'avènement des hommes de paille.... Est-ce donc le moment d'effrayer les hommes d'initiative [1]? »

Les tribunaux de commerce s'émeuvent à leur tour ; les discours des présidents contiennent des avertissements au législateur. « Beaucoup de bons esprits, dit le Président du tribunal de commerce de la Seine en 1886, semblent effrayés des dispositions rigoureuses inscrites dans la loi de 1867 en cas d'omission des formalités prescrites lors de la constitution des sociétés par actions », et il concluait au

---

1. *Rev. des soc.*, 1884, p. 412.

pouvoir d'appréciation des tribunaux[1]. Les chambres de commerce joignent leurs doléances; dans un remarquable discours le président de la chambre de commerce de Lyon s'élève énergiquement contre les dispositions d'une loi qui « frappe aveuglément la bonne et la mauvaise foi, l'honnête homme et le filou[2] ».

On a souvent accusé le parlement d'impuissance à propos du non-aboutissement de la réforme des sociétés; en réalité les hommes politiques se sont trouvés très embarrassés des indications contradictoires qu'ils recevaient. Le gouvernement décida de consulter les tribunaux, les cours d'appel et la cour de cassation; comme souvent, la consultation n'aboutit pas à des résultats décisifs. La cour de cassation maintint les dispositions sévères du projet de loi[3]. Le tribunal de commerce de la Seine protesta contre les aggravations du projet et demanda même que les nullités et responsabilités devinssent facultatives; la chambre de commerce de Paris se prononça dans un sens analogue, mais d'une façon moins nette[4].

La chambre de commerce de Lyon faisait au contraire entendre une protestation énergique contre les pénalités du projet de loi voté par le Sénat : « La police correctionnelle, l'amende et à plus forte raison

1. *Rev. soc.*, 1886, p. 129.
2. *Ibid.*, 1887, p. 226.
3. *Ibid.*, 1886, p. 352 et suiv.
4. *Ibid.*, 1888, p. 345.

la peine d'emprisonnement devraient être réservées aux infractions présentant un caractère nettement frauduleux. Avec une brutalité qui viole tous les principes du droit pénal, le projet de loi frappera du même bras vengeur la convention, l'omission involontaire et la mauvaise foi; que vous ayez agi sciemment ou inconsciemment, qu'il en soit résulté ou non un préjudice pour autrui, la police correctionnelle vous attend... » « Si l'on étudie les formalités minutieuses et multiples qui président à la constitution des sociétés, on restera persuadé qu'il n'existe pas de terrain plus scabreux, à tel point qu'un homme honorable ne saurait s'y aventurer. Tout le monde est d'accord aussi que, loin d'écarter les honnêtes gens des fonctions d'administrateur en les frappant de suspicion, on doit faciliter l'accès de ces fonctions à tous ceux qui sont capables de les remplir de peur qu'elles ne tombent en de mauvaises mains [1]. »

La commission de la Chambre, saisie des résultats de l'enquête, parut donner raison aux représentants du commerce; le projet voté par le Sénat fut repoussé; aucun des commissaires ne l'acceptait; l'un d'eux, et non des moins influents, M. Yves Guyot, demanda que la loi s'occupât exclusivement de l'enregistrement et de la publicité, laissant toute liberté aux sociétés par actions pour leur formation et leur fonctionnement; si les autres commissaires n'allaient

---

1. *Rev. soc.*, 1887, p. 226 et suiv.

pas aussi loin, la majorité paraissait favorable à une grande diminution des cas de nullité [1]. Un projet rédigé dans cet esprit fut déposé par M. Brice [2].

Presque aussitôt, M. Thévenet, qui, comme avocat, avait joué l'un des rôles principaux dans les procès auxquels avait donné lieu à Lyon le krach de 1882, déposait un projet soumettant au droit commun les sociétés par actions.

La commission ne pouvant prendre de décision entre ces projets si contradictoires n'aboutissait pas. Quelques années après, M. Thévenet, devenu ministre de la justice, faisait reprendre les travaux, et développait des considérations tendant : 1° à la suppression des formalités sur la réalité des versements et des souscriptions, et de l'obligation de libération des titres avant leur mise au porteur ; 2° au changement des dispositions relatives à la vérification des apports en vue de dégager la responsabilité de l'État ; 3° à la suppression des délits spéciaux, y compris le délit de dividendes fictifs, l'article 405 devant être seul appliqué.

Les journaux rendaient compte de la discussion qui avait suivi la déclaration du ministre dans ces termes : « Après le départ du ministre, la commission, qui est d'accord avec le gouvernement sur les points essentiels, a discuté les premiers articles du texte sénatorial. Elle a écarté l'exigence du nombre minimum de 7 actionnaires, la réglementation légale

1. *Rev. soc.*, 1887, p. 110.
2. *Ibid.*, 1887, p. 226.

du montant des actions, la nécessité du versement du quart, sous réserve toutefois d'une publicité rigoureuse. Par contre la commission a admis les dispositions portant que la souscription devra être intégrale et que l'acte de société joint à la déclaration des versements effectués devra être déposé au greffe[1]. »

Au lendemain de ces déclarations, arrivaient la chute du Comptoir d'escompte et une série de sinistres financiers ; on abandonnait les projets libéraux. La doctrine n'était du reste pas favorable en général au retour au régime du droit commun[2]; les délibérations du congrès des sociétés par actions, tenu à Paris au moment de l'exposition universelle de 1889, caractérisent nettement l'état d'esprit de l'époque.

Le congrès de 1889 maintenait la limitation de la valeur minima des actions, la souscription totale, la libération immédiate partielle, il exigeait de plus le versement dans une caisse publique des sommes à libérer lors de la constitution et soumettait les apports à une vérification par des experts choisis par le tribunal ; les actions ne pouvaient être mises au porteur avant entière libération ; les recours contre ceux qui avaient cédé leurs titres étaient limités à deux ans; la nullité était supprimée, la responsabilité civile et pénale maintenue. Le fonctionnement de la société

1. *Rev. soc.*, 1889, p. 213.
2. Voir en sens divers : Vavasseur, *Elude sur le projet de 1882.* *Rev. soc.*, 1885, p. 5 et suiv.; — Deloison, *id.*, Paris, 1885; — Thaller, *id.*, *Journal des soc.*, 1884, p. 250. — Jacquand, *id.*, Paris, 1886; — Bucher, *id.*, journal *la Loi*, 25 juin 1883.

recevait quelques améliorations empruntées au projet voté en 1884 et à la pratique. Le congrès avait adopté également quelques dispositions concernant les sociétés étrangères.

La Chambre était saisie chaque jour de nouveaux projets [1]. Au milieu de ces projets et de ces contradictions, la commission n'aboutissait pas. C'est alors que des esprits pratiques songèrent à faire une réforme limitée en prenant dans les projets certaines dispositions pratiques qui ne paraissaient pas devoir soulever de graves discussions. Le projet fut rapporté par M. Clausel de Coussergues à la Chambre des députés et par M. Thévenet au Sénat. La loi nouvelle a été promulguée le 1er août 1893 ; elle contient des dispositions définitives, d'autres purement transitoires, les premières ont été insérées dans le texte de la loi de 1867 ; en voici les principales :

Le législateur abaisse considérablement le taux des actions, il admet en principe le minimum de 100 francs ; il réduit même ce minimum à 25 francs pour les sociétés dont le capital n'excède pas 200 000 francs. Les sociétés anonymes ne peuvent être constituées qu'après la souscription de la totalité du capital et le versement en espèces du montant des actions lorsque leur valeur n'atteint pas 100 francs et du quart lorsqu'il s'agit d'actions de 100 francs et plus.

La loi consacre définitivement les dispositions du

1. Voir l'énumération des divers projets (*Rev. soc.*, 1890, p. 266).

projet de 1887 concernant la libération; d'une part, les appels de fonds sont mieux assurés, les actions restent nominatives jusqu'à leur entière libération; les titulaires actuels, souscripteurs et propriétaires intermédiaires, sont tenus solidairement du montant de l'action; d'autre part, les poursuites ne peuvent plus s'exercer aussi longtemps; les souscripteurs ou acquéreurs qui ont cédé leurs titres se voient, deux ans après la cession, dégagés de la responsabilité des versements non encore appelés.

C'est aussi au projet de loi de 1883 que le législateur a emprunté les dispositions nouvelles concernant les apports. Les actions représentant des apports doivent être intégralement libérées au moment de la constitution de la société; elles ne peuvent être détachées de la souche et ne deviennent négociables que deux ans après la constitution définitive; pendant ce temps, elles doivent à la diligence des administrateurs être frappées d'un timbre indiquant leur nature et la date de la constitution; pendant ces deux années elles ne peuvent être cédées que par les modes civils, c'est-à-dire par un acte enregistré et signifié à la société ou par acte notarié.

Cette interdiction de négocier les actions pendant deux ans ne se trouvait pas dans le projet voté par la Chambre, elle avait même été repoussée par la commission du Sénat. Mais, en séance publique, M. Poirier fit voter un amendement dans ce sens malgré l'opposition du gouvernement et de la commission. Lors du retour du projet à la Chambre, le rapporteur, M. Clausel de Coussergues, tout en en proposant l'adoption, faisait quelques réserves : « Nous craignons que la précaution prise soit inefficace au moins dans beaucoup de cas contre les abus redoutés, et que, par contre, en entravant la liberté des contractants, elle n'ait guère d'autres résultats que d'empêcher les combinaisons utiles et légitimes usitées jusqu'à ce jour. »

La loi maintient le système des nullités et des responsabilités, mais le modifie assez sensiblement. Tout d'abord, l'action en nullité et en responsabilité se prescrit désormais par dix ans au lieu de trente ans ; de plus, la nullité peut être couverte ; l'action en nullité de la société (et des actes postérieurs à la constitution) n'est plus recevable, lorsqu'avant l'introduction de la demande la cause de nullité a cessé d'exister ; quant à l'action en responsabilité pour les faits dont la nullité résultait, on ne peut plus l'intenter lorsqu'avant l'introduction de la demande la cause de nullité a cessé d'exister et qu'en outre trois ans se sont écoulés depuis le jour où cette nullité avait été encourue.

Le législateur prévoyant les chantages qui s'exercent trop souvent, ajoutait : « Si, pour couvrir la nullité, une assemblée générale avait été convoquée, l'action en nullité ne serait plus recevable à partir de la date de convocation de l'assemblée ». Lorsque la responsabilité existe, soit que la nullité n'ait pas été couverte, soit que l'action ait été intentée dans les trois ans qui suivent la régularisation, les dommages et intérêts ne peuvent jamais dépasser aussi bien au profit des créanciers que des actionnaires le préjudice causé par la nullité.

La loi du 1er août 1893 contenait aussi quelques dispositions concernant l'administration des sociétés anonymes : 1º les statuts prévoient le plus souvent que pour être admis aux assemblées générales les actionnaires doivent posséder un certain nombre d'actions ; désormais les titulaires d'un nombre d'actions inférieur à celui exigé par les statuts pourront se réunir pour former ce nombre et se faire représenter à l'assemblée générale par l'un d'eux ; 2º dans le cas où des sociétés continuent à payer les intérêts ou dividendes de leurs titres déjà remboursables par voie de tirage au sort, elles ne peuvent répéter ces sommes lorsque les titres sont dans la suite présentés en retard au remboursement.

Enfin la loi de 1893 réglait la situation des sociétés civiles par actions, laquelle avait fait l'objet de multiples controverses. En principe le caractère civil ou commercial d'une société se distingue par l'objet social : est commerciale une compagnie de chemins de fer ; est civile une société de mines (la loi réputant civile l'industrie minière). Devait-on appliquer la loi de 1867 à ces sociétés ? Des difficultés s'étaient élevées sur ce point en doctrine et en jurisprudence ; la loi nouvelle les tranche en décidant que seront commerciales, quel que soit leur objet, les sociétés en commandite par actions ou anonymes qui seront constituées dans les formes du code de commerce et de la loi de 1867. Ce texte a lui-même donné lieu à une controverse célèbre. Peut-on constituer des sociétés civiles par actions en dehors des lois commerciales et dans quels cas? La jurisprudence vient de se fixer dans le sens de l'affirmative. On peut encore constituer des sociétés par actions civiles, mais à la condition que la responsabilité des actionnaires ne soit pas restreinte au montant de l'action, mais puisse s'exercer sans limitation proportionnellement à la part de l'actionnaire dans le capital de la société[1].

Telle est la loi de 1893 ; on a critiqué plus ou moins justement certaines de ses dispositions. Elle a été dans son ensemble assez bien accueillie ; mais il ne faudrait pas exagérer sa portée. Elle n'a été dans la pensée de ses auteurs que provisoire, préparant et n'empêchant pas la refonte générale de la législation des sociétés ; c'est ce qu'ont répété les rapporteurs à la Chambre et au Sénat ; ils renvoyaient ceux qui proposaient des amendements sur les questions délicates à la réforme générale qui continuait de l'avis de tous à s'imposer.

1. Cass. 7 janv. 1908, *Rev. soc.*, 1908, p. 148.

CHAPITRE VII

LES SOCIÉTÉS ANONYMES DE 1893 A 1909

La loi de 1893 ne contenait pas de dispositions suffisamment importantes pour déterminer immédiatement un changement appréciable dans la constitution des sociétés; du reste le mal produit par les dispositions malheureuses de la loi de 1867, par le krach de 1882 et par les désastres financiers des années 1889 et suivantes se faisait encore sentir.

Sans doute les fondateurs et administrateurs n'étaient plus exposés aux mêmes risques; honnêtes et scrupuleux, ils pouvaient éviter les responsabilités; d'une part la jurisprudence était fixée sur presque toutes les questions délicates que soulève la constitution des sociétés anonymes, d'autre part les dispositions de la loi de 1893 permettaient de réparer les erreurs qui auraient pu être commises. La jurisprudence elle-même se montrait plus clémente [1]; les dommages-intérêts se trouvaient souvent

1. *Rev. des soc.*, 1890, p. 483.

moins sévèrement évalués ; les tribunaux et les cours, bien que cette solution ne fût pas très juridique, se servaient parfois de leur pouvoir souverain d'appréciation en matière de dommages-intérêts, pour les proportionner un peu mieux aux fautes commises. On appliquait même moins sévèrement certains articles ; un exemple caractéristique fera comprendre la portée de l'évolution.

On a vu plus haut que l'article 15 de la loi de 1867 punit des peines graves de l'escroquerie ceux qui par la publication de tous faits faux ont déterminé ou tenté de déterminer des souscriptions ; cet article aussitôt après le krach avait plusieurs fois donné lieu à des condamnations sévères. Comme le faisait remarquer M. Vavasseur[1] : « L'article 15 est aussi net et tranchant que possible ; il punit la publication de tous faits faux.... Est-il beaucoup de prospectus qui résisteraient à cette définition ? » Eh bien ! lorsqu'on parcourt la jurisprudence postérieure à la liquidation du krach, on est étonné de voir avec quelle rareté les tribunaux appliquent cet article ; le parquet semble effrayé de sa rigueur.

Ce n'est pas tout, la jurisprudence apprécie avec de moins en moins de sévérité les mensonges des prospectus. « Considérant, dit un arrêt célèbre dont la formule a été maintes fois reproduite, que ces articles, si regrettables qu'ils soient, ne dépassent pas la limite des affirmations aventureuses et même

---

1. *Rev. des soc.*, 84, p. 131.

mensongères, qu'on rencontre trop souvent dans les prospectus commerciaux... » ; et l'arrêt ajoute « que de simples allégations mensongères, quelque multipliées qu'elles aient pu être, ne sauraient par elles-mêmes constituer des manœuvres frauduleuses au sens de l'article 405 C. p.[1] ».

M. Vavasseur constate et commente dans la *Revue des Sociétés* cette évolution de la jurisprudence. « Le juge subit, dit-il, des courants d'opinion plus irrésistibles que la mer.... Prenons par exemple les prospectus d'émission. Dans quels cas engagent-ils la responsabilité de leurs auteurs? Le titre d'obligation ou d'action est une marchandise et l'on a toujours reconnu aux marchands le droit de vanter, de parer même ce qu'ils vendent; la réclame s'étale quelquefois impudente et cynique à la quatrième page des journaux. Barnum n'a jamais été inquiété pour ses prodigieuses spéculations sur la bêtise humaine; les marchands d'orviétan réalisent de belles fortunes et, pour tout résumer d'un mot, l'annonce est devenue une puissance, comme la presse d'où elle émane et qu'elle soutient[2]. »

Et cependant on trouve dans les recueils des arrêts et de nombreux qui, soit au civil, soit au criminel, condamnent les auteurs des prospectus. Où est donc la limite de ce qui est permis et de ce qui est défendu? Il est quelquefois bien difficile de le savoir, la déci-

1. Paris, 18 mars 1887, Aff. du crédit général français ; *Rev. sociétés*, 1887, p. 209.
2. *Rev. soc.*, 1891, p. 251.

sion des tribunaux dépend souvent de circonstances étrangères aux termes mêmes de la publicité, et l'on voit des prospectus condamnés par les tribunaux, tandis que d'autres analogues ne sont pas même retenus. La plus ou moins grande sévérité dépend souvent de l'époque où l'on juge le procès; l'expérience révèle qu'après les grands cataclysmes financiers, les condamnations sont plus fréquentes que dans les périodes de calme.

Si cette incertitude peut causer quelque inquiétude aux lanceurs d'affaires, il est incontestable que, dans son ensemble, la jurisprudence se montre infiniment plus douce pour les honnêtes gens, qui interviennent dans la constitution et l'administration des sociétés. Cette modification paraîtrait, comme celle de la loi, de nature à encourager les initiatives.

Au contraire, rien n'est venu améliorer la situation de l'épargne; si la répression s'est affaiblie, peut-être justement, on a négligé de prendre d'autres mesures pour garantir les capitalistes. On trouve dans la loi de 1893 une seule disposition importante, celle concernant la non-négociabilité pendant deux ans des actions d'apport. L'épargne, qui se sentait quelque peu abandonnée, n'a pas repris confiance; la confiance perdue revient du reste difficilement.

Le mouvement de constitution des sociétés anonymes s'est ressenti de cette défiance. La statistique de la justice civile en France révèle que les capitaux des sociétés par actions constituées en 1894, 1895, 1896, 1897, atteignent respectivement 394 millions, 499 millions, 459 millions, 540 millions. Et, pour prendre des chiffres comparables à ceux cités plus haut, le nombre des sociétés anonymes ne dépasse pas 510, 423, 483,.561, tandis qu'en 1879 on en comptait 511. Les capitaux de toutes les sociétés (par actions ou autres) constituées dans le département de la Seine atteignaient 930 millions en 1879 et 446 millions en 1897. Et cependant la France regorgeait de capitaux; les cours des valeurs à revenu fixe montaient de plus en plus malgré les conversions; on voyait le 3 p. 100 dépasser 103 francs.

La diminution du taux de l'intérêt et les besoins toujours plus grands de la société moderne devaient fatalement pousser les capitalistes vers des placements plus rémunérateurs; le mouvement s'est produit et a atteint vers 1894 une violence inouïe, mais ce ne sont pas les entreprises françaises qui en ont profité; l'épargne grosse, moyenne et petite s'est jetée sur les titres étrangers et surtout les titres de mines d'or. Dès 1890 on avait commencé à les introduire en France, et le rédacteur du Bulletin de la *Revue des Sociétés* s'expliquait dans ces termes sur leur succès : « On serait fort en peine, disait-il, de donner des références, des renseignements sérieux; mais pourvu que cela ait un titre anglais, une dénomination exotique, un *esquire*, un *right honourable*, un *sollicitor* ou un *limited*, cela semble suffisant à ceux qui les recommandent et à ceux qui les achètent[1] ». Bientôt la fièvre de spéculation dépasse

1. *Rev. soc.*, 1890, p. 58.

toutes les limites. « Durant l'année qui vient de
s'écouler, non seulement les capitaux ont continué
à déserter les affaires intéressant la prospérité de
notre pays, mais ils se sont jetés avec une véritable
furie sur des affaires exotiques émises par des
sociétés étrangères [1]. »

Certains esprits un peu superficiels, frappés du
succès de ces valeurs, se sont demandé à quoi il
pouvait être dû, alors que l'épargne se détournait
des valeurs françaises. Ils ont cru voir les raisons de
cette différence de traitement dans la forme du
titre ; les actions placées en France avaient une
valeur nominale de 25 francs. Vite, ils ont déposé un
projet de loi autorisant la création d'actions de
25 francs, quelle que fût l'importance du capital
social ; et la commission des sociétés qui travaille
depuis 1882 à la réforme de notre législation parut
même favorable au projet [2]. Des protestations ne
tardèrent pas à se faire entendre [3] et surtout les
événements se chargèrent de guérir, pour quelque
temps du moins, les législateurs, de ce désir d'innovation. Beaucoup de valeurs étrangères, pour lesquelles le public s'était tant engoué, disparaissaient,
celles qui semblaient même plus sérieuses voyaient
leurs cours s'effondrer ; M. le Président Dervillé,

---

1. Discours de M. le Président Dervillé à l'ouverture du trib.
de comm. de la Seine, 23 janvier 1896 ; *R. S.*, 1896, p. 91.

2. *Rev. soc.*, 1896, p. 39 ; 1897, p. 45 et 53.

3. Voir, notamment, Vavasseur, *Rev. soc.*, 92, p. 4 ; 95, p. 537 ;
96, p. 51 et 98. — Vidal, *Cote de la Bourse et de la banque*, 7 nov. 1896,
et numéros suivants. Neymarck, *Le Rentier*, 5 nov. 1895.

dans son discours de 1896, prenait texte de cette crise pour protester contre la création des actions de 25 francs :

« Faut-il, pour cela, recourir, comme on le propose, à l'abaissement des actions, à des coupures de 25 francs semblables à celles dont les étrangers ont saturé notre place. La proposition a été repoussée comme dangereuse lors de la discussion de la loi du 1er août 1893. Les événements que nous venons de traverser ne sont pas pour calmer ces appréhensions. N'est-ce pas précisément grâce à ce fractionnement que se sont introduits sur notre marché ces titres de sociétés étrangères *et grâce aux apparences séduisantes d'un chiffre modeste que de majorations énormes ont été dissimulées!...* » Et, après avoir donné les raisons d'écarter les actions de 25 frances, M. le Président Dervillé concluait : « La situation actuelle tient à d'autres causes et nous ne croyons pas à l'efficacité du remède ».

Un observateur quelque peu attentif pouvait facilement discerner les causes de la différence de traitement par l'épargne des valeurs françaises et des valeurs étrangères et surtout des titres de mines d'or. Les capitalistes français avaient perdu confiance dans les valeurs françaises à raison des pertes énormes que leur avaient fait subir le krach de 1882 et les chutes successives de sociétés, paraissant et devant paraître les plus solides; lorsqu'après s'être contentés quelques années des placements à intérêt fixe, ils sont revenus pour les motifs ci-dessus indiqués aux actions des sociétés, ils n'ont pas voulu des actions françaises auxquelles ils n'avaient plus confiance; ils ont pris les valeurs étrangères, qu'on leur offrait. Ces valeurs, en leur qualité d'étrangères, paraissaient moins discréditées; les affirmations des lanceurs d'affaires n'étonnaient pas, quelqu'exagérées qu'elles dussent paraître; le proverbe « a beau mentir qui vient de loin » a toujours du vrai et puis il s'agissait de mines d'or! Du reste, même si le caractère aléatoire de ces titres avait attiré l'attention encore davantage, l'épargne ne les aurait pas dédaignés pour cela. En effet, dès l'instant où la confiance n'existe plus, le capitaliste recherche la valeur de spéculation; du moment qu'on est exposé à tout perdre, même dans les valeurs dites de tout repos, il semble préférable de prendre celles susceptibles de grosses plus-values. Les lanceurs d'affaires ne s'y sont pas trompés et, plus que jamais, c'est par l'appât de gros, très gros, invraisemblables bénéfices que l'épargne va être tentée.

On a perfectionné les procédés de placement : aux prospectus, à la publicité officielle, aux journaux financiers, se sont encore ajoutés des moyens plus modernes : articles élogieux où le nom de l'entreprise est à peine prononcé, entrefilets dans les bulletins financiers des journaux (la plupart de ces bulletins sont affermés), envoi à domicile de circulaires, lettres, correspondances, ayant un caractère en apparence personnel; intervention d'intermédiaires multiples, agents, démarcheurs, etc. Des commissions énormes, disproportionnées avec la valeur du titre, sont promises à qui veut s'occuper de placement, banquiers de province, hommes du monde ruinés, courtiers quelconques.... Le capitaliste est traqué jusque chez lui.

Pendant ce temps, les affaires sérieuses ne trouvent pas toujours les capitaux dont elles ont besoin. Le métier de banquier émetteur ayant subi quelque discrédit, les grandes sociétés de banque qui aujourd'hui se sont étendues dans toute la France et ont réuni la plupart des capitaux disponibles de l'épargne n'ont plus d'ardeur pour les émissions d'actions des sociétés. Les unes les évitent systématiquement, les autres ne s'occupent que d'affaires nécessitant de gros capitaux; les petites affaires et les affaires moyennes trouvent difficilement des banquiers émetteurs vraiment sérieux. Une tentative intéressante avait été faite : une banque s'était fondée ayant pour objet principal les émissions de titres industriels et commerciaux; elle a liquidé au bout de quelques années. En revanche, se sont multipliées des officines plus ou moins louches, où l'on se charge de toutes les affaires sous la seule condition d'un énorme prélèvement, qui suffit à rendre l'opération mauvaise à la fois pour les apporteurs et pour les capitalistes. Sans doute, on voit encore des banquiers à Paris et surtout en province se charger des émissions moyennes et petites dans des conditions normales, mais malheureusement bien nombreux sont ceux qui comprennent autrement leur rôle.

Il ne faut pas perdre de vue les observations qui précèdent, lorsqu'on étudie le mouvement qui se produit dans la constitution des sociétés à la fin du XIXe siècle et au commencement du XXe; si le développement considérable des affaires industrielles et commerciales qui caractérise cette période, va amener la constitution de sociétés anonymes plus nombreuses et attirer des capitaux vers les entreprises commerciales et industrielles, on constate que, dans beaucoup de ces sociétés nouvelles, les capitalistes éprouvent des pertes énormes, et il faut ajouter : ne peuvent pas éviter ces pertes, tant les conditions de constitution sont défectueuses.

Un autre des caractères de cette période réside dans le nombre considérable des sociétés dites étrangères, anglaises et belges surtout, dont les apparences seules sont étrangères. Les tribunaux en ont annulé un grand nombre comme frauduleuses et cependant elles se multiplient de plus en plus. Le mal a pris une telle extension que les revues spéciales sont en 1908 encombrées d'articles visant cette fraude. M. Neymark, dans la *Revue des sociétés*, écrivait notamment : « Le législateur jusqu'à présent s'est préoccupé d'édicter des dispositions sévères pour renforcer nos lois françaises à l'effet d'éviter les fraudes dont les capitalistes et les rentiers sont les victimes; quand il s'apercevra comment ces lois sont tournées par la constitution à l'étranger de sociétés qui viennent émettre leurs

NOUEL.   7

titres en France... il agira très énergiquement et il a la main lourde [1]. »

Malgré cette fraude, le nombre des constitutions de sociétés anonymes françaises passait brusquement de 561 en 1897 à 841 en 1898, 1 042 en 1899; les capitaux de toutes les sociétés par actions suivaient la même progression : 540 millions de 1897, 1 429 millions en 1898, 2 674 millions en 1899. Les difficultés ne tardaient pas à se manifester; au cours de l'année 1900, le ralentissement commençait et, dès 1903, on revenait aux chiffres les plus bas. En 1900, la statistique de la justice civile indique 1 138 sociétés par actions (dont 895 anonymes), au capital de 992 millions; en 1901, 964 sociétés par actions (dont 726 anonymes), au capital de 1 266 millions; en 1902, 919 sociétés par actions (dont 663 anonymes), au capital de 560 millions et, en 1903, 855 sociétés par actions (dont 661 anonymes), avec un capital de 331 millions seulement!

Cet abaissement tenait non seulement au resserrement des affaires, mais pour beaucoup aux pertes subies par les capitalistes avec les sociétés nouvellement constituées; quelques chiffres en feront présumer l'importance. Tandis que dans les années qui précèdent 1898 le nombre des dissolutions annuelles des sociétés anonymes n'atteignait pas 200, dès 1898 il dépasse de beaucoup ce chiffre (221), et l'on est

---

1. *Revue des sociétés*, 1908, p. 179. — Voir également Rodriguez, *Entreprises françaises constituées en sociétés anglaises; une fraude à la mode. Rev. soc.*, 1908, p. 470.

en pleine prospérité! Les chiffres ne tardent pas à s'élever : 278 en 1900, 355 en 1902, 347 en 1903 et désormais l'on se maintiendra au-dessus de 300 ; une à une disparaissent les sociétés créées dans la période 1898-1900.

En 1906 se produit dans les émissions de titres une nouvelle activité, activité dont on pourra apprécier l'utilité pour l'épargne en lisant les bulletins financiers publiés par M. Neymark dans la *Revue des sociétés*. Ce qui caractérise l'époque, d'après lui, ce sont les valeurs qu'il appelle « éruptives », parce que dès le lendemain de leur émission elles sont introduites sur le marché avec une prime considérable, atteignent en quelques semaines, quelques mois, des cours élevés, puis s'effondrent brusquement et « la cote est remplacée par une ligne de points [1] » !

Et là encore se révèle un autre mal qui prend des développements chaque jour plus inquiétants. Qu'on relise les procès du krach : des syndicats financiers puissants se formaient pour tenter une élévation des cours ; les sociétés spéculaient sur leurs propres actions ; on essayait de fausser le marché. Aujourd'hui, on ne se donne pas la même peine, les cours sont ce que veulent les introducteurs. Désormais ce n'est plus en général sur le marché officiel qu'on opère, c'est sur le marché libre et là plus de cote officielle. Le bon capitaliste achète sur le vu d'un journal, d'une circulaire qui lui annoncent un cours,

---

1. *Rev. soc.*, 1907, p. 25, 45 ; 1908, p. 44.

et lorsqu'il veut revendre, il ne peut trouver de contre-partie : le marché n'existe pas ; le cours annoncé est fictif. Il y a là un péril des plus graves dont le parquet de la Seine paraît se préoccuper, mais qui ne fait qu'augmenter chaque jour.

Les abus constatés depuis que les constitutions de sociétés sont revenues à des chiffres normaux n'ont point échappé au gouvernement qui, dès 1901, a nommé une commission extraparlementaire. Le congrès de 1900, réuni au moment où l'on pouvait croire à une grande prospérité des sociétés par actions, s'était prononcé pour la plupart des propositions dites libérales ; il avait sans doute rejeté l'application du droit commun et admis la nécessité d'une réglementation spéciale des sociétés par actions, mais, après cette concession générale, il avait cherché à réduire autant qu'il était possible la réglementation. Au contraire, le projet préparé par la commission extraparlementaire contenait des dispositions restrictives ; si l'on ne revenait pas à la répression à outrance du projet de 1883, du moins on aggravait les pénalités. Toutefois les travaux du congrès et de la commission présentent un caractère commun ; c'est l'importance attachée à la publicité.

Ce projet, comme celui de 1883, passe de législature en législature sans parvenir à la discussion ; le rapport est déposé depuis 1903, la délibération n'a pas lieu. Mais des dispositions ont été détachées du projet et ont fait l'objet de lois spéciales. L'étude des lois sur les sociétés d'assurances (17 mars 1905) et sur les sociétés de capitalisation (10 décembre 1907) ne rentrent pas dans le cadre de cet ouvrage; il n'en est pas de même des lois de 1902 et 1907.

La loi du 9 juillet 1902 avait pour objet d'autoriser la création d'actions de priorité; elle a été complétée par celle du 16 novembre 1903, laquelle a réglé des questions transitoires, concernant les sociétés antérieurement constituées. La loi de 1902 modifiait également les dispositions concernant la négociation des actions d'apport; elle prévoyait le cas de fusion de sociétés anonymes ayant plus de deux années d'existence, soit par l'absorption de ces sociétés par l'une d'entre elles, soit par la création d'une société anonyme nouvelle englobant les sociétés préexistantes; dans ces espèces, les actions devenaient immédiatement négociables.

La loi du 30 janvier 1907 mérite plus d'attention, car elle contient le premier essai du système de publicité préconisé par le congrès de 1909 et admis par la commission extraparlementaire de 1901 et la commission de la Chambre des députés; cet essai, fait sur une des parties les plus importantes du système, constitue une expérience pratique des plus intéressantes.

La loi réglemente l'émission, l'exposition, la mise en vente, l'introduction sur le marché en France d'actions, d'obligations ou de titres de quelque nature qu'ils soient, de sociétés françaises ou étrangères. Avant que les titres soient offerts au public, on doit faire insérer au bulletin annexe du *Journal officiel* une notice contenant les énonciations suivantes : 1° la dénomination de la société ou la raison sociale ; 2° l'indication de la législation (française ou étrangère) sous le régime de laquelle fonctionne la société ; 3° le siège social ; 4° l'objet de l'entreprise ; 5° la durée de la société ; 6° le montant du capital social, le taux de chaque catégorie d'actions et le capital non libéré ; 7° le dernier bilan certifié pour copie conforme ou la mention qu'il n'en a pas été dressé encore.

Devront être également indiqués le montant des obligations qui auraient déjà été émises par la société avec énumération des garanties qui y sont attachées et, s'il s'agit d'une nouvelle émission d'obligations, le nombre ainsi que la valeur des titres à émettre, l'intérêt à payer pour chacun d'eux, l'époque et les conditions de remboursement et les garanties sur lesquelles repose la nouvelle émission. Il devra, en outre, être fait mention des avantages stipulés au profit des fondateurs et des administrateurs, du gérant et de toute autre personne, des apports en nature et de leur mode de rémunération, des modalités de convocation aux assemblées générales et de leur lieu de réunion.

Ces notices sont signées par celui qui s'occupe du placement des titres ; les énonciations sont reproduites au moins en résumé dans les annonces qui contiennent une référence au bulletin du *Journal officiel*. Les dispositions de la loi sont applicables aux sociétés étrangères ; celles-ci doivent en outre publier· *in extenso* la traduction de leurs statuts au bulletin officiel.

Quels ont été les résultats de la loi de 1907? On raconte qu'au lendemain de la loi, un financier des plus véreux s'est empressé de munir ses agents des numéros de l'*Officiel* où figuraient les renseignements sur sa société en leur recommandant de les présenter à ceux qu'ils voulaient circonvenir; et, lorsque l'effondrement a suivi peu après, les malheureuses victimes sont venues proclamer la confiance que leur avait inspirée la publication à l'*Officiel*.

Quoi qu'il en soit de cette utilisation hardie de la loi de 1907, il est sûr que si ses dispositions ont gêné les fondateurs de sociétés honnêtement constituées en augmentant considérablement les frais[1], les émetteurs peu scrupuleux ont paru plutôt heureux de ces nouvelles formalités. La meilleure preuve se trouve dans l'empressement avec lequel ils ont appliqué la loi. Malgré le zèle des agents de l'enregistrement, le nombre des contraventions relevées a été très faible, les condamnations très rares. On verra plus loin les raisons de cet empressement; on peut tenir pour certain le fait matériel que jamais loi n'a été mieux observée, et cependant cette observation n'a pas le moins du monde modifié la situation[2].

Cette situation, les observations faites au cours du

---

1. Au taux de deux francs la ligne, on a calculé que les statuts de certaines sociétés avaient coûté 4,000 francs de publication.

2. *Rev. des soc.*, 1908, p. 44.

présent chapitre l'ont suffisamment démontré, n'est pas bonne. Les sociétés constituées dans des conditions déplorables se rencontrent en nombre considérable; il faut bien préciser l'étendue du mal. On va dans certains milieux répétant qu'il ne faut rien exagérer, que la fraude est l'exception, qu'en cherchant à la réprimer, on atteint inutilement la majorité des sociétés qui sont honnêtement constituées et régulièrement administrées. Sans doute, on ne doit pas voir la fraude partout; mais, le fait paraît certain, des mœurs financières se sont établies, qui souvent, avec ou sans fraude caractérisée, aboutissent aux résultats les plus déplorables; ces résultats il faut ici les placer comme conclusion de l'étude du passé et préface à la législation nouvelle.

Le rapport de M. Chastenet renferme un tableau particulièrement intéressant; ce document contient l'indication des valeurs nominales des titres émis par les sociétés françaises et leur cours en 1900. Le total des valeurs nominales des actions s'élève à 13 315 millions [1], leurs cours atteignent 14 899 millions, soit une plus-value de 9 p. 100 environ; ces résultats sont corroborés par une statistique analogue dressée par l'administration de l'enregistrement à la date du 31 décembre 1898 [2]. La situation

---

1. Par suite d'une erreur d'impression, il a été imprimé 15,515, mais il suffit de jeter les yeux sur l'addition pour constater l'erreur.

2. *Bulletin statistique*, 1901, I, 559. — Leroy-Beaulieu, *Économiste français*, 1901, II, 193 et 225. Voir également la statistique au 31 déc. 1904. *Bulletin de statistique*, 1905, II, 311. *Économiste français*, 1905, II, 917 et 953; 1906, I, 12.

paraît donc plutôt favorable pour les actionnaires; mais ce n'est là qu'une apparence.

Tout d'abord, il faut observer que tout un groupe de sociétés et non des moins importantes se trouvent dans des conditions tout à fait exceptionnelles; elles sont soumises à une législation spéciale et jouissent de privilèges particuliers. L'État intervient dans l'administration de la Banque de France, du Crédit Foncier; il surveille ces établissements ainsi que les compagnies de chemins de fer. Nous sommes loin de la loi de 1867 dont l'un des vices essentiels, on le verrra plus loin, consiste précisément dans l'absence de toute surveillance effective[1]. De plus, ces sociétés jouissent de privilèges et d'avantages pécuniaires importants; sans parler des monopoles qu'elles exploitent, il suffit de rappeler que l'État garantit l'intérêt et le remboursement des obligations de chemins de fer et dans la plupart des cas les dividendes des actionnaires. Pour apprécier les résultats des lois de 1867 et de 1893, il faut naturellement faire abstraction de ces sociétés, qui sont soumises à un régime différent.

La valeur nominale des actions de la Banque de France, du Crédit Foncier, des grandes compagnies de chemins de fer existant en 1900 atteignait environ 1740 millions; au cours du 28 février 1900 leur valeur s'élevait à plus de 5800 millions. Si l'on déduit ces deux chiffres de ceux du tableau, la valeur nominale

---

1. On peut également observer que ces sociétés ont été constituées sous le régime de l'autorisation.

des autres actions se trouve réduite à 11 775 millions et leur valeur au 28 février 1900 à 9 099 millions, soit une perte de plus de 2 600 millions, soit plus de 20 p. 100 [1].

Ces chiffres se trouvent encore au-dessous de la réalité, à un double point de vue : 1° la valeur nominale ne représente pas exactement la somme sortie de la poche des capitalistes ; si l'on n'émet pas d'actions au-dessous du pair, les émissions et introductions avec primes sont très fréquentes, ce qui majore d'autant la perte subie par l'épargne ; 2° les statistiques ne tiennent compte que des actions des sociétés existant encore à la date où elles sont faites et non des sociétés qui ont disparu auparavant par suite de faillite, liquidation forcée, etc., c'est-à-dire des plus mauvaises ; il y a là de toute évidence un élément dont on ne peut faire abstraction, ce qui aggrave encore le pourcentage de la perte [2]. En réalité on peut considérer que les placements en actions de sociétés par actions créées depuis 1867, qui ne sont pas soumises à un régime spécial et

1. M. Chastenet indique en effet à deux reprises que les cours dont il est tenu compte sont ceux du 28 fév. 1900 ; cependant, il faut observer qu'il donne comme titre à ces renseignements « Statistique des valeurs cotées au 31 déc. 1900 » ; si l'on se place à cette dernière date, à raison de la baisse de certaines des actions de chemins de fer, la perte des actions des autres sociétés se trouverait un peu réduite, elle atteindrait cependant près de 20 p. 100. Le même calcul fait sur la statistique au 31 décembre 1908 donne une proportion analogue.

2. Leroy-Beaulieu, *Écon. franç.*, 1901, II, 194 ; 1905, II, p. 954. M. Leroy-Beaulieu évalue à plus de 6 milliards les pertes résultant des sociétés disparues.

relèvent seulement des lois de 1867 et 1893 ont causé une perte d'au moins 25 p. 100. On frémit, lorsque l'on songe au sort des capitalistes qui prennent les titres que les maisons de second et de troisième ordre offrent dans ces circulaires dont nous sommes régulièrement inondés.

On avouera que ces constatations sont graves; l'ensemble du commerce et de l'industrie, en dehors des sociétés par actions, enrichit ceux qui y mettent des capitaux; les bénéfices y dépassent de beaucoup les pertes. Dès l'instant où l'on a recours aux sociétés par actions, le phénomène contraire se produit; n'y a-t-il pas dans ce fait quelque chose d'anormal? Au point de vue économique, comme les placements en actions donnent lieu à plus de pertes que de gains, les capitalistes prudents s'en éloignent, préférant les revenus plus petits, mais en moyenne plus sûrs, des fonds d'État ou des valeurs garanties par l'État; ils désertent les sociétés commerciales et industrielles au grand détriment de la prospérité économique du pays. Sans doute, à certains moments, les capitalistes, poussés par des besoins d'argent, ou le désir de la spéculation, reviennent aux actions; mais alors ils semblent rechercher de préférence les valeurs les plus spéculatives; ce qu'ils veulent, c'est moins un placement rémunérateur que des bénéfices résultant d'achats suivis de reventes.

Il y a là une situation dont la gravité ne saurait être méconnue et, pour y remédier, on ne doit pas hésiter à faire subir à la législation les modifications même les plus radicales. Avant de rechercher les modifications à introduire, il est nécessaire de préciser les causes de l'insuccès des lois existantes.

DEUXIÈME PARTIE

CAUSES DE L'INSUCCÈS DE LA LOI DE 1867 ET DE CELLES QUI L'ONT MODIFIÉE.

CHAPITRE VIII

CONSTITUTION DE LA SOCIÉTÉ

CAPITAL ESPÈCES

On a vu ci-dessus (chap. II) que tout le système de
la loi de 1867 revient à ceci : assurer la constitution
du capital de la société, empêcher le fonctionnement
de cette dernière, tant que les fondateurs n'ont pas
obtenu la constitution intégrale de ce capital.

L'expérience de plus de quarante années enseigne
que, dans bien des cas, le capital espèces est plus
ou moins fictif au commencement des affaires sociales, mais surtout que les apports subissent presque
toujours des majorations, souvent considérables,
que parfois même ils n'existent qu'en apparence. On
ne saurait sérieusement contester ces faits; il faudrait être aveugle pour ne pas les voir. Comment
ont-ils pu se produire en présence de la réglementation si minutieuse de la loi de 1867 et de la gravité
des sanctions établies? Il faut maintenant le rechercher, et, pour plus de clarté, il semble préférable

d'étudier séparément la constitution du capital espèces et la vérification des apports. Voyons, d'abord, pourquoi les dispositions concernant la création du capital espèces n'ont pas produit l'effet qu'on en espérait.

Comme on l'a vu ci-dessus, la loi exige la souscription intégrale du capital espèces et le versement du quart de ce capital, avant la constitution de la société. Pour assurer cette souscription et ce versement, elle impose aux fondateurs une déclaration notariée, à laquelle on annexe la liste des souscripteurs, l'état des versements; la sincérité de la déclaration est vérifiée par l'assemblée constitutive et aussi par les membres du premier conseil d'administration; ceux-ci ne doivent accepter leurs fonctions qu'après avoir vérifié, sous leur responsabilité, la régularité de la constitution. Ces dispositions n'ont dans la pratique fourni que des garanties le plus souvent illusoires; on va comprendre facilement pourquoi.

La déclaration des fondateurs vaut ce que valent les fondateurs; s'ils ont l'intention de frauder, ce n'est pas cette formalité qui les en empêchera. Le législateur avait sans doute pensé que la nécessité de préciser les noms des souscripteurs et d'indiquer les sommes versées par chacun d'eux ferait hésiter les fondateurs avant de commettre des fraudes, ou tout au moins leur inspirerait la crainte de les voir découvertes. L'expérience a montré combien étaient vaines ces prévisions ; les fraudeurs ont observé la lettre de la loi, ils ont fait des déclarations d'une parfaite régularité en apparence, mais partie des souscriptions étaient simulées, les versements n'avaient point été opérés. Le plus souvent les souscripteurs existaient bien, ils avaient signé des bulletins de souscription, mais on se trouvait en présence d'insolvables, de personnes dans la dépendance des fondateurs, employés, secrétaires auxquels parfois on avait promis des places dans l'administration de la société nouvelle. Quant aux versements, il suffit d'une déclaration inexacte, toujours facile à faire.

L'intervention du notaire ne peut pas fournir une garantie complète de la sincérité de la déclaration, son rôle est loin d'être inutile, mais il est différent. Le notaire a pour mission d'authentiquer la déclaration des fondateurs et aussi d'assurer la régularité, dans la forme, de la constitution. L'expérience prouve que ce contrôle, dans la mesure où il s'exerce et peut s'exercer, présente une efficacité sérieuse ; si, lorsque la jurisprudence n'était pas fixée, il y a eu des annulations pour violation des formes, depuis longtemps on ne prononce guère la nullité pour de tels motifs. Mais le notaire n'a pas et ne peut guère avoir pour mission de vérifier la sincérité de la déclaration, c'est à l'assemblée constitutive, c'est aux premiers administrateurs qu'incombe le soin de cette vérification.

L'assemblée constitutive ! On étudiera plus loin

les caractères des assemblées d'actionnaires sous l'empire de la loi de 1867. Aucun doute ne paraît possible sur l'efficacité du travail de l'assemblée constitutive : qu'on pose la question à un homme de pratique quelconque, il répondra que jamais une vérification sérieuse n'a lieu. On peut facilement fournir la preuve de ce fait : d'innombrables sociétés ont été annulées pour défaut de souscription et de versement du quart; d'autres, plus nombreuses encore, bien qu'irrégulièrement constituées, n'ont pas donné lieu à des débats judiciaires. Quelles sont au contraire les sociétés dont une délibération de l'assemblée générale a empêché ou tenté d'empêcher l'irrégularité de la constitution? Si le nombre de ces interventions plus ou moins efficaces était appréciable, on en trouverait trace dans les recueils, les praticiens les connaîtraient; le fait se présente comme si exceptionnel, qu'on n'en saurait tenir compte.

Les causes de l'inefficacité de l'assemblée constitutive sont multiples, il suffira d'en rappeler les principales. Lorsque les capitalistes, dispersés dans l'étendue de la France, ont, par l'intermédiaire des banquiers, souscrit le capital, ils ne songent même pas à s'immiscer dans la constitution de la société. L'assemblée constitutive leur paraît une pure formalité, qui doit être accomplie en dehors d'eux. Ils ne songeraient même pas à y assister ou à s'y faire représenter, si, lors de la souscription, on n'avait pas le soin de leur faire signer un pouvoir, en leur disant que s'ils ne le donnent pas, ils gêneront et retarde-

ront la constitution. Lorsque l'actionnaire se trouve
sur les lieux et lorsqu'il assiste à l'assemblée générale, il considère sa présence comme une simple formalité, une sorte de politesse, qu'il rend aux fondateurs.

Qu'on suppose pour un instant qu'un actionnaire
prenne au sérieux le rôle que la loi donne à l'assemblée générale, que peut-il? L'assemblée se compose,
pour la presque totalité, de mandataires, qui dépen-
dent des fondateurs et de la future administration;
le scénario est réglé d'avance; l'intervention d'un
actionnaire ne saurait modifier le dénouement. Il
faut en outre observer que les fondateurs pourront
facilement tromper l'assemblée. Comment les actionnaires pourraient-ils deviner que certains souscripteurs sont fictifs? ce n'est que longtemps après que
les choses se découvrent, généralement lorsqu'on
procède à des appels de fonds. Quant au versement
du quart, l'expérience apprend que plus d'une fois
les fondateurs ont présenté les fonds au notaire,
ou déposé sur le bureau de l'assemblée le reçu de
la banque qui les avait en dépôt, ou était censée les
avoir en dépôt. Comment, dans ces cas, les actionnaires pourraient-ils découvrir la fraude?

Du reste, bien souvent, l'assemblée présente un
caractère encore moins sérieux. On remarque, en
effet, que de plus en plus le capital n'est pas
recueilli par voie de souscription publique; un syn-
dicat, un groupe le souscrit, verse le quart ou est
censé le verser, et, après la constitution, place les

actions dans le public. Que deviennent dans ce cas les prescriptions de la loi de 1867? L'assemblée générale n'est composée que des promoteurs de l'affaire ou de leurs co-intéressés, les vrais actionnaires ne paraîtront qu'après la constitution. Quelle vérification peut-on attendre de personnes qui se préoccupent exclusivement d'écouler dans le public les titres qu'elles ont souscrits dans ce but, et qui ne s'intéressent en aucune façon au sort futur de l'entreprise.

On ne peut donc compter que sur le contrôle des administrateurs; l'expérience montre encore le caractère absolument illusoire de ce contrôle. Les premiers administrateurs sont les promoteurs de l'affaire ou les membres du groupe qui a assuré la constitution; si on les choisit parmi les autres actionnaires, leur nomination est arrêtée d'avance. Quelle vérification peut-on espérer d'eux? Ils s'en sont rapportés pour la constitution de la société aux fondateurs; l'accomplissement des formalités légales semble ne pas les regarder; ils en laissent le soin aux hommes d'affaires, parfois plus ou moins scrupuleux, désignés par les fondateurs.

On peut cependant se trouver en présence de personnes plus soucieuses de leurs devoirs, qui veulent vérifier par elles-mêmes ou faire vérifier la régularité de la constitution de la société. Quand cette vérification pourra-t-elle utilement se produire dans le système de la loi de 1867? Avant l'acceptation de leurs fonctions par les administrateurs, puisque c'est cette acceptation qui constitue définitivement la société (art. 25). On se représente aisément ce qui se passera dans ce cas : M. X... a été désigné pour faire partie du premier conseil d'administration ; s'il est présent à l'assemblée, on lui fait signer son acceptation sur le procès-verbal ; s'il est absent on a eu soin de lui faire donner un pouvoir d'accepter les fonctions. Supposons que le futur administrateur hésite, qu'il demande à vérifier avant de donner réponse définitive, on lui fait remarquer, qu'aux termes de l'article 25, la société n'est constituée que par son acceptation, et que cette constitution ne peut rester incertaine ; il doit accepter ou refuser. L'actionnaire, ainsi mis en demeure de répondre, comprend à merveille que, dès l'instant où on lui fait l'honneur de l'admettre dans le conseil, il ne saurait faire acte de suspicion vis-à-vis de ses futurs collègues ; il signe immédiatement son acceptation ou refuse les fonctions. Les fondateurs ont toujours sous la main quelqu'un de prêt pour remplacer celui qui refuserait.

Mais, dira-t-on, une fois la société constituée, l'administrateur s'apercevra qu'on l'a trompé et il agira. D'abord, quand constatera-t-il que des souscriptions sont fictives, que le quart n'a point été intégralement versé ? Les auteurs de la fraude ne révéleront pas de suite ce fait et même le dissimuleront. L'administrateur isolé au milieu des promoteurs de l'affaire, n'osant pas se livrer à des investigations, n'apprendra souvent la vérité que le jour où les premières difficultés pécuniaires se produiront; en tout cas, il se passera généralement des semaines ou même des mois avant qu'il se rende compte de la situation. Que fera du reste l'administrateur, lorsqu'il s'apercevra qu'il a été trompé? Il constatera ou, au besoin, ceux qu'il consultera lui apprendront qu'il est responsable, par le seul fait de son acceptation, de la nullité de la société, et même (sous l'empire de la loi de 1867) qu'il ne peut réparer l'erreur commise. Ira-t-il proclamer l'irrégularité de la société? il avouerait ainsi sa propre responsabilité. Dans la pratique, de deux choses l'une : ou il fermera les yeux, ne voulant pas abandonner la situation qu'il occupe, ou il donnera sa démission; dans aucun cas, il ne révélera les fautes commises, estimant que ce serait une vraie politique de gribouille.

L'expérience montre que les choses se passent bien ainsi qu'il vient d'être indiqué : au cours des divers procès en responsabilité, les observations les plus complètes ont été recueillies sur la mentalité et la manière d'agir des administrateurs; et elles ne laissent aucun doute sur ce qui advient au lendemain de la constitution des sociétés anonymes. Du reste, qu'on dépouille les espèces relevées dans les recueils de jurisprudence, qu'on interroge ceux qui s'occupent de pratique, quelles sont les sociétés dans lesquelles l'intervention des administrateurs a empêché l'irrégularité de la constitution? L'énumération ne serait pas longue à fournir. L'intervention du premier conseil s'est révélée tout aussi inefficace que celle de l'assemblée, pour assurer la vérification de la constitution.

La constitution de la société n'étant pas sérieusement vérifiée, la seule garantie de la régularité de cette constitution réside dans les sanctions civiles et pénales établies par la loi de 1867 ; on a vu plus haut qu'elles sont formidables et cependant l'expérience de quarante années proclame leur inefficacité.

Quelles sont les causes de cette inefficacité? On trouverait assez facilement les unes en étudiant la mentalité, les habitudes et surtout les besoins de ceux qui participent à la constitution et à l'administration des sociétés anonymes ; cette étude, très intéressante au point de vue psychologique, n'aurait pas une grande portée au point de vue pratique ; on ne peut espérer changer les mœurs des fondateurs et administrateurs. Les autres causes de cette inefficacité se rencontrent dans la loi même, leur étude présente une grande utilité ; on peut facilement dégager des observations qui au point de vue législatif ont une importance capitale.

La loi de 1867 n'admet pas la responsabilité directe des administrateurs et des fondateurs ; cette responsabilité ne résulte pas du seul fait de l'inobservation des formalités légales ; cette inobservation permet de demander et de faire prononcer la nullité de la société ; de cette nullité découle la responsabilité. En d'autres termes, pour obtenir la réparation du préjudice causé par l'irrégularité de la société, il faut commencer par faire annuler la société par les tribunaux et par suite mettre fin à la vie sociale. La conception du législateur paraît avoir été la suivante : il subordonne la constitution de la société à l'accomplissement de certaines conditions de fond et de forme. A défaut d'observation des règles légales, la société existe sans doute, bien que la disposition de l'article 1er puisse faire croire le contraire; mais elle est nulle, et, si cette nullité doit être prononcée par les tribunaux, tant de personnes ont droit de l'invoquer, qu'il semble qu'on ne puisse l'éviter. Ainsi la fraude ne pourra produire ses effets pernicieux, puisque les tribunaux annuleront la société qui en résultera.

Le système ingénieux imaginé par le législateur de 1867 produit tous ses effets lorsque la nullité intervient au lendemain de la constitution, avant le commencement des affaires sociales. Les apporteurs reprennent leurs apports, les souscripteurs leur argent, il ne reste qu'à payer les frais de la constitution; les fondateurs et les premiers administrateurs les supportent, cette solution semble équitable et naturelle.

Malheureusement les recueils de jurisprudence apprennent combien sont rares les nullités prononcées au moment où la société n'a pas encore fonctionné. Qui pourrait les demander? Les tiers, il n'en existe pas, puisque personne n'a traité avec la société; les actionnaires, ils ignorent la nullité; les administrateurs, ou ils ont participé à la fraude et ils se garderont bien de la révéler, ou ils y sont étrangers et ils ne l'apprennent que plus tard, lorsque la société a fonctionné. En réalité la nullité n'intervient que lorsque la vie sociale a commencé et souvent duré longtemps.

La situation change dès que la société a commencé ses opérations ; la vie sociale a produit des effets dont on ne peut faire abstraction ; l'argent des souscripteurs n'est plus intact ; il s'est transformé en machines, en marchandises, créances, etc. ; un passif a été créé, qu'il faut acquitter ; il y a tout un passé qu'il s'agit de liquider. De plus, aux termes des principes généraux du droit, rappelés dans l'article 7 de la loi de 1867, la société et les actionnaires ne peuvent opposer la nullité aux tiers ; ceux-ci ont le droit de considérer la société comme nulle ou comme valable, à leur seule volonté. De là résulte que la nullité ne produit ses pleins effets que dans l'avenir, le jugement qui la prononce laisse subsister dans le passé une société de fait, qu'il s'agit de liquider.

Le tribunal désigne à cet effet un liquidateur ; celui-ci commence par réaliser l'actif, c'est-à-dire qu'il vend le fonds de commerce, les usines, les marchandises, touche les créances, etc. ; avec les espèces ainsi obtenues, il paie les créanciers, puis il répartit le solde, s'il y en a, entre les actionnaires. La jurisprudence a décidé, et elle ne pouvait guère statuer autrement, que « la liquidation et le partage doivent être opérés conformément aux stipulations de l'acte constitutif, en tant qu'elles ne sont pas contraires à la loi, *et ce, comme si la nullité n'avait pas été pro-noncée* ». Ainsi, lorsque les tribunaux ont annulé une société anonyme, pour défaut de souscription ou de versement du quart, les associés qui ont fait des apports ne peuvent être contraints de les repren-dre ; ils viennent au partage avec les actions à eux attribuées pour ces apports, au même titre que les souscripteurs numéraires [1].

Dans ces conditions, on comprend bien que ceux qui ont passé avec la société des contrats désastreux pour eux, ceux qui peuvent espérer tirer de cette nullité des avantages quelque peu illégitimes (comme ceux rappelés au chapitre II) s'empressent de deman-der la nullité de la société, lorsqu'elle est en pleine exploitation ; mais les autres se trouvent dans une situation différente. Les créanciers, comme les ac-tionnaires, hésitent avant de conclure à une nullité qui aura pour conséquence une liquidation forcée ; parfois ils auront le courage de recourir à cette mesure, lorsque la situation leur paraîtra assez grave, pour nécessiter un arrêt brusque de la vie sociale ; la plupart, même dans les cas désespérés, ne voudront pas provoquer la liquidation, espérant pouvoir se retirer de l'affaire avant son effondrement. Lorsque l'affaire sera prospère, ce qui pourra très bien se présenter, malgré la nullité, il ne restera plus pour invoquer les vices de la société, si l'on fait abstraction des personnes qui agiront par devoir,

---

1. Houpin, I, n° 568.

que les maîtres chanteurs, ceux qui ont quelque vengeance à exercer et les tiers dont il a été ci-dessus parlé et qui ne paraissent guère intéressants.

Il ne faut donc pas s'étonner si l'examen des recueils de jurisprudence révèle que les demandes en nullité se produisent assez rarement au cours de la vie sociale et presque jamais lorsque la société paraît faire des affaires normales ; c'est seulement dans le cas où la situation devient désespérée que les intéressés songent à faire prononcer la nullité ; celle-ci n'intervient donc généralement que lorsqu'est réalisé tout le mal que les vices de constitution pouvaient produire.

Le plus souvent même, les tribunaux ne rendent des jugements d'annulation qu'après la fin de la vie sociale ; les liquidateurs, les syndics entament la procédure de nullité dans le but exclusif d'établir la responsabilité des fondateurs, apporteurs, administrateurs. La nullité se présente alors comme une simple formalité, une procédure qui vient inutilement compliquer un procès en responsabilité ; elle n'est pas du reste de nature à faciliter la liquidation, puisqu'elle permet aux tiers d'éviter l'exécution des engagements qui les gênent.

« Tous les hommes versés dans les affaires s'accordent à dire que la nullité des sociétés a plutôt aggravé les liquidations financières qu'elle n'en a facilité l'issue. La nullité est une arme perfide dont les gens mal intentionnés se servent parfois à titre comminatoire, dans l'unique but d'intimider leurs adversaires et de les amener à composition [1]. »

Après avoir lu ce qui précède, on peut comprendre sans difficulté pourquoi le système de la loi de 1867 n'a pas produit les effets qu'on en espérait. En réalité, ce système est déplorable ; le législateur se plaît, sans utilité pratique sérieuse dans la plupart des cas, à créer une situation dont les vrais intéressés, les actionnaires et les créanciers, sont souvent les principales victimes. On pourrait faire observer que l'action en responsabilité permet d'obtenir des fondateurs et administrateurs la réparation du préjudice causé et même dans certains cas, sous l'empire de la loi de 1867, plus que la réparation de ce préjudice ; mais que donne pratiquement une telle action ? Des responsables, les uns sont insolvables, d'autres prennent en temps utile les précautions pour rendre inefficaces les poursuites ; le poids des responsabilités pèse à peu près exclusivement sur les personnes honnêtes et scrupuleuses, celles-ci sont ruinées, mais leur ruine ne suffit généralement pas à réparer les pertes qu'ont subies les actionnaires, ni même les créanciers.

Il ne faut donc pas s'étonner si, après la liquidation qui a suivi le krach, le système des nullités et des responsabilités de la loi de 1867 a été condamné par les tribunaux de commerce qui l'avaient appliqué et si les commissions de la Chambre des députés, pour éviter les inconvénients que l'expérience avait

---

1. Thaller, *Journ. des soc.*, 1884, p. 764.

révélés, inclinaient à admettre des dispositions tout à fait différentes [1]. C'est dans le même esprit qu'a été conçue la loi de 1893 ; mais, pour éviter des discussions qui auraient pu retarder la réforme, les auteurs se sont contentés de demi-mesures ; les dispositions légales nouvelles ont quelque peu amélioré la situation, elles n'ont pas résolu les difficultés.

Le législateur a certainement eu raison de décider que l'action en nullité ne serait plus recevable lorsque les causes de nullité auraient disparu, et de permettre ainsi de régulariser la constitution de la société ; mais il ne faut pas exagérer la portée pratique de la disposition. L'action en responsabilité subsiste pendant trois ans et les administrateurs hésiteront toujours à s'exposer à cette responsabilité même atténuée en avouant l'irrégularité de la constitution. Or, seul le conseil d'administration peut pratiquement prendre l'initiative d'une régularisation. De plus, dans bien des cas, surtout lorsqu'il y aura nombre de souscriptions fictives, il sera difficile de les remplacer sans donner l'éveil et attirer sur la société des dangers que la loi de 1893 a voulu précisément éviter.

Pratiquement les dispositions de la loi de 1893 permettent de réparer les vices de forme et les défauts de souscription et de versement, lorsqu'ils sont minimes ; mais ce serait exagérer l'importance de la réforme que d'en espérer des résultats plus

---

1. Voir ci-dessus, chap. VI.

considérables ; l'expérience de quinze années montre que la loi de 1893 n'a pas d'autre portée pratique.

Cette loi a également atténué la responsabilité des administrateurs et fondateurs quant au quantum des réparations. Mais les condamnations qui restent possibles présentent encore assez de gravité pour ruiner ceux qui y sont exposés, et cette considération suffit pour écarter encore de la fondation et de l'administration des sociétés anonymes certaines personnes riches, honnêtes et expérimentées que l'intérêt général serait de voir intervenir.

L'amélioration législative constatée en 1893 paraît donc insuffisante ; ce sont les bases mêmes du système qu'il faut changer ; il faut remplacer les nullités par d'autres garanties plus efficaces et moins dangereuses, préciser et restreindre les responsabilités en les rendant absolument indépendantes de toute nullité. Les dispositions concernant les apports doivent subir une modification non moins profonde.

CHAPITRE IX

CONSTITUTION DE LA SOCIÉTÉ

CAPITAL APPORTS

*Après la fictivité des souscriptions et des verse-
ments, une des causes les plus fréquentes de la ruine
des sociétés consiste dans l'exagération des apports et
des avantages particuliers*[1]. Le rapporteur de la loi
des sociétés, qui a écrit cette phrase, paraît avoir
commis une erreur certaine d'observation, en plaçant au premier rang des causes de ruine des
sociétés anonymes la fictivité des souscriptions et
des versements et, au second seulement, l'exagération des apports; il est même facile de trouver la
cause de cette erreur. M. Chastenet relève, en effet,
dans le même article, que 70 à 75 p. 100 des sociétés
sont annulées pour défaut de souscription ou
absence de versement du quart; de cette constatation, il a aisément conclu que le vice le plus fré-

1. M. Chastenet, *Grande Revue*, 1903, p. 279.

quent ne consistait pas dans la majoration des apports. Cette conclusion s'imposerait, si le législateur avait considéré la majoration des apports comme une cause de nullité des sociétés, au même titre que le défaut de souscription ou de versement du quart, mais la loi de 1867, on l'a vu ci-dessus, a adopté un tout autre système.

Le législateur déclare la société valable, quelle que soit la majoration des apports, si l'on a observé les formalités prescrites pour leur vérification; il ne réserve que le cas de dol; les tribunaux doivent, au contraire, prononcer la nullité, même si les apports ont été estimés au-dessous de leur valeur réelle, par le seul fait de l'omission d'une quelconque de ces formalités. Et comme, aujourd'hui, on observe toujours les formes et que le dol et la fraude sont très difficiles à établir judiciairement, on constate fort rarement l'annulation des sociétés pour violation des dispositions concernant les apports.

La majoration des apports apparaît au contraire comme le vice principal des constitutions de sociétés anonymes. Qu'on interroge tous ceux qui ont la pratique de ces sociétés, magistrats, avocats, notaires, agréés, syndics, liquidateurs, hommes d'affaires, presque tous reconnaîtront la vérité de cette observation [1]; mais, vu l'importance du fait, il paraît de toute nécessité d'y insister.

---

1. *Revue des sociétés*, 1887, p. 598; *Économiste français*, 7 janvier 1882; Thaller, *Rev. politique et parlementaire*, 1903, p. 99.

On dit souvent que la fraude ne se présume pas, qu'elle est exceptionnelle, que le législateur ne doit pas l'avoir toujours en vue. Si l'on ne veut pas se payer de mots, il faut constater que la majoration des apports paraît générale. Sans doute, les « sociétés-escroqueries » sont l'exception, et on voit assez rarement des apports absolument fictifs, bien que les recueils ne montrent que trop d'exemples de cette fraude si grave ; mais la majoration des apports se constate dans la plupart des sociétés et souvent dans une proportion considérable.

La majoration des apports est si bien la règle, qu'on voit les auteurs les plus autorisés chercher à la justifier. Après avoir développé dans ce sens diverses considérations qui seront étudiées plus loin, M. Houpin, l'auteur du traité le plus pratique sur les sociétés, l'un de ceux qu'on consulte le plus lors de la constitution des sociétés anonymes, ne craint pas d'écrire : « D'autres raisons peuvent justifier une majoration raisonnable des apports... »[1] Et lorsqu'on examinera, au chapitre XVII, les dispositions nouvelles à établir, on devra reconnaître que, dans la pratique, la majoration est de la nature, presque de l'essence des apports. Pour l'instant il suffit de constater que la majoration se présente comme générale, qu'en d'autres termes, lorsque le souscripteur paie son action 500 francs espèces, l'apporteur ne verse pour l'action apport que 300

---

1. Houpin, I, p. 425, n° 510. — Voir égal. *Rev. soc.*, 1884, p. 410.

ou 400 francs, de telle sorte que, dès le jour de la constitution, l'égalité est rompue et que partie du capital se trouve purement fictive. Bien entendu, il ne s'agit ici que des sociétés constituées conformément non seulement aux dispositions de la loi, mais encore aux règles de la morale financière la plus pratiquement rigoureuse. L'abus, d'après les usages courants, ne commence qu'aux majorations excessives et l'expérience prouve qu'elles sont malheureusement très fréquentes. Le vice est donc certain, général, très souvent grave; la loi de 1867 a fait une faillite complète; on peut sans grande difficulté se rendre compte des causes de son insuccès.

Le système que le législateur de 1856 a imaginé, et qui a été définitivement adopté en 1867, paraît extrêmement ingénieux; il consiste, on l'a vu, à soumettre aux sociétaires non apporteurs la vérification de la valeur des apports; ce n'est qu'après une véritable expertise faite par un ou plusieurs commissaires désignés par les souscripteurs, après le dépôt et l'examen du rapport des commissaires, que l'acceptation définitive des apports intervient. Le système paraît théoriquement parfait; dans la pratique, il ne donne pas de résultats appréciables.

L'expérience établit que jamais ou presque jamais n'a lieu de vérification sérieuse des apports; on pourra discuter sur les causes de cette absence de vérification; il faut s'incliner devant ce fait matériel : les apports ne sont pas vérifiés. Avec sa grande expérience pratique, M. Rodolphe Rousseau recon-

naissait, au congrès de 1900, la vérité de l'observation. La vérification des apports « n'est, disait-il, la
plupart du temps qu'une simple comédie ». Pour
prouver l'exactitude de ce qui vient d'être indiqué,
il suffit de rappeler que des milliers de sociétés par
actions se sont fondées depuis 1867 et à plus forte
raison depuis 1856, que la majoration des apports a
été, dans ces sociétés, générale, et de poser cette
simple question : Combien de fois les actionnaires
ont-ils, à la suite de la vérification, rejeté les apports?
La réponse ne se fera pas attendre; il y a peut-être
eu des exemples de ces rejets; ils sont si rares que
personne ne paraît en avoir gardé le souvenir.

Ce n'est pas tout : l'examen des décisions contenues dans les recueils de jurisprudence permet
de faire une observation du plus grand intérêt. Si
l'on procède à une vérification sérieuse, le rapport
constatera l'exagération de l'évaluation, un débat
s'engagera à la deuxième assemblée générale entre
les apporteurs et les futurs actionnaires, débat qui,
le plus souvent, aboutira à une transaction.

Tous les auteurs ont bien compris la nécessité de
ce débat; aussi tous discutent la question de savoir
si la loi de 1867 permet une réduction des évaluations des apports. Tous reconnaissent que cette
réduction serait possible avec le consentement de
tous les intéressés, apporteurs et associés; or, ce
concours, on peut souvent l'obtenir dans les sociétés
petites ou même moyennes. Le plus grand nombre
des auteurs va même plus loin : ils estiment que

la majorité de l'assemblée pourrait accepter la réduction; dans tous les cas, rien n'empêcherait d'insérer dans les statuts une clause donnant ce pouvoir à la majorité [1].

Cette question si pratique, que les auteurs ont examinée avec tant de soin, ne paraît s'être jamais posée depuis cinquante ans; en tout cas on ne trouve, ni dans les recueils ni dans les auteurs, d'indication d'espèces dans lesquelles la question ait été tranchée. De ce fait, il semble qu'on ne puisse donner qu'une explication, c'est qu'il n'y a pas dans les assemblées constitutives de discussion; la vérification des apports se révèle comme une simple formalité. « On sait comment se passent les assemblées de vérification. Les actionnaires arrivent le sourire aux lèvres, les mains se serrent avec effusion. Ce n'est que plus tard, quand viendra l'heure des désenchantements, qu'on commence à se demander si les chiffres n'ont pas été forcés [2]. »

Encore, ce tableau n'est-il pas complet; le plus souvent, surtout dans les sociétés qui recrutent des adhérents dans tout le territoire, la majorité de l'assemblée est formée par des mandataires, choisis par les banquiers qui ont placé les titres. Il faut aussi noter que la vérification devient au moins difficile lorsque tous les associés font des apports; dans ce cas, la loi largement interprétée par la jurispru-

---

1. Houpin, I, n° 509.
2. Thaller, *Journ. soc.*, 1884, p. 727.

dence supprime la procédure même de vérification, sans lui substituer aucune garantie[1].

Enfin, de plus en plus les sociétés ne se constituent pas à la suite de souscriptions publiques, les actions sont à l'origine souscrites par des syndicats, des groupes financiers, formés par les fondateurs et apporteurs, lesquels n'ont pour but que de placer ensuite les titres dans le public. Quelle vérification peut-on attendre de ces actionnaires intérimaires?

En réalité, comme le disait M. Rodolphe Rousseau au congrès de 1900, « la vérification des apports n'est qu'une simple comédie ». Ce sont les fondateurs et apporteurs qui choisissent les commissaires, ceux-ci rédigent le rapport en quelques heures sur les indications fournies par les apporteurs, indications que personne n'a vérifiées; à moins que, ce qui arrive souvent, le rapport n'ait été rédigé « avant que les statuts n'aient été signés[2] ».

On peut donc relever un fait matériel certain, le système de la loi de 1867 pour la vérification des apports ne fonctionne pas; l'assemblée approuve toujours l'évaluation proposée par les fondateurs; la seule garantie réside dans la modération des apporteurs!

Et cependant l'approbation des apports, donnée par les assemblées constitutives, va avoir des effets juridiques; la valeur des apports est définitivement fixée, les avantages consentis au profit des appor-

---

1. Voir ci-dessus, p. 33.
2. *Congrès des sociétés de 1900*, p. 78.

teurs ne peuvent plus être modifiés. La dissolution de la société interviendrait-elle quelques jours après le commencement des affaires, les apports seraient-ils mis aux enchères et rachetés par les apporteurs pour le quart de l'évaluation, les apporteurs ne produiraient pas moins à la liquidation, pour toutes les actions qui leur ont été attribuées par les statuts; les souscripteurs espèces, qui, cependant, se sont libérés de leur mise, avec une monnaie plus sûre, ne bénéficient d'aucun droit privilégié.

Il est vrai que l'article 4 de la loi de 1867 réserve les cas de dol et de fraude. Il ne faut pas exagérer la portée de ces dispositions. L'action de dol se résout en dommages-intérêts, du moins dans la plupart des cas; la condamnation qu'on obtient vaut ce que valent les auteurs ou les bénéficiaires des manœuvres dolosives; en cas d'insolvabilité, le recours devient absolument illusoire.

La jurisprudence, du reste, montre combien l'application de cette disposition est exceptionnelle; le dol ne se présume pas, pour faire triompher un tel moyen, il faut établir l'existence de manœuvres caractérisées, et, qu'on le remarque, *manœuvre n'est pas synonyme de mensonge*. On applique les règles générales des autres contrats et notamment de la vente, où le vendeur emploie parfois pour faire valoir sa marchandise des moyens d'une honnêteté douteuse qui, cependant, ne sont pas considérés comme des manœuvres dolosives[1]. Il faut de plus

____

1. Voir p. 89.

que le demandeur prouve que ces manœuvres ont été déterminantes; qu'en d'autres termes, sans elles, l'assemblée générale n'aurait pas accepté les apports. Dans la plupart des cas, de tels moyens paraissent bien inutiles pour convaincre l'assemblée générale, étant donné ce qu'on sait maintenant de sa composition. Si on recourt à des manœuvres, ce sera au moment du placement des actions dans le public, et, même si ces manœuvres paraissent suffisamment caractérisées, elles ne pourront pas vicier la vérification antérieure des apports. Aussi les espèces dans lesquelles la réserve inscrite dans l'article 4 a reçu son application sont-elles rares; la plupart de celles qu'on trouve dans les recueils relèvent plutôt du droit pénal (art. 405) que des dispositions du code civil sur le dol. L'acceptation donnée par l'assemblée générale produit donc pratiquement des effets juridiques définitifs [1].

Les résultats matériels de la vérification des apports présentent encore plus d'importance. Les tiers qui traitent avec la société font confiance au capital qui leur est annoncé; les capitalistes qui achètent les titres croient à l'existence et à la valeur des apports; les uns et les autres sont trompés par les formalités légales, par la vérification apparente. Comment ceux qui n'ont pas participé à cette vérification viendraient-ils mettre en doute sa sincérité? Et lorsqu'ils ont été trompés, surtout plusieurs fois,

____

1. Houpin, I, n° 510.

ce n'est pas tant aux auteurs de la fraude qu'ils s'en prennent qu'au régime même qui a permis de telles tromperies. La société anonyme tombe en discrédit, les capitaux s'en éloignent et se reportent sur les placements à revenus fixes ou sur des titres de sociétés étrangères; c'est ce que révèle l'histoire des sociétés par actions, les chapitres ci-dessus fournissent la preuve de la vérité de l'observation.

Le législateur de 1893 a parfaitement compris ces dangers et, à la demande d'un homme pratique, le Sénat a décidé, contre l'avis des jurisconsultes et des économistes, que les actions d'apport resteraient deux ans à la souche et que, pendant ce temps, elles ne pourraient pas facilement circuler. Cette mesure a produit des effets très importants, qui seront étudiés au chapitre XI, et ce pour la protection des acheteurs d'actions; mais, au contraire, les garanties données aux souscripteurs d'actions numéraire et aux tiers n'ont guère été augmentées.

Il ne faut pas, en effet, se faire d'illusions sur la portée de l'innovation de la loi de 1893; on paraît croire quelquefois qu'elle empêche les exagérations des apports; cet effet est si minime et surtout si exceptionnel qu'on ne saurait guère en tenir compte.

Qu'importe aux souscripteurs lésés que les actions d'apport soient immobilisées, puisque l'évaluation des apports reste définitive et que les apporteurs exercent soit pendant la vie sociale, soit au cours de sa liquidation, les droits que leur ont attribués les statuts, sans aucune réduction possible?

Il faut aller plus loin et se placer dans l'hypothèse d'une nullité de société. D'abord, il est bien certain que cette nullité n'aura pas de répercussion sur les droits des porteurs des actions d'apport, lorsque ces actions au bout de deux ans auront été passées dans le public ; et, bien souvent, la nullité n'interviendra que plusieurs années après la constitution de la société. Mais même lorsque le jugement de nullité est prononcé dans la période d'immobilisation des titres, il semble bien que, dans la plupart des cas, la nullité ne modifie pas les droits des apporteurs. Voici 'une société annulée pour vice de forme, défaut de souscription, absence de versement du quart, la liquidation de l'actif se fait et doit se faire conformément aux clauses du pacte social, n'en résulte-t-il pas que les apporteurs produiront à la liquidation pour leurs actions d'apports, et qu'il ne sera pas possible d'exiger une nouvelle estimation des apports? Ce n'est donc que dans les cas où les tribunaux prononceront la nullité pour défaut de vérification, où ils admettront l'existence du dol, que les actions d'apport pourront garantir l'exécution des revendications de la société et des parties lésées.

Ainsi, en résumé, la disposition de la loi de 1893 concernant les actions d'apport n'assurera une certaine protection aux souscripteurs numéraire et à leurs cessionnaires que lorsque la société sera annulée pour non-vérification ou vice de vérification dans les deux ans de sa constitution, ou encore lorsqu'il aura été jugé, toujours dans la même période, que le consentement de l'assemblée générale a été surpris par des manœuvres dolosives. On a vu combien ces espèces sont aujourd'hui exceptionnelles. Quant aux tiers qui traitent avec les sociétés, comme ils priment les actionnaires en cas de faillite ou de liquidation, l'immobilisation des actions n'a pour eux qu'un intérêt très relatif.

Le véritable bénéficiaire de la disposition est le public, qui ne sera pas exposé à prendre des titres d'actions aussitôt qu'ils auront été créés et pourra mieux apprécier leur valeur réelle, deux ans après la constitution. Cet effet essentiel de la loi de 1893 fera plus loin l'objet d'une étude à propos des règles concernant la circulation des titres. Il suffit de constater ici qu'au point de vue des précautions prises contre la majoration des apports, la législation de 1867 n'a guère été améliorée.

Les vices essentiels du système étaient : 1° la prescription de formalités, sans efficacité réelle pour empêcher la majoration des apports, mais de nature à tromper les intéressés, en leur faisant croire à l'existence d'une vérification sérieuse, alors qu'il n'y avait que des apparences de vérification; 2° l'établissement de sanctions plus dangereuses que profitables même pour les victimes de la fraude. Ces vices sont restés aussi graves après la loi de 1893 qu'avant; les apports continuent à être majorés avec la même audace, et cependant, comme fait remarquer M. Vavasseur dans la *Revue des Sociétés* : La majoration des apports et l'administration laissée sans contrôle... « ce sont là des points essentiels, et tant qu'il n'y sera pas pourvu, tant qu'on se contentera de règles chimériques, la société anonyme continuera à aller à la dérive[1] ». Il faut maintenant voir les règles concernant le contrôle.

1. *Rev. soc.*, 1885, p. 590.

CHAPITRE X

ADMINISTRATION DES SOCIÉTÉS ANONYMES

On a vu (chapitre III) le système, très ingénieux et très complet, adopté par la loi de 1867 ; la société est administrée par des associés désignés par les statuts ou choisis par l'assemblée générale et dans tous les cas révocables *ad nutum* ; ils rendent chaque année compte de leur gestion à cette assemblée, et celle-ci ne statue qu'après avoir entendu d'autres mandataires chargés de surveiller les administrateurs. On peut améliorer ce système dans ses détails, il a été du reste amélioré dans la plupart des statuts des sociétés ; mais, dans son ensemble, il se présente dans d'excellentes conditions. Or il est incontestable qu'il a donné les plus déplorables résultats ; mais il semble bien que l'insuccès dépende des hommes plus que des institutions. Voyons comment fonctionnent les divers organes et d'abord le Conseil d'Administration.

Dans d'intéressantes études publiées dans l'*Écono-*

miste français, notamment au lendemain de la chute
du Comptoir d'escompte [1], M. Paul Leroy-Beaulieu
a très finement analysé les vices de ce fonctionnement; le lecteur n'aura qu'à se rapporter à cette
étude très complète à laquelle de nombreux emprunts
seront faits ci-dessous.

M. Leroy-Beaulieu commence par remarquer que
les conseils d'administration des sociétés anonymes
se composent, en général, de beaucoup, beaucoup
trop de membres; des sociétés d'une importance
relative rougiraient parfois de présenter au public
moins de dix administrateurs; le plus souvent, dans
les grandes sociétés, on trouve 15, 20 administrateurs et même plus. « Cet imposant conseil se réunit
une fois par semaine ou par quinzaine; on entend
quelques rapports; le président ou l'administrateur
délégué fait quelques observations et puis les autres
se taisent, beaucoup n'osant parler ou croyant qu'ils
manqueraient aux convenances s'ils parlaient. Un
membre qui s'aviserait d'errer de temps en temps
dans les bureaux, de se faire montrer les livres, de
se faire rendre compte du portefeuille, serait bientôt
traité d'indiscret et mis en quelque sorte à l'index,
comme un homme qui ne sait pas vivre [2]. »

La société est en réalité administrée soit par un
comité de direction, soit par certains membres du
Conseil, soit plus souvent encore par une seule personne, président du Conseil, administrateur délégué,

1. Numéros des 6 et 13 mai 1889.
2. Leroy-Beaulieu, *loc. cit.*

directeur. Les autres membres du conseil « ne savent plus rien, ne peuvent plus rien, ne sont que des comparses »; souvent « ils ne sont pas plus instruits des affaires de la société que de simples étrangers [1] ». L'on entend couramment, dans les procès en responsabilité, les administrateurs faire plaider : « Que me veut-on ? pourquoi me poursuit-on ? Je suis resté absolument étranger aux actes reprochés à mes collègues; je n'ai rien fait! » C'est précisément le reproche qu'on leur adresse : administrateurs, ils n'ont ni administré, ni même surveillé l'administration de leurs collègues.

Ces vices ont été depuis 1889 corrigés dans une certaine mesure ; il y a une tendance à réduire le nombre des membres des conseils, mais on rencontre trop souvent encore des administrateurs qui n'administrent pas.

Ce n'est pas qu'on ne puisse admettre l'administration d'une société anonyme par un simple comité de direction ou même par une seule personne, comme la loi de 1867 le permet. Cette unité d'administration pourrait même, à certains points de vue, présenter des avantages; on peut à cet égard rappeler le vieil adage : « Délibérer est le fait de plusieurs, décider est le fait d'un seul ». On concevrait très bien une société anonyme administrée par une seule personne assistée d'une sorte de conseil qu'elle consulterait dans certaines circonstances et qui surveillerait ses actes.

____

1. Leroy-Beaulieu, *loc. cit.*

Ce qu'il y a de grave dans la pratique actuelle, c'est que ces membres du Conseil inspirent confiance au public. Comment pourrait-on croire que des indélicatesses soient commises, alors que M. X..., dont tout le monde connaît l'honnêteté, fait partie du conseil d'administration? comment des erreurs juridiques pourraient-elles se produire lorsque parmi les administrateurs figure une personne aussi compétente en droit que M. Y...? comment pourrait-on craindre des spéculations trop hardies lorsque le conseil est composé de négociants qui ont derrière eux tout un passé de prudence? La seule signature de certaines personnes au bas d'un prospectus suffit pour le public à écarter l'idée même d'un mensonge!

Aussi choisit-on les administrateurs, moins à raison de leur compétence que de la confiance que leur nom pourra inspirer aux capitalistes d'abord, puis plus tard aux actionnaires. On voit ainsi rechercher pour les conseils, à côté des notabilités financières, des nobles aux titres connus, des généraux et hauts fonctionnaires en retraite, des hommes politiques, voire des académiciens. Naturellement, à beaucoup de ces administrateurs, on ne saurait demander une participation active à l'administration, ni une surveillance constante; certains n'ont ni le temps ni le désir de donner à la société un travail d'une certaine importance; d'autres seraient plus ou moins incapables de diriger une entreprise commerciale, ou même d'exercer une surveillance effective [1].

1. Il ne faudrait pas dénaturer notre pensée; à chaque législa-

Du reste de quel droit demanderait-on à des personnes occupant ou ayant occupé de grandes situations, de consacrer régulièrement des journées ou même des heures aux affaires d'une société, alors qu'on n'offre même pas de rémunérer sérieusement leur travail? Certains mandats d'administrateurs sont gratuits, la plupart sont rémunérés, mais comment! Il faut encore ici laisser la parole à M. Leroy-Beaulieu : « A défaut d'émoluments fixes, il y a des jetons de présence : 50 francs par séance, parfois seulement 25 francs, très rarement 100 francs. Dans la plupart des conseils d'administration, même des grandes sociétés, on arrive difficilement à une rémunération directe de plus de 3 000 à 3 500 francs par an; dans celles où, en dehors des séances du conseil, il y a beaucoup de comités particuliers, beaucoup de signatures à donner, ou d'autres corvées, la rémunération s'élève parfois jusqu'à 5 ou 6 000 francs, ce qui est un grand maximum, mais l'ordinaire, c'est environ 3 à 4 000 francs. » Là encore, des améliorations paraissent avoir été introduites; dans beaucoup de sociétés, les administrateurs dont le nombre est réduit sont mieux rémunérés et reçoivent une petite

ture, on reproduit des projets de loi, tendant à interdire le cumul du titre de membre du Parlement avec les fonctions d'administrateur. Au point de vue de l'administration des sociétés, le seul envisagé ici, ce serait à notre avis aller beaucoup trop loin; il est incontestable que l'exercice des fonctions publiques donne souvent à ceux qui en sont chargés une compétence administrative et une autorité précieuses dans l'administration des sociétés. Les abus nombreux qui se sont produits ne doivent pas faire oublier les avantages de la pratique actuelle.

part des bénéfices, mais bien souvent encore on constate l'insuffisance de ce que touchent les administrateurs.

Il serait ridicule d'espérer obtenir, pour une telle rémunération, le travail que comportent normalement les fonctions d'administrateur, alors surtout qu'il s'agit de personnages riches ou ayant occupé de hautes situations. Ceux-ci considèrent souvent leurs fonctions comme purement honorifiques ; ils viennent de temps en temps aux séances du conseil pour donner quelques avis, ils ne s'immiscent pas davantage dans l'administration. D'autres jouent dans les conseils un rôle plus important : ils y représentent et y défendent des intérêts le plus souvent respectables, mais parfois peu conformes à ceux de la société qu'ils administrent. D'autres enfin ne voient dans la situation d'administrateurs que l'occasion de prendre part aux syndicats financiers, créés pour le placement des titres. Sans doute certains administrateurs se consacrent entièrement aux affaires de la société, mais ce fait se présente plutôt comme une exception.

Si les administrateurs riches ne paraissent pas toujours d'une grande utilité pour l'administration des sociétés, que dire des autres? Sans doute le besoin de gagner les sommes nécessaires pour mener le train du milieu dans lequel ils vivent pourrait en faire et en fait parfois des administrateurs excellents, surtout sous la direction de grands financiers ou de grands industriels occupant la présidence du conseil. Mais pour cela il faut assurer à ces administrateurs

la situation à laquelle ils ont droit, et ce n'est pas
évidemment en leur versant 3 ou 4 000 francs par an
qu'on atteindra ce résultat. Ceux-là doivent naturellement chercher à grossir leur gain, et on voit les
mêmes personnes figurer dans une série de conseils.
« Il y a ainsi à Paris 100 personnes, dit, avec quelque
exagération du reste, M. Leroy-Beaulieu, qui administrent les 1 000 principales sociétés de finances,
de transport et d'industrie. » Cette multiplicité de
mandats n'a pas seulement pour effet d'empêcher les
administrateurs, qui en auraient le désir, de remplir
complètement leurs fonctions, elle a surtout le grave
inconvénient de créer une sorte de confrérie entre les
administrateurs et d'enlever par suite, à ceux qui
ont besoin des bonnes grâces des dirigeants, l'indépendance qui serait nécessaire pour administrer les
affaires sociales.

Il ne faudrait pas pousser le tableau trop au
noir, il y a des sociétés, et de nombreuses, admi-
rablement administrées. Mais qu'on étudie de près
leur fonctionnement, on verra qu'on trouve toujours
à leur tête quelque personnage de valeur, qui, sous
les noms les plus divers, président du conseil, administrateur délégué, simple administrateur, directeur,
assume en réalité tout le poids de l'administration en
sa personne, conservant près de lui quelques personnages honorifiques pour le public, et aussi
quelques travailleurs modestes, mais utiles, qu'il
sait à merveille utiliser et qu'il arrive indirectement

à rémunérer. Parfois deux ou trois personnes se partagent la direction de l'entreprise.

L'inconvénient de cette organisation saute aux yeux : on peut mal choisir, et la société peut tomber aux mains de quelque administrateur peu scrupuleux ou même seulement d'un spéculateur dangereux ; l'administrateur lui-même, grisé par sa propre puissance, peut se laisser entraîner à des opérations qu'il ne ferait pas s'il devait les soumettre à des conseillers autorisés ou même seulement s'il était l'objet d'un contrôle sérieux. Ni l'une ni l'autre de ces conditions n'existe malheureusement trop souvent ; les administrateurs, pour les raisons qui viennent d'être indiquées, n'interviennent pas suffisamment dans les affaires sociales ; quant au contrôle, il est tout à fait nominal. « Le défaut capital des sociétés anonymes, c'est qu'il n'y a pas de surveillance, ni intérieure, ni extérieure [1]. »

La loi a sans doute prévu des commissaires de surveillance et les a chargés de faire un rapport à l'assemblée annuelle. On peut reprocher au législateur de n'avoir pas suffisamment armé les commissaires de surveillance ; ils ont les pouvoirs les plus étendus pour la vérification et le contrôle, mais ils ne les exercent que dans la période qui précède l'assemblée générale ; pendant la plus grande partie de l'exercice, ils restent éloignés des affaires sociales. Il ne semble pas que l'extension des pouvoirs des

_____

1. *Rev. soc.*, 1894, p. 160. Proposition de loi de M. Renoult ; *Rev. soc.*, 1907, p. 39.

commissaires à l'exercice entier ait donné, dans les nombreuses sociétés où les statuts l'établissent, de bien meilleurs résultats ; il faut chercher ailleurs les causes de l'insuccès.

Si l'administration des sociétés anonymes n'est pas mieux surveillée, ce défaut tient tout d'abord au mode de nomination des commissaires de surveillance : désignés par la même majorité que les administrateurs, ils sont le plus souvent proposés par ceux-ci ; dans la pratique on considère la fonction de commissaire en général comme une sorte de stage ; après quelques années, le commissaire est promu administrateur. Ce sont là, de toute évidence, des conditions déplorables pour assurer l'indépendance des commissaires.

Il faut ajouter que les commissaires ne reçoivent qu'une maigre rétribution ; le plus souvent, ils se contentent de 1 000 à 1 500 francs, 2 000 francs paraît une rémunération élevée[1]. Croit-on que ce soit pour des sommes pareilles qu'on puisse exiger des commissaires le travail que nécessitent leurs fonctions? Il ne faut pas se le dissimuler, la vérification annuelle des comptes d'une société, même d'importance moyenne, comporte un travail considérable ; on se demande comment les commissaires des comptes des grandes sociétés, aux nombreuses succursales, pourraient remplir leurs fonctions, s'ils procédaient à une vérification complète et détaillée des écritures et des affaires de la société.

1. Leroy-Beaulieu, *loc. cit.*

Enfin les commissaires des comptes n'ont pas toujours une compétence à la hauteur de leur mission; ils doivent en effet procéder à la vérification matérielle de la comptabilité, opération qui nécessiterait l'intervention d'un spécialiste, et, de plus, rechercher si le conseil a conduit les opérations sociales conformément aux statuts. Ce double travail présente les plus graves difficultés; comme le faisait remarquer un financier bien connu, au congrès des sociétés par actions de 1900[1], « que pourraient-ils faire autre chose dans les grandes sociétés que de vérifier les additions? même les administrateurs qui ont géré la société pendant toute l'année ont peine à retrouver les affaires ». M. Leroy-Beaulieu va plus loin encore : « Ils vous disent qu'ils ont vérifié les écritures, mais *ils ne savent même pas ce que c'est que des écritures* ». Aussi suffit-il de jeter un coup d'œil sur les rapports des commissaires pour constater qu'ils n'ont le plus souvent aucune portée, même dans les sociétés sérieuses. « En général, dit M. Leroy-Beaulieu, le petit bout de littérature qu'ils communiquent à l'assemblée générale des actionnaires a été rédigé par un commis de l'établissement. »

Il est bien certain qu'une telle comédie de vérification présente plus d'inconvénients que d'avantages; car elle a pour effet de tromper les actionnaires et ceux qui traitent avec les sociétés. Les membres du

1. M. Mercet, vice-président du Comptoir national d'Escompte, p. 474.

congrès de 1900 ont été tellement frappés de ces inconvénients qu'ils ont émis le vœu suivant : « La loi ne doit pas imposer, dans les sociétés anonymes, l'organisation d'un pouvoir de surveillance ». La pensée dominante a, du reste, été résumée par M. Mercet dans le dilemme suivant : « Si vous avez à la tête des sociétés des hommes parfaitement honorables, il n'y a pas besoin de commissaires »; avec des « gens qui sont des forbans en affaires, c'est excessivement dangereux, on peut faire approuver des choses contraires à la vérité [1] ». Nous discuterons plus loin ces propositions, lorsque nous rechercherons les modifications à introduire dans la loi; ce qu'il faut noter comme acquis, ce que l'expérience a révélé, c'est que l'institution des commissaires ne saurait être maintenue, telle que l'a organisée la loi de 1867.

Que reste-t-il alors pour faire contrepoids aux pouvoirs du conseil d'administration et exercer sur lui quelque contrôle? l'assemblée générale, et c'est tout. Voici le tableau qu'a fait M. Leroy-Beaulieu de ces réunions :

« Enfin, voici l'assemblée générale, on fait asseoir comme assesseurs les deux plus forts actionnaires au bureau : si encore, dans l'intervalle de la clôture de la liste de dépôt des actions et de la tenue de l'assemblée, on leur donnait la faculté de faire quelques vérifications au siège social! mais il n'en

1. Congrès de 1900, *loc. cit.*

est rien, eux aussi sont des personnages décoratifs, car tout est décoratif dans le fonctionnement de beaucoup de sociétés anonymes. On lit aux quelques dizaines ou quelques centaines de membres un rapport où s'entassent des chiffres. Dans tout ce public, personne n'ose parler : si, par hasard, quelqu'un se risque à dire un mot, on étouffe sa voix, sous le prétexte que le secret est nécessaire aux opérations de l'établissement. Et chacun s'en retourne chez soi, les administrateurs dégagés de leur corvée annuelle, les actionnaires pleins de confiance dans l'avenir de la société. »

Est-il étonnant, après ce tableau, que l'administration des sociétés présente des défectuosités et que des sociétés dont l'administration paraissait le mieux organisée, comme le Comptoir d'escompte, sombrent brusquement au milieu de la stupéfaction générale [1] ?

Mais, dira-t-on, que deviennent les sanctions civiles, les répressions pénales, pourtant si graves, que la législation a établies ? Ce serait exagérer que d'aller jusqu'à dire qu'elles restent sans effets ; mais, l'expérience le prouve, elles n'ont qu'une efficacité très amoindrie. Quelles sont les causes de cette inefficacité ?

Les sanctions civiles sont parfois trop graves, et surtout elles sont assez mal réparties. Les administrateurs, on l'a vu, répondent de leurs fautes lourdes si leur mandat est gratuit, et de leurs fautes même

---

1. Voir ci-dessus, p. 67.

légères s'ils reçoivent une rémunération ; la responsabilité des fautes légères dépasse vraiment la mesure. Ce n'est pas tout ; il ne faut pas, en effet. oublier ce qui a été observé ci-dessus : les membres des conseils d'administration, trop nombreux et insuffisamment payés, ne remplissent pas leurs fonctions : il en résulte qu'ils sont responsables pour des fautes qu'ils n'ont pas commises, mais qu'ils ont eu le tort de laisser commettre.

Dans les procès en responsabilité, on entend les administrateurs faire plaider : qu'ils ne pouvaient tout voir, tout savoir, qu'on ne pouvait surtout, pour la rémunération qu'on leur accordait, exiger d'eux des travaux qui auraient absorbé le plus net de leur temps et exigé des connaissances spéciales qu'ils n'avaient pas. A ces arguments, les actionnaires et les créanciers répondent que si les administrateurs ne se sentaient pas capables de remplir les fonctions qu'on leur offrait, s'ils trouvaient la rémunération disproportionnée avec le travail nécessaire, ils n'avaient qu'à ne pas accepter de devenir administrateurs ; les uns comme les autres ont raison, au moins dans une certaine mesure. Aussi la jurisprudence se montre-t-elle fort hésitante ; souvent les tribunaux ne condamnent que pour les fautes les plus lourdes ; parfois ils tiennent compte, dans une certaine mesure, de la bonne foi ; ils atténuent le montant des condamnations ; ils admettent de plus la théorie du quitus dont les conséquences ont une portée considérable.

Les assemblées générales représentent la société ;

elles peuvent donc disposer des droits sociaux, et par suite elles décident souverainement, s'il y a lieu, de poursuivre les administrateurs, de transiger avec eux, ou de renoncer à toute réclamation contre eux. Le quitus ainsi donné non seulement empêche les nouveaux représentants de la société d'intenter le procès ou de le recommencer, mais elle paralyse les actionnaires qui seraient tentés d'agir isolément. (On suppose, bien entendu, qu'il s'agit d'une action sociale [1].) La jurisprudence admet qu'il n'est pas nécessaire que le quitus soit exprès, il peut indirectement résulter d'une décision plus générale, par exemple de l'approbation donnée aux comptes comprenant l'opération critiquée. Il suffit que le quitus ait été voté en connaissance de cause ou tout au moins que les actionnaires aient pu, d'après les pièces et renseignements qui étaient mis à leur disposition, se rendre compte des conséquences de l'approbation qu'ils donnaient. Lorsqu'on songe aux conditions dans lesquelles délibèrent les assemblées générales, on peut être tenté de trouver la jurisprudence excessive, mais lorsqu'on réfléchit davantage on s'aperçoit que la solution était imposée non seulement par les principes de droit, mais encore par les nécessités pratiques : on ne pouvait laisser pendant trente ans peser sur les administrateurs les plus graves responsabilités.

Il ne faudrait pas croire que la jurisprudence soit invariable ; on l'a fait bien souvent remarquer, les

1. Voir ci-dessus, p. 50.

procès en responsabilité d'administrateurs soulèvent des questions de fait bien plus que des questions de droit. L'appréciation des juges dépend parfois non seulement de la gravité des faits et du préjudice causé, mais aussi de circonstances étrangères aux règles mêmes de la responsabilité. On verra des magistrats impressionnés par la situation intéressante des victimes, d'autres seront frappés de la bonne foi des administrateurs, ou du rôle qu'ils avaient dans l'administration; il n'est pas jusqu'à la désignation du tribunal et le moment où le procès est plaidé qui n'ait de l'importance. Certains tribunaux se montrent très sévères; d'autres portés dans certains cas à une indulgence parfois excessive; au lendemain des grands cataclysmes financiers on voit les juges plus enclins à la répression; dans les temps de calme et de stagnation des affaires, ils semblent chercher par leur attitude à encourager les initiatives. Il suffit de se reporter à l'exposé contenu aux chapitres IV et V pour se convaincre que ces observations sont bien conformes aux faits révélés par l'expérience.

En réalité, dans la jurisprudence, il y a beaucoup d'incertitude. L'administrateur espère bien tout d'abord éviter toute réclamation, puis bénéficier de quelque jurisprudence indulgente; le plus souvent même il se persuade que l'acte qu'il fait ne saurait être attaqué, même lorsqu'il est le plus critiquable; on rencontre en effet souvent parmi les administrateurs une mentalité spéciale.

On remarque les incertitudes qui viennent d'être signalées encore plus accentuées, lorsqu'il s'agit de la répression pénale; la sévérité des tribunaux varie non seulement beaucoup suivant les espèces, mais même suivant les époques. Ce qui est plus caractéristique encore, c'est l'attitude du parquet; elle joue un tel rôle dans la répression qu'il sera nécessaire d'en faire ci-dessous une étude plus complète; mais il faut auparavant continuer l'examen des causes d'insuccès de la loi.

CHAPITRE XI

VALEUR NOMINALE, SOUSCRIPTION, ÉMISSION, NÉGOCIATION DES ACTIONS

La loi de 1867 ne se préoccupe que d'un titre, l'action, et encore ses dispositions sont loin d'être complètes ; il y a des lacunes certaines que la jurisprudence a essayé de combler dans la mesure du possible et que le législateur ne devra pas perdre de vue. Mais là n'est pas la cause de l'insuccès de la loi de 1867.

La loi de 1867 contenait des dispositions concernant l'émission et la circulation des actions. Elle prohibait, on l'a vu, la création d'actions d'une valeur nominale inférieure à 500 francs si le capital social dépassait 200 000 francs, et à 100 francs si le capital social n'atteignait pas ce chiffre ; la loi de 1893 a permis de réduire cette valeur nominale respectivement à 100 francs et à 25 francs. Ces dispositions légales ont été et sont rigoureusement observées lors de la constitution en France des sociétés par actions; il faut attribuer cet heureux résultat, en grande partie, à l'intervention du notaire; dès l'instant où il s'agit d'un vice apparent on peut être assuré que le notaire ne laissera pas violer une prescription légale. Au contraire, les dispositions qui interdisent l'émission et la négociation d'actions d'une société irrégulièrement constituée sont restées lettre morte; les pénalités imaginées par le législateur n'ont pas produit les résultats qu'on espérait; les causes de cet insuccès sont assez faciles à dégager.

La loi punit d'une amende de 500 à 10 000 francs tous ceux qui auront émis les titres d'une société irrégulièrement constituée; ainsi, le seul fait de l'émission suffit à rendre l'émetteur pénalement responsable. Les tribunaux condamneront même l'émetteur de bonne foi, c'est-à-dire celui qui ignore les vices qui atteignent la société, on se trouve en présence d'un délit contraventionnel; il est soumis au tribunal correctionnel, mais celui-ci, contrairement à ce qui se passe habituellement, applique la peine même en cas de bonne foi.

Qu'on oblige à une réparation pécuniaire les administrateurs négligents qui ont émis des titres sans s'assurer suffisamment de la régularité de la constitution, cela se comprend à merveille; mais qu'on puisse les traîner devant le tribunal correctionnel pour une négligence, cette rigueur dépasse véritablement la mesure : les parquets l'ont bien compris et généralement ils ne poursuivent que ceux dont la mauvaise foi est établie ou du moins paraît établie. Il y a là une manière d'agir raisonnable, mais elle semble contraire à la loi; ce qu'il faut, c'est modifier la loi, d'autant plus que les représentants du ministère public ne sont pas toujours aussi modérés et que les tribunaux peuvent être saisis par voie d'action directe. Si la poursuite paraît excessive lorsqu'elle est dirigée contre une personne de bonne foi, la répression devient ridicule lorsqu'elle atteint les agissements coupables des émetteurs de mauvaise foi; la condamnation à quelques milliers de francs d'amende de celui qui, en pleine connaissance de cause, a constitué une société nulle et ruiné des milliers de personnes ne se comprend même pas!

Combien se révèle comme plus extraordinaire encore le délit de négociation d'actions d'une société irrégulièrement constituée! La loi déclare pénalement responsables ceux qui participent à la négociation, c'est-à-dire à la cession de l'action par transfert ou remise du titre, non seulement les vendeurs, mais les acheteurs, les victimes mêmes de la fraude! La répression atteint encore, et cela paraît plus juste, les intermédiaires s'occupant de la négociation des titres et ceux qui publient la valeur de ces titres; mais ces intermédiaires ne peuvent pas exciper de leur bonne foi; un amendement en ce sens déposé au cours de la discussion de la loi de 1867 a été rejeté.

La rigueur de la loi se justifie peut-être lorsqu'elle s'applique à des intermédiaires et lorsqu'il s'agit d'actions dont la forme extérieure révèle le vice, actions au porteur non libérées de moitié avant la loi de 1867, de la totalité depuis, actions d'une valeur nominale inférieure au minimum légal; et encore la constitution de sociétés pseudo-étrangères, dont il sera ci-après question, pourrait donner lieu à des applications abusives du délit de négociation; comment les intéressés et les intermédiaires pourraient-ils le plus souvent savoir que la société sous des apparences étrangères possède en réalité une nationalité française?

La loi ajoute le cas où le versement du quart n'aura pas été opéré; comment veut-on que le vendeur, l'acheteur, l'intermédiaire sachent qu'un versement du quart a été ou non effectivement opéré; l'état déposé au greffe constate toujours ce versement et les intéressés ne peuvent presque jamais vérifier la sincérité de la déclaration. La loi dépasse véritablement la mesure, aussi en fait ne l'applique-t-on que très exceptionellement; on interprète la disposition concernant les actions non libérées du quart, en ce sens qu'il s'agit de négociation de titres antérieurement à la constitution définitive; on recherche la bonne et la mauvaise foi de ceux qui participent aux négociations, et alors il ne reste plus rien de la loi; les cas où on l'applique se présentent très rarement et les pénalités dans ces cas paraissent inefficaces et même ridicules. Il faut également noter que la loi de 1867 ne visait pas l'émission et la négociation des actions représentant des apports.

La loi de 1893 est venue apporter des restrictions importantes à la libre circulation des actions ; elle a d'abord prescrit que les actions numéraires resteraient nominatives jusqu'à leur entière libération ; cette disposition, adoptée dans le but exclusif d'assurer la libération des titres, peut, dans une très légère mesure, entraver la circulation ; elle doit donc être ici simplement rappelée ; au contraire, la modification concernant la négociabilité des actions d'apport présente au point de vue de la protection des capitalistes une grande importance.

Les actions ne sont pas négociables pendant deux ans ; si elles peuvent faire l'objet de cessions par les modes civils, les formes nécessaires (acte notarié ou acte sous seing privé, enregistré et signifié par huissier) enlèvent à ces cessions tout caractère dangereux ; l'apporteur pourra vendre ses droits, contracter un emprunt avec leur garantie ; mais il devra pour cela s'adresser à des banques ou à une classe de capitalistes qui ont l'habitude d'étudier de près les opérations de cette nature et ne traiteront qu'en pleine connaissance de cause ; le grand public ne deviendra pas acquéreur de tels droits qui ne sont même pas représentés par des titres. Pendant les deux ans que durera l'épreuve il y a des chances que la société sombre si elle est véreuse, ou qu'au moins la valeur de l'entreprise puisse mieux se révéler au moment où les titres seront placés dans le public. Si cette disposition ne protège pas les capitalistes qui achètent des actions d'apport contre tous les risques, elle diminue tout au moins ces risques dans une très large mesure.

La règle concernant la non-négociabilité des actions d'apport paraît avoir été assez bien observée; en effet, tandis qu'en doctrine on discute toujours la question de savoir si l'article 15 de la loi de 1867, qui proscrit les négociations d'actions dont la forme serait contraire à la loi, s'applique au détachement immédiat de la souche des actions d'apport, la question ne paraît pas avoir été tranchée en jurisprudence; en tout cas, elle ne l'a pas été souvent[1], ce qui prouve l'observation de la loi.

Les fondateurs qui ont voulu négocier immédiatement leurs titres d'apport ont eu recours à des procédés différents : les uns, et c'est le cas le plus fréquent, se sont fait attribuer des titres autres que des actions, surtout des parts de fondateur; d'autres ont imaginé une combinaison plus compliquée, ils ont gratuitement ou pour des parts de fondateur fait apport à la société d'une simple promesse de vente, puis ont souscrit ou fait souscrire par leur groupe une partie importante du capital numéraire correspondant à l'évaluation des apports; aussitôt la société constituée, on réalise la vente; on restitue le quart versé sur les actions dont il vient d'être parlé, à titre d'acompte sur le prix de vente, et le solde du prix

____

1. Houpin, I, 620.

se compense avec les trois autres quarts. Les actions, ayant été souscrites libérables en numéraire, se trouvent immédiatement négociables. Malgré ces habiletés, il semble incontestable que la disposition de la loi de 1893 sur la négociabilité des actions d'apport a produit de bons effets.

Si la loi de 1893 a ainsi contribué à protéger le public contre les manœuvres des apporteurs, elle l'a laissé exposé comme avant aux prospectus et à la publicité mensongère; jusqu'en 1907, les capitalistes ont été protégés surtout par la disposition de l'article 405 du code pénal; on a déjà vu que tombent sous la pénalité de cet article tous ceux qui, en employant des manœuvres frauduleuses pour persuader l'existence de fausses entreprises ou d'un crédit imaginaire, ou pour faire naître l'espérance d'un succès chimérique, se seront fait remettre ou auront tenté de se faire remettre ou délivrer des fonds.

Dans un livre intéressant, un magistrat distingué du parquet de la Seine, M. Grandjean, a démontré que point n'était besoin de délits spéciaux; que l'article 405 suffisait à protéger le public. Il y a du vrai dans cette opinion; il ne faudrait pas cependant exagérer la portée de l'article 405; son application exige en effet la réunion de diverses conditions, dont il est parfois difficile de fournir la preuve. Il faut observer, tout d'abord, que le ministère public doit établir que ce sont les manœuvres qui ont déterminé les victimes à verser leurs fonds; la preuve de ce fait pourra souvent prêter à discussion. Mais la pierre d'achoppement de la poursuite réside dans la définition de la manœuvre frauduleuse; des mensonges ne constituent pas des manœuvres frauduleuses, il faut quelque chose de plus pour l'application de l'article 405. On trouvera la manœuvre dans l'intervention d'un tiers, qui corroborera les mensonges, en déclarant par exemple qu'il a visité les mines et constaté la présence de beaucoup de minerai; que les affaires par lui traitées pour le compte de l'usine se sont élevées dans les années précédentes à un chiffre considérable, etc. Il y aura encore manœuvre frauduleuse dans le fait de produire des livres falsifiés, de distribuer des dividendes fictifs, de présenter à des experts comme provenant d'une mine du minerai extrait ailleurs, etc. Et ce ne sont, bien entendu, que des exemples; les cas d'application de l'article 405 sont extrêmement nombreux.

On a vu plus haut que le législateur de 1867 avait étendu les dispositions de l'article 405; l'article 15 punit des mêmes peines certains mensonges et notamment la publication de tous faits faux. Il est difficile de trouver un texte plus général et plus énergique.

Or, non seulement les parquets ont de moins en moins appliqué ce texte, mais la jurisprudence s'est de plus en plus montrée indulgente pour les mensonges des prospectus, et l'article 15 est en quelque sorte tombé en désuétude. Il n'est plus resté que

NOUEL.   *

l'article 405; sa disposition constitue aujourd'hui la seule répression sérieuse contre les auteurs de prospectus frauduleux. Si elle n'a pas produit tous les effets qu'on pouvait en attendre, cet insuccès tient pour beaucoup à l'organisation défectueuse de la répression, ainsi qu'il sera expliqué à un prochain chapitre.

Les abus sont devenus si considérables dans la période qui a précédé et suivi l'année 1900, que le législateur s'est décidé à enrayer les effets désastreux de la publicité mensongère. Le projet de 1903 contenait des dispositions qui seront étudiées plus loin; le mal qu'il se proposait de combattre a pris une telle extension en 1906 que d'urgence le législateur a inséré dans la loi de finances de 1907 une partie des dispositions du projet de 1903. On a vu ci-dessus (chapitre VII) que la loi de 1907, bien qu'elle ait été parfaitement respectée, n'a pas produit d'effets sérieux; il est d'autant plus nécessaire de rechercher les causes de cet échec que la loi de 1907 constitue le premier essai du régime de cette publicité officielle qui, pour beaucoup d'esprits distingués, constitue la seule protection possible des capitalistes.

Si les auteurs de la loi de 1907 s'étaient seulement proposé de réunir en un seul recueil des renseignements utiles sur les sociétés par actions, il n'y aurait que des félicitations à leur adresser. Mais s'ils se sont figuré que la publicité par eux établie pouvait constituer une protection efficace de l'épargne, ils se sont évidemment trompés, et on comprendra facilement pourquoi.

Examinons d'abord le cas où l'émission a lieu à l'origine de la société. Les mentions de la publicité officielle auront-elles une influence sérieuse sur la détermination du capitaliste, seront-elles susceptibles de le mettre en garde contre les manœuvres des auteurs des prospectus et de la publicité? Toute la question est là. Si l'on répond par l'affirmative, la loi de 1907 sera efficace; si la réponse se trouve négative, la loi pourra présenter quelque utilité comme centralisant des renseignements, elle ne constituera pas de protection sérieuse pour l'épargne.

On ne peut admettre que des hommes pratiques aient pu penser que l'indication du nom de la société, de son siège, de son objet, de sa durée, du montant du capital social, du lieu de réunion et du mode de convocation des assemblées générales puisse avoir une influence quelconque sur la détermination du capitaliste. Ce sont des renseignements qu'il est bon de pouvoir se procurer, et il n'est pas inutile qu'on puisse facilement se les procurer. La centralisation dans un bulletin unique de ces renseignements présentera quelque intérêt à ce point de vue documentaire. Mais que la décision du capitaliste à qui des titres sont proposés puisse être influencée par la lecture de ces renseignements, la moindre réflexion en démontre l'impossibilité.

On ne saurait attacher beaucoup plus d'importance à l'indication de la législation (française ou étrangère) sous le régime de laquelle fonctionne la société ; c'est un renseignement utile, qui du reste résulte le plus souvent du prospectus ou même de la dénomination de la société ; mais l'expérience montre que le fait qu'une société est anglaise ou belge n'est pas de nature à rendre les capitalistes plus circonspects ; on serait porté au contraire à dire que ce caractère exotique donne parfois un certain attrait aux titres que les sociétés émettent. On peut faire une observation analogue au sujet de la mention du taux de chaque catégorie d'actions ; le capitaliste pourra, s'il lit la publicité officielle, voir quelle est la prime ; mais il faut aussitôt ajouter que le plus souvent il pourrait se procurer facilement le même renseignement.

Il ne reste plus que la mention des avantages stipulés au profit des fondateurs, administrateurs, etc., des apports en nature et de leur rémunération. Au premier abord, on pourrait attacher une certaine importance à ces mentions ; lorsqu'on y réfléchit, on comprend qu'il ne faut pas exagérer leur importance. Les lanceurs d'affaires ont soin de ne pas attribuer d'avantages particuliers qui seraient de nature à écarter le public de la souscription des titres. Dans les sociétés douteuses, les fondateurs s'inquiètent moins d'avoir une large part des bénéfices futurs de la société que de réaliser d'énormes bénéfices présents sur la constitution de la société, notamment par le placement des titres à des cours majorés. Ils savent à merveille faire les sacrifices apparents nécessaires pour ne pas entraver l'émission; quant à l'indication des apports et de leur rémunération, ces renseignements présenteraient un vif intérêt s'il y avait quelque indication qui permette de contrôler leur valeur. Qu'importera à un capitaliste qu'on attribue 10 millions d'actions pour des usines, s'il est persuadé que les usines les valent.

Ce qui détermine les capitalistes à souscrire à l'origine de la société, c'est l'opinion qu'ils se font sur les chances de succès de l'entreprise. S'agit-il d'une industrie ou d'un commerce qui a déjà un passé, ils se préoccupent des résultats obtenus; si, au contraire, l'entreprise est nouvelle, les rédacteurs des prospectus feront, par des calculs habiles, par des comparaisons heureusement choisies, ressortir les chances de succès qu'ils attribuent à l'entreprise. Tout le monde a lu ces prospectus dans lesquels on établit qu'on sortira bien d'une mine tant de tonnes de minerai; que ce minerai dans telle mine voisine donne un bénéfice net de tant par tonne; que le bénéfice de l'entreprise nouvelle s'élèvera donc à telle somme au minimum; mais que, grâce aux dispositions prises, au perfectionnement du matériel, à l'économie des frais généraux, etc., ces bénéfices seront considérablement augmentés; qu'on peut compter sur un rendement minimum de 10, 15, 20, 30 p. 100 et même plus. Si le capitaliste a confiance dans ces indications, il devient actionnaire.

Ce n'est pas dans la publicité officielle qu'il pourra

trouver un élément lui permettant de vérifier les affirmations de ceux qui émettent les actions touchant les chances de succès de la société. Si celui qui a des fonds à placer dans la société lit le bulletin officiel, ce qui est douteux, il le mettra de côté comme inutile et d'autant plus que le rédacteur du prospectus aura soin d'y reproduire toutes les mentions de la publicité officielle, ce qui donnera un caractère d'authenticité à ses déclarations. Si le capitaliste a l'idée de confronter les deux publicités il verra qu'elles concordent sur tous les points communs et cette concordance lui inspirera plutôt confiance.

Les mentions concernant les sociétés en cours d'existence présentent un peu plus d'intérêt que celles exigées pour les sociétés qui se constituent. Il est important de révéler s'il y a déjà des obligations émises et de quelles garanties elles sont entourées. La publication du dernier bilan peut très bien déterminer la souscription; mais il faut noter que ce bilan aura presque toujours été dressé en vue de l'émission et que, s'il est falsifié, la publicité qui lui sera donnée ne fera que rendre la fraude plus dangereuse. Les bilans de beaucoup de sociétés sont du reste publiés dans tous les journaux spéciaux, et il ne semble pas que cette publication ait eu jusqu'à présent une grande efficacité pour protéger l'épargne, on serait plutôt tenté de croire le contraire.

On comprend à merveille que la loi de 1907 n'ait pas effrayé les lanceurs d'affaires véreuses; ils se sont empressés de s'y conformer et parfois n'ont même pas été fâchés de pouvoir montrer cette publication à des capitalistes peu au courant des affaires. On aura beau écrire en tête du bulletin que l'éditeur décline toute responsabilité, quant à la teneur des annonces, il y aura toujours des naïfs qui ne pour-- ront comprendre qu'on laisse figurer au journal officiel des sociétés qui constituent de véritables escroqueries.

L'échec complet de la loi de 1907 montre combien il faut se méfier des systèmes généraux. Depuis quelques années on considère dans certains milieux la publicité comme le grand remède à tous les maux dont souffre l'épargne; on voit les résultats de la première application du système. Avant de mettre les autres dispositions en vigueur, il faudra examiner de près les publications proposées, et rechercher quel résultat elles seraient susceptibles de produire.

C'est dans cet esprit que vont être appréciés les projets de loi, mais avant de faire cette étude il faut terminer l'examen des causes des insuccès de la législation par deux observations : l'une concerne les sociétés étrangères, l'autre l'organisation de la répression.

CHAPITRE XII

SOCIÉTÉS ÉTRANGÈRES ET PSEUDO-ÉTRANGÈRES

Le législateur français ne s'est guère préoccupé des sociétés par actions étrangères. La loi du 30 mai 1857, complétée par divers décrets, a autorisé les sociétés anonymes de la plupart des pays étrangers à exercer tous leurs droits et à ester en justice en France, sans avoir à demander l'autorisation du gouvernement français. La loi ajoute, il est vrai, « en se conformant aux lois françaises » ; mais la doctrine et la jurisprudence se sont fixées en ce sens qu'on doit consulter les lois étrangères et non les lois françaises pour savoir si la société a été régulièrement constituée, comment elle doit être administrée et quels titres elle peut émettre.

Les titres des sociétés étrangères peuvent librement circuler en France ; il a été fait un large usage de cette faculté. Qu'on ouvre une cote des bourses officielles et surtout du marché en banque ; qu'on lise les circulaires et les journaux des maisons de placement, on est étonné de voir le nombre de sociétés étrangères dont les titres sont placés et circulent en France. On ne parle pas ici des valeurs étrangères que les capitalistes ont achetées dans leur pays d'origine, et placées dans leur portefeuille ; les titres dont il s'agit sont ceux qui ont été émis en France, ou y ont plus tard été introduits, en d'autres termes qui ont, dans ce pays, un marché. Le lecteur qui voudrait vérifier l'importance de cette circulation n'aurait qu'à se reporter à une publication faite périodiquement par le *Journal officiel*[1], celle des sociétés étrangères, dont les titres sont abonnés au timbre français, ce qui suppose que ces titres circulent en France.

Il semble tout naturel que l'épargne française réserve une partie de ses disponibilités aux bonnes valeurs étrangères ; c'est ainsi qu'ont procédé les capitalistes anglais et ils ont retiré de grands avantages de ces placements. Lorsqu'on compare les tableaux des bourses de Londres et de Paris, on regrette même de voir presque exclus de notre marché des titres de premier ordre, qui ont contribué à faire la fortune du marché de Londres, comme par exemple les valeurs (actions et surtout obligations) émises par les grandes compagnies de chemins de fer américains ; au contraire, lorsqu'on parcourt le tableau des introductions de valeurs étrangères qui ont eu lieu depuis vingt ans sur le

---

1. Voir notamment n° du 16 juillet 1909.

marché en banque de Paris, on constate avec peine qu'à côté de quelques bonnes valeurs, qui devraient figurer à la cote officielle, la plupart des titres introduits sont ou des valeurs au moins douteuses, ou des titres de spéculation que l'épargne française a pris à des cours le plus souvent majorés, parfois dans d'énormes proportions. Ce n'est pas tout, le même examen révèle que nombre de sociétés, constituées en Angleterre ou en Belgique, viennent aussitôt après leur constitution émettre en France tous leurs titres ou tout au moins la plupart d'entre eux.

Les titres étrangers qui circulent librement en France n'étaient jusqu'en 1907 soumis à aucune réglementation légale ; les seules dispositions concernant cette circulation se trouvaient dans les lois fiscales. Ce n'est pas tout ; ces titres, qui font aux titres français une grave concurrence, peuvent être créés sans observer les lois françaises, parfois même en violation des règles que le législateur de ce pays a considérées comme les plus essentielles. C'est ainsi, notamment, que, tandis que le législateur a interdit, dans la plupart des cas, la création de titres de 25 francs comme dangereux pour l'épargne, il laisse les sociétés étrangères placer librement en France ces titres estimés dangereux. Il y a évidemment là une situation qui doit préoccuper le législateur ; on examinera au chapitre XX les mesures qu'elle paraît commander.

Il faut aller plus loin. Même si l'on admet que les

règles posées par les législations étrangères pour la constitution des sociétés anonymes, leur administration, l'émission de leurs titres, etc., peuvent paraître suffisantes pour protéger les capitalistes français, qui n'ont ni les mêmes habitudes, ni la même expérience que ceux de certains pays étrangers, il faut au moins que les sociétés se soumettent à toutes les dispositions de ces lois étrangères ; elles ne le font pas dans un grand nombre de cas. Pour bien comprendre la portée de cette observation, il faut recourir à un exemple.

La législation anglaise est conçue dans un esprit différent de la nôtre ; elle laisse beaucoup plus libre la constitution des sociétés anonymes ; elle se préoccupe beaucoup moins de la souscription du capital et de la libération partielle de ce capital à l'origine de la société (voir page 208). La protection des capitalistes réside dans une large publicité et dans des sanctions pénales très graves contre les déclarations mensongères contenues dans cette publicité. C'est un système que les uns admirent, les autres critiquent ; on ne saurait le rejeter sans examen comme ne présentant pas de garanties sérieuses ; mais, pour qu'il conserve son efficacité, il faut au moins qu'il soit appliqué dans toutes ses parties ; il n'en était pas ainsi lorsque l'émission des titres avait lieu en France. Les règles de publicité de l'émission ne s'appliquaient plus ; les sanctions disparaissaient. La situation se trouvait la suivante jusqu'en 1907 : d'une part, la loi française réglementait sévèrement la constitution, mais n'établissait pas de règles spéciales d'émission ; la loi anglaise mettait toutes ses garanties dans les règles concernant l'émission. En constituant une société en Angleterre, en émettant les titres en France, on échappait aux règles protectrices des deux législations.

Il faut ajouter que la situation des fondateurs et des administrateurs d'une société anglaise, composée d'actionnaires français, se présente comme particulièrement agréable ; en tenant en Angleterre les assemblées générales, on écarte les actionnaires gênants. Quant aux procès que ceux-ci pourraient avoir la tentation de faire, les fondateurs et administrateurs ne doivent guère les redouter : les tribunaux anglais, auxquels juridiction se trouve attribuée, sont difficilement accessibles aux Français ; du reste, une fois les décisions obtenues, il faudrait les exécuter en France, puisque les administrateurs sont français et que du reste le plus net de l'actif social existe le plus souvent en France ; de là nécessité de nouvelles procédures.

Les lanceurs d'affaires financières n'ont point manqué de tirer parti de cette situation ; ils ont constitué en Angleterre des sociétés sans s'inquiéter des lois françaises, puis, ils sont venus placer leurs titres en France, sans se préoccuper des lois anglaises ; des combinaisons analogues ont été faites avec la loi belge ; le nombre des sociétés ainsi constituées au mépris des deux législations est considérable ; la fraude a pris dans ces dernières années une énorme extension; il suffit de parcourir les colonnes du bulletin officiel pour constater le nombre des sociétés dites étrangères, dont l'objet est français, les actionnaires français, l'administration française [1].

La jurisprudence n'a naturellement pas admis de telles fraudes; tandis que la doctrine se perdait dans des controverses interminables, elle déclarait que la nationalité d'une société dépend de son domicile et que ce domicile se trouve là où est le principal établissement, c'est-à-dire le siège social réel. Les arrêts ajoutent qu'on doit considérer la société comme française dès l'instant où le siège n'a été établi à l'étranger que pour écarter l'application des lois françaises [2]. Cette jurisprudence nettement pratique suffit à déjouer toutes les fraudes; si elle est restée absolument inefficace, ce résultat tient à la nature des sanctions, et surtout aux conditions dans lesquelles les tribunaux sont saisis.

Les sanctions sont la nullité de la société et les amendes pour émission ou négociation de titres créés en violation de la loi de 1867; ce que nous avons dit de l'inefficacité de ces sanctions dispense de tout commentaire nouveau. Mais il faut observer de plus que le système légal fonctionne encore plus mal pour les sociétés étrangères que pour les sociétés françaises. Rien n'est plus difficile, en effet, que d'établir, au cours de la vie sociale, qu'une société,

1. Voir ci-dessus, p. 97.
2. Houpin, II, n° 1223.

qui se qualifie d'étrangère, n'a que les apparences de l'extranéité; pour fournir cette preuve, il faudrait posséder les délibérations du conseil, la correspondance, la comptabilité; les actionnaires ou les tiers, qui essaient de faire prononcer la nullité, n'ont naturellement pas ces pièces, et ils ne peuvent le plus souvent qu'invoquer des présomptions insuffisantes pour prévaloir contre les dispositions des statuts. Si la constitution a été habilement faite, si l'administration a eu soin de respecter les apparences en conservant à l'étranger un siège dont la fictivité ne saute pas aux yeux, la nullité ne sera prononcée que le jour où le liquidateur ou le syndic, ayant toutes les pièces en mains, pourra établir que l'extranéité de la société ne résulte que d'apparences. La nullité intervient donc toujours trop tard.

Le législateur de 1883 s'est préoccupé de la situation des sociétés étrangères et surtout des émissions de titres étrangers; la même préoccupation se rencontre dans le projet de 1903; enfin la loi de 1907 soumet les émissions de titres étrangers aux mêmes règles que celles des titres français; elle exige de plus la publication des statuts au bulletin officiel. Il y a là une tentative heureuse dans son esprit, mais qui, dans la pratique, n'a naturellement pas produit beaucoup plus d'effets pour les sociétés étrangères que pour les sociétés françaises. Quoi qu'il en soit, tout le monde paraît d'accord sur ce point qu'il y avait dans la loi de 1867 une lacune grave que les projets nouveaux doivent combler.

CHAPITRE XIII

DE L'ORGANISATION DE LA RÉPRESSION

On a vu, dans les chapitres qui précèdent, que si certains délits spéciaux de la législation des sociétés paraissent assez mal conçus, d'autres, au contraire, et notamment le délit de dividendes fictifs, seraient de nature à avoir plus d'efficacité, et qu'en outre le code pénal contient des dispositions telles que celles des articles 405 et 408 qui assurent une répression rigoureuse dans les cas les plus graves. L'expérience montre que cette législation pénale n'a pas produit tous les effets qu'on pouvait en attendre. On ne peut évidemment pas espérer voir disparaître les délits, le vol a toujours été réprimé, très sévèrement même, par toutes les législations, il y a toujours eu, il y aura toujours des voleurs malgré toutes les lois pénales. Comment croire qu'on pourrait exclure les malhonnêtes gens des affaires financières, de celles où les fraudes assurent les avantages les plus considérables. Tout réside dans une question de mesure;

il semble bien qu'elle n'ait pas été atteinte et que l'inefficacité de la répression soit due encore plus à son organisation qu'à l'insuffisance de la législation.

Tout le monde reconnaît que notre système répressif subit en ce moment une crise. Les tribunaux ont conservé leur sévérité pour les délits qui leur sont déférés; mais le nombre des infractions qui échappent à la répression augmente tous les jours, le législateur et le gouvernement se sont déjà préoccupés de cette situation. Le mal s'est manifesté plus grave encore dans les affaires de sociétés; il faut en rechercher les causes, pour permettre d'y porter des remèdes.

Une des causes qui empêchent les parquets d'assurer efficacement la répression de toutes les infractions commises tient à leur nombre même. Les parquets des grandes villes, et surtout celui de la Seine, subissent un tel encombrement, qu'il est matériellement impossible aux magistrats de donner tout le temps nécessaire à l'examen des plaintes qui leur parviennent; or, ce sont presque exclusivement les parquets des grandes villes qui ont à connaître des affaires financières; c'est au Parquet de la Seine, le plus encombré, qu'aboutissent le plus grand nombre de plaintes concernant des sociétés anonymes!

On trouve à ce parquet l'organisation suivante : deux substituts sont chargés d'examiner les plaintes concernant les affaires financières; mais leur travail ne se borne pas à cet examen. Ils ont dans leurs attributions les délits suivants : faux en écriture, abus de confiance, abus de blanc-seing, escroquerie, bris de scellés, détournement d'objets saisis, usure et prêts sur gages, délits en matière de liquidations judiciaires et faillites, faux témoignages, faux serments, subornation de témoins, affaires de bourse et infractions aux lois des sociétés et à celles qui régissent le marché des valeurs! Chaque année ils ont à statuer sur plus de 16 000 plaintes, soit en moyenne plus de 50 par jour non férié. Et comme chaque affaire est soumise plusieurs fois à leur étude, ils ont en réalité à examiner chaque jour au moins 100 à 150 dossiers. Comment veut-on que ces magistrats puissent consacrer à ces affaires le temps qu'elles comportent! Sans doute ils sont aidés par quelques attachés et employés, en petit nombre du reste, mais c'est toujours à eux qu'incombe la décision à prendre.

Pour arriver à s'éclairer, le Parquet a recours à des enquêtes et des expertises officieuses. Parfois, il charge un commissaire aux délégations de prendre les premiers renseignements et d'entendre des témoins; mais les commissaires se trouvent eux-mêmes surchargés de besogne; du reste, ils n'ont pas les pouvoirs suffisants pour faire les constatations nécessaires. D'autres fois le parquet a recours à ce qu'il appelle une expertise officieuse. Il désigne, *si le plaignant consent à faire les frais du travail,* un de ses experts chargé d'instruire la plainte et, au besoin, de faire au siège de la société et dans les banques les vérifications utiles. Mais il faut, pour que l'expert remplisse sa mission, que les deux parties s'y prêtent; l'expert ne pourra contraindre le financier, objet de la plainte, à montrer ses pièces et ses livres. Sans doute, celui-ci ne refusera pas brutalement la communication, mais il s'arrangera pour la faire assez habile pour que l'expertise n'aboutisse pas. S'il sent que le travail de l'expert peut mal tourner, il transige avec le plaignant; c'est un résultat excellent pour celui-ci; mais, au point de vue général, cet arrangement permet au financier de continuer ses fraudes et de faire de nouvelles dupes.

Admettons que l'enquête ou l'expertise officieuses aboutissent à un travail qui permette au magistrat de prendre une décision en connaissance de cause, il faut qu'il ait le temps d'examiner le dossier; il ne pourra pas se faire une opinion en quelques minutes; les affaires de sociétés sont trop difficiles et trop graves pour être traitées rapidement. Le substitut doit d'autant plus les travailler que ses études et ses occupations antérieures ne l'ont pas familiarisé avec ce genre d'affaires.

Les substituts au tribunal de la Seine sont en général des magistrats remarquables, mais voyons quel est leur passé. Brillants élèves des facultés, ils ont entendu dans leurs études quelques brèves leçons sur les sociétés anonymes; ils ont fait un court stage dans un barreau, ils ont été nommés substituts, puis procureurs dans les petits tribunaux du ressort où l'on ne connaît guère les sociétés anonymes, et lorsqu'ils arrivent vers quarante ans au tribunal de la Seine, ils n'ont presque jamais eu d'affaires de sociétés à examiner. A ce tribunal même, dans la plupart des services, ils n'entendent pas parler de ces sociétés. Sans doute, ils parviennent au bout de quelque temps à se mettre au courant des délits commis en matière de sociétés; mais leur expérience ne deviendra complète que lorsque, nommés plus tard à la cour, ils participeront à ce moment à la discussion de tous les procès commerciaux de sociétés, lesquels en première instance sont jugés par les tribunaux de commerce, où il n'y a pas de parquet, et ils se rendront mieux compte du fonctionnement pratique de ces sociétés, des faits réellement graves et de ceux sur lesquels le parquet doit, dans l'intérêt général, fermer les yeux; mais, à partir de ce moment, ils n'auront plus à examiner les plaintes, si ce n'est pour des affaires exceptionnelles, dans le cas où ils deviendraient eux-mêmes chefs de parquet.

On voit dans quelles conditions les substituts doivent prendre des décisions. Et si l'on songe à la gravité de ces décisions, si l'on pense qu'une instruction ouverte à la légère peut compromettre la situation d'une société, on comprend à merveille qu'ils hésitent avant de recourir à ces mesures extrêmes.

Encore, si les magistrats avaient des dossiers complets sur les sociétés qui donnent lieu aux plaintes et sur les banquiers qui émettent les titres, il leur serait facile de se rendre compte s'il y a danger d'ouvrir une instruction ou si, au contraire, il faut recourir à ces mesures[1]. Ils ne connaissent que la plainte ou les plaintes qui ont été portées, et bien souvent celles-ci ne leur fournissent que des renseignements absolument incomplets; les commissaires aux délégations, comme les experts officieux, sont impuissants à réunir les éléments permettant d'apprécier s'il y a un véritable danger public ou s'il ne s'agit que d'intérêts privés. Les premières plaintes sont classées sans suite, ou donnent lieu à des arrangements; les poursuites ne commencent qu'au jour où les plaintes s'accumulent et lorsque le financier ne peut plus désintéresser les plaignants; à ce moment il est généralement trop tard; tout le mal possible est fait. Sans doute il reste aux parties lésées le droit de saisir directement le tribunal correctionnel; mais, comme elles n'ont pas les pièces nécessaires, et que du reste à l'audience on ne peut pas vérifier des comptabilités, elles doivent renoncer à leurs poursuites ou subissent souvent de cruels échecs.

Ces observations expliquent pourquoi des banquiers véreux peuvent émettre pendant des années à jet continu les titres des sociétés les plus fantaisistes. Ils auraient pu être arrêtés dès leurs premières entreprises, car elles constituent des délits caractérisés; la justice n'intervient que lorsqu'ils ont épuisé la naïveté ou la bourse de leurs clients, et

---

1. Linol, *L'anthropométrie des sociétés.*

l'on voit le parquet relever à la charge des mêmes personnes 10, 15, 20 délits et même plus concernant des sociétés différentes! Il est incontestable qu'une meilleure organisation aurait permis d'arrêter plus tôt ces agissements criminels,

TROISIÈME PARTIE

LA RÉFORME

CHAPITRE XIV

LE PROJET DU GOUVERNEMENT
SON INSUFFISANCE

De l'étude qui précède, il résulte que quatre vices principaux affectent la législation actuelle des sociétés : 1° la vérification des apports n'est qu'apparente, elle a pour seul effet pratique d'induire en erreur les capitalistes qui achèteront des actions, les tiers qui traiteront avec la société ; 2° l'observation des règles de constitution a pour sanctions civiles des nullités souvent inutiles, parfois nuisibles, et, comme sanctions pénales, des délits qui frappent indistinctement ceux qui sont de bonne foi et ceux dont la mauvaise foi paraît établie ; 3° l'administration est soumise à un contrôle illusoire ; 4° on évite l'observation des lois françaises en constituant à l'étranger des sociétés en réalité françaises, et en émettant ensuite les titres en France. Les autres critiques dirigées contre la législation actuelle présentent moins d'importance. Quelles mesures contient le nouveau projet pour supprimer ou au moins atténuer ces quatre vices principaux?

Le gouvernement et la commission maintiennent le système des nullités; ils l'aggravent même quelque peu, le nombre des formalités prescrites à peine de nullité se trouvant augmenté. Si on modifie les dispositions pénales, c'est exclusivement pour ajouter à l'amende des peines de prison; on n'inscrit aucune exonération en faveur des personnes de bonne foi, mais coupables de négligence; la seule précaution prise contre les sociétés étrangères consiste à les soumettre à la publicité; on a vu le succès des dispositions de la loi de 1907! Quant au contrôle, le projet n'apporte aucune amélioration sérieuse à la situation actuelle.

Sans doute, l'article 14 étend les pouvoirs des commissaires, ils pourront exercer leur droit de vérification toute l'année. Qu'importe! puisque les commissaires n'utilisent même pas les pouvoirs que la législation actuelle leur confère! s'ils ne vérifient pas pendant les derniers mois, comment peut-on espérer qu'ils utiliseront mieux le reste de l'année? Au surplus, l'expérience a eu lieu; on trouve déjà la clause, que le législateur veut imposer à toutes les sociétés, inscrite dans les statuts de beaucoup d'entre elles; elle n'a pas produit d'effets appréciables. Et cependant la situation paraît si grave que le congrès des sociétés par actions n'a pas hésité à préférer la suppression des commissaires de surveillance au maintien de la comédie qui se joue actuellement chaque année dans les sociétés anonymes : les autres modifications de l'administration des sociétés ne concernent que des points de détail. Ce n'est pas en précisant les communications à faire aux actionnaires (art. 35) ou en généralisant à toutes les sociétés les dispositions permettant à un certain nombre d'actionnaires d'exiger la convocation d'une assemblée générale, qu'on remédiera au défaut de contrôle dont sont mortes et meurent tous les jours tant de sociétés.

Donc, pour trois des vices principaux sur quatre, le projet de loi n'apporte pas d'amélioration sérieuse à la législation actuelle. Reste la grosse question, très grosse question des apports. Le projet contient sur les apports des dispositions plus nombreuses, mais qui ne peuvent porter un remède efficace au mal dont souffrent les sociétés anonymes. Ce mal, on l'a constaté, est double : 1° la vérification des apports n'est qu'une simple comédie qui a surtout pour effet de tromper le public; 2° on tourne assez souvent la loi de 1893, qui empêche la circulation prématurée des actions d'apport.

Pour protéger les souscripteurs numéraire et les tiers qui traiteront avec la société contre la majoration des apports, le projet de loi se borne à exiger la rédaction et la publication d'une notice détaillée sur la nature et la valeur des apports; on examinera plus loin l'efficacité de ces notices; il suffit ici de constater que la disposition proposée ne se conçoit même pas. On comprend très bien qu'on substitue au système actuel de vérification celui de la déclaration garantie par des sanctions sérieuses, sauf à discuter l'efficacité de cette modification, mais on ne voit pas comment on pourrait juxtaposer les deux systèmes. Dès l'instant où il y a une vérification, que le public doit croire sérieuse, les souscripteurs comptent nécessairement sur la vérification pour assurer l'exacte évaluation des apports; quant aux tiers, entre la déclaration des apporteurs et le rapport du commissaire nommé par l'assemblée, c'est naturellement plutôt au rapport qu'ils font confiance. Il faut opter entre les deux systèmes, les auteurs du projet de loi n'ont pas compris cette nécessité. On peut du reste remarquer que le législateur ne prescrit cette notice qu'en cas d'émission publique, et que, par suite, rien n'est plus facile que de tourner la loi : il suffit d'émettre les actions après la constitution.

Encore plus étranges sont les textes destinés à compléter la loi de 1893; on a vu ci-dessus que les deux procédés les plus courants pour tourner la disposition qui empêche de négocier pendant deux ans les actions d'apport consistent dans la création de parts de fondateurs ou l'apport à la société d'une promesse de vente réalisée aussitôt après la constitution, avec compensation plus ou moins officielle entre le prix d'achat et le montant des actions souscrites par l'apporteur ou son groupe. Cette dernière combinaison se réaliserait aussi facilement après le vote du projet que sous la législation actuelle; quant à la substitution des parts de fondateur aux actions d'apport, les textes proposés présentent si peu de netteté qu'on ne voit pas bien ce qu'ils décident.

Aux termes du projet, on ajouterait à l'article 3 de la loi de 1867, modifié par celle de 1893, un paragraphe ainsi conçu : « Les dispositions qui précèdent (relatives aux actions d'apport) s'appliquent à tous les titres créés sous quelque nom que ce soit en représentation d'apports en nature ou en rémunération de services au profit des fondateurs ou d'autres personnes ». On ne saurait mieux dire ; le législateur rend donc les parts de fondateur non négociables pendant deux ans.

Mais, aussitôt, le projet ajoute : « Toutefois les parts de fondateurs *telles qu'elles sont définies à l'article 4* peuvent être négociées à partir de la constitution ». Voici la définition de l'article 4 : « Les avantages consentis aux fondateurs ou à toute autre personne peuvent être représentés par des titres négociables qui ne donnent de droit qu'à une part dans les bénéfices ». De telle sorte qu'il semble bien que les parts de fondateurs sont négociables sous la seule condition qu'elles ne confèrent qu'un droit sur les bénéfices à l'exclusion de toute attribution de capital. C'est, du reste, ce qui paraît résulter de l'exposé des motifs ; les auteurs du projet ont eu surtout en vue une fraude que révélerait, paraît-il, une décision judiciaire ; on aurait « forgé des certificats de propriété d'actions d'apports ayant toute l'apparence d'actions au porteur » ; et les tribunaux auraient considéré que cette manière de procéder ne tombait pas sous le coup de la loi.

Au contraire, lorsqu'on lit le rapport, le projet aurait un tout autre sens. « Il n'y aura donc plus de confusion possible entre les actions et les parts de fondateur. *Celles-ci sont immédiatement négociables, même dans le cas où elles sont attribuées à un apporteur, mais à titre de fondateur et non à titre d'apporteur et en représentation de son apport. Dans ce cas elles sont, nous l'avons vu, assimilées à des actions d'apport et frappées de non-négociabilité pendant deux ans.* »

Si telle est bien la portée du projet, on se demande avec étonnement comment on a pu songer à une combinaison pareille. Pourquoi distinguer suivant que les parts de fondateur sont créées en représentation d'apports ou en rémunération des services rendus? Dans les deux cas, le danger de la circulation immédiate des titres paraît le même, et on a vu plus haut que c'est presque exclusivement à ce danger que parent les dispositions de la loi de 1893. Il y a mieux : comment des hommes pratiques n'ont-ils pas vu que, dès l'instant où l'on permet à l'apporteur de négocier des parts de fondateur, si elles lui sont remises à un autre titre qu'en rémunération des apports, la disposition de la loi restera lettre morte, puisqu'il suffira de changer un mot pour la rendre inefficace? Du reste, quand bien même on déclarerait que toutes les parts remises à l'apporteur à un titre quelconque tomberaient sous la disposition de l'article 3, on ne manquerait pas d'attribuer les parts de fondateur aux fondateurs, qui les repasseraient à l'apporteur. Tous ceux qui s'occupent de pratique savent à merveille que le bénéficiaire des parts de fondateur indiqué aux statuts n'est souvent qu'apparent, et que, s'il conserve une portion de ces titres, il répartit généralement le plus grand nombre entre tous ceux qui se sont plus ou moins occupés de la fondation de la société. Il faut assimiler aux actions d'apport, au point de vue de la négociabilité, tous les titres émis autrement que contre espèces ; c'est ainsi seulement qu'on assurera une protection sérieuse à l'épargne. Les auteurs du projet n'ont pas compris cette nécessité et ont abouti à une œuvre absolument inacceptable.

Ainsi, sur tous les points les plus importants, le projet n'apporte aucune amélioration sérieuse à l'état de choses actuel ; il ne peut donc même servir de base à la réforme nécessaire. Il faut refaire en entier le travail, sauf à s'inspirer des dispositions de détail du projet de loi qui paraîtraient présenter un intérêt pratique, notamment de celles concernant le versement du quart. Nous consacrerons à la solution des quatre difficultés principales ci-dessus précisées les parties les plus importantes de ce travail. Avant de rechercher les solutions, il est utile de dégager le terrain de la discussion de difficultés qui risqueraient de l'encombrer.

CHAPITRE XV

QUELQUES IDÉES GÉNÉRALES SUR LA RÉFORME

De nombreux auteurs, publicistes, hommes d'État, ont soutenu que le législateur ne devait pas soumettre les sociétés par actions à des règles spéciales, mais simplement au droit commun; que, comme dans les autres contrats, des conventions librement consenties devaient fixer les droits et obligations des membres d'une société par actions.

Le système du droit commun, de la liberté des conventions, a été pratiqué en France pour les sociétés en commandite par actions depuis le code de commerce jusqu'en 1856; on a vu au chapitre I quels résultats ce régime a donnés; la même expérience, tentée dans d'autres pays, ne paraît pas avoir mieux réussi. Les législations tendent, au contraire, à une réglementation de plus en plus complète des sociétés anonymes et à une répression de plus en plus sérieuse des fraudes qui se commettent dans leur constitution et leur administration.

La nécessité d'une législation spéciale pour les sociétés par actions s'impose tellement aujourd'hui, que les membres du congrès de 1900, quelque partisans qu'ils parussent des doctrines de l'école économique libérale, n'ont pas hésité, presque sans débat, à proclamer cette nécessité[1]. Mais, une fois le principe admis, beaucoup ont essayé de reprendre dans les détails la concession de principe qu'ils avaient faite ; la législation spéciale qu'ils ont acceptée se borne à des dispositions assez vagues et le plus souvent sans efficacité sérieuse ; la réglementation est tellement réduite, qu'elle n'existe plus à proprement parler.

De ces discussions découle l'utilité de rechercher et de bien dégager les raisons qui nécessitent cette intervention du législateur ; on comprendra ensuite plus facilement dans quel esprit cette intervention doit tenter de s'exercer. Cette étude s'impose d'autant plus que les divers exposés des motifs et les différents rapports sont généralement assez laconiques ; les uns, comme celui de 1903, considèrent la question comme résolue, d'autres se bornent à constater que l'opinion publique ne comprendrait pas une abstention du législateur (projet de 1882) ; il faut remonter aux travaux préparatoires de la loi de 1867 pour trouver un exposé un peu développé des raisons qui ont déterminé l'intervention du législateur. Voici ce qu'on peut lire dans ce document :

1. Voir également discours de M. l'avocat général Boulet à la rentrée de la Cour de Paris, *Rev. soc.*, 1901, p. 60.

« Mais les sociétés par actions sont loin d'offrir ce caractère : créations pour ainsi dire artificielles de la loi, agrégations de capitaux, sans responsabilité personnelle dans la société anonyme, ou avec une responsabilité affaiblie et isolée dans la commandite; *elles n'offrent ni aux tiers ni aux intéressés eux-mêmes les garanties des conventions ordinaires, soit dans leur mode de formation, soit dans leur fonctionnement.* A part les fondateurs, est-ce que les intéressés débattent et discutent les statuts? Est-ce qu'ils les connaissent et les lisent même? Ils le pourraient et le devraient, sans doute, et, s'ils ne le font pas, on peut dire qu'ils sont coupables envers eux-mêmes et n'ont point à s'en prendre à la loi de leur imprévoyance. Mais le législateur ne peut envisager ces choses à ce point de vue théorique et absolu. Il doit tenir compte des faits et de l'expérience. Or, l'expérience enseigne qu'attirés par un prospectus, les actionnaires souscrivent et que du pacte social ils connaissent une seule chose, le bulletin au pied duquel ils mettent leur signature; au point de vue des stipulations de l'acte de société, ils sont le plus souvent de véritables tiers. »

Il y a dans ce passage une idée essentielle très juste, qu'il importe de dégager et de mettre au-dessus de toute discussion. Les sociétés par actions et surtout les sociétés anonymes ne sont pas des sociétés comme les autres, elles en diffèrent par leur constitution et par leur administration. Le contrat qui donne vie à une société anonyme ne se conclut pas comme la plupart des contrats, et son exécution comporte des difficultés tout à fait particulières.

Voyons la constitution d'abord. Comment prend naissance une société en nom collectif ou une commandite simple? Quelques personnes se réunissent; elles se connaissent généralement, ou tout au moins elles peuvent facilement se connaître. L'entreprise projetée a le plus souvent un objet simple; dans tous les cas, il n'est pas impossible de l'étudier ou de le faire étudier; quant aux apports, rien n'empêche de les évaluer ou de les faire évaluer. Les intéressés discutent les dispositions des statuts et généralement ne les adoptent qu'après modifications; le contrat se forme, *ou, du moins, il peut se former,* si les parties sont soucieuses de leurs intérêts, en pleine connaissance de cause.

Tout autre est la situation lorsqu'il s'agit de la constitution d'une société anonyme. Le capitaliste qu'on sollicite ne connaît généralement pas les personnes qui fondent l'entreprise et qui doivent la diriger; il se fait sur elles une opinion en se fondant sur leur situation sociale apparente et sur les fonctions qu'elles ont remplies, le plus souvent étrangères à l'administration de l'entreprise qu'il s'agit d'organiser; parfois la confiance en certaines personnes est inspirée par une publicité savamment organisée. Si le capitaliste veut se faire une opinion raisonnée, il lui est à peu près impossible de s'entourer des renseignements nécessaires.

Quant à l'entreprise, comment le capitaliste pourrait-il étudier ses chances plus ou moins grandes de succès? On lui offre les actions d'une mine à exploiter, d'un chemin de fer à construire, d'un canal à creuser, souvent dans une partie éloignée de la France, dans les colonies, à l'étranger; l'étude d'une telle entreprise nécessiterait à elle seule plus de dépenses que le futur souscripteur n'a l'intention de placer de capitaux et encore serait-elle nécessairement incomplète. Les mêmes observations s'appliquent à l'évaluation des apports, celle-ci dépend d'une série d'éléments que le capitaliste ne connaît pas et ne peut pas connaître.

Le droit commun des contrats repose « sur cette idée que, lorsque deux hommes s'abouchent pour traiter ensemble, ils sont éclairés l'un et l'autre sur l'opération qu'ils se proposent de faire. Ils agissent en connaissance de cause, il y a parité de situation entre eux. La loi peut s'en rapporter à leur intelligence et à leur sagacité pour sauvegarder leur condition respective [1]. » Le contrat qui est passé entre les fondateurs d'une société anonyme et les souscripteurs des actions présente, au contraire, le caractère d'un contrat de confiance dont les souscripteurs ne peuvent pas apprécier les conditions.

Le futur souscripteur se trouverait-il en situation de se faire une opinion, il ne pourrait même pas discuter les termes du contrat; on lui présente les statuts tout rédigés; il serait ridicule d'en demander

---

1. Thaller, *Revue parlementaire*, 1903, p. 87.

la modification. Dans une vente, le vendeur réclame un prix, presque toujours majoré; l'acheteur en offre un autre, généralement inférieur à la valeur de la chose : une discusssion s'élève et le prix se fixe entre la demande originaire du vendeur et l'offre subséquente de l'acheteur. Ici, c'est l'apporteur toujours d'accord avec le fondateur, quand les deux personnalités ne se confondent pas, qui fixe lui-même la valeur de la chose et les capitalistes n'ont, par application des principes du droit commun, qu'une alternative, ou accepter l'évaluation ou refuser de souscrire.

Comme toutes les affaires se présentent dans des conditions analogues, après avoir hésité, examiné, refusé de souscrire à plusieurs sociétés, le capitaliste finit par prendre des titres sur la seule foi des prospectus qu'il lit, ou des renseignements oraux qu'on lui donne, ou encore sur le vu des noms des personnes qui doivent figurer dans l'administration. Qui songerait à l'en blâmer? il ne peut pas faire autrement.

La société une fois constituée, il s'agit d'en assurer l'administration et de pourvoir au contrôle de cette administration. Il n'y a guère de difficultés dans les sociétés en nom collectif ou dans les sociétés en commandite simple, qui comprennent généralement peu de membres, et dont les opérations ne présentent pas le plus souvent de complexité. Il en est tout autrement pour les sociétés anonymes, surtout pour celles qui font largement appel à l'épargne. L'actionnaire isolé ne peut rien, et, comme il ne connaît pas les autres actionnaires, et que du reste ceux-ci se font le plus souvent représenter par des mandataires, une personne habile peut facilement obtenir la majorité et éviter tout contrôle.

Ce n'est pas tout : la société en nom collectif, la société en commandite simple sont des sociétés de personnes ; elles se forment entre un nombre limité d'associés et conservent pendant leur durée à peu près la même composition. Au contraire, le caractère essentiel des actions est la facilité avec laquelle elles circulent ; les titres passent de mains en mains avec la plus grande rapidité et arrivent bientôt en la possession de capitalistes étrangers à la constitution de la société, ou à son administration antérieure. Il en résulte que ceux qui subissent les pertes sont loin d'être toujours ceux qui ont plus ou moins participé au contrat originaire, qui ont assisté aux assemblées générales où la société a été constituée et administrée. On ne peut donc leur reprocher d'avoir laissé commettre des irrégularités, ils souffrent des fautes des autres. Bien mieux, l'expérience apprend que, bien souvent, la société se constitue exclusivement entre les membres d'un groupe et que ce n'est qu'après la constitution que les titres sont émis et passent aux mains des vrais actionnaires.

Si l'achat des actions a lieu plus tard, la situation ne paraît pas meilleure ; la valeur des titres dépend de l'état de la société ; or cet état n'est connu et ne peut être connu que par les bilans annuels, les rapports des administrateurs et des commissaires; là encore il faut que le capitaliste fasse confiance.

Quand on achète un cheval, on peut l'examiner tout à loisir, le faire examiner par un vétérinaire, et cependant le législateur a établi des dispositions spéciales pour protéger l'acheteur contre les vices rédhibitoires. Lorsqu'on se fait livrer un kilogramme de pain, un sac de charbon de 50 kilogrammes, on peut vérifier le poids et cependant une loi spéciale est intervenue pour punir la tromperie sur la quantité; le législateur a même été plus loin et désormais la loi punit de peines correctionnelles toute tromperie sur la nature de la marchandise livrée. Et l'on voudrait que la loi n'intervienne pas dans les opérations qui peuvent le plus prêter à la fraude et dans lesquelles les tromperies ont des conséquences particulièrement graves !

On entend parfois, on l'a vu ci-dessus, dire plus ou moins ouvertement que le législateur comme l'économiste ne doivent envisager que l'intérêt général; ils n'ont pas à se préoccuper des pertes que peuvent subir les particuliers; ce qui doit leur importer, c'est l'accroissement des richesses du pays. Dans ce but il faut favoriser la multiplication des entreprises et ne pas, sous prétexte qu'il y a des fraudes, risquer de paralyser les initiatives; les fraudes se présentent comme la grande exception.

Toute l'histoire des sociétés anonymes en France condamne ces affirmations. D'une part, on constate que les vices des sociétés anonymes ne sont pas une exception, puisque les statistiques portant sur l'ensemble des sociétés soumises exclusivement aux lois de 1867 et de 1893 révèlent que les placements en actions se traduisent par une perte sérieuse pour l'épargne. D'autre part, lorsqu'une société, plusieurs sociétés en nom collectif tombent, les associés perdent leurs mises, les créanciers doivent se contenter d'un dividende, l'épargne n'est pas sérieusement atteinte. La chute des grandes sociétés anonymes a des conséquences infiniment plus graves : non seulement les ruines s'accumulent, mais les forces vitales du pays sont atteintes.

Qu'on se rappelle ce qui s'est passé après toutes les crises. Elles devaient, d'après les partisans du laisser-faire, donner de l'expérience à l'épargne; les affaires devaient reprendre avec plus de vie dans le marché régénéré. C'est exactement le contraire qu'on a constaté. Le krach de 1882, par exemple, a paralysé pendant plus de dix ans les initiatives et écarté l'épargne des sociétés anonymes; les chutes retentissantes, comme celles du Comptoir d'escompte, de la Société des dépôts, etc., ont retardé de plusieurs années le mouvement qui se dessinait dans la création des sociétés anonymes. Et, lorsque les capitalistes sont revenus aux placements industriels et commerciaux, ils se sont surtout lancés dans les spéculations les plus aventureuses. Tandis que nos industriels et nos commerçants cherchaient parfois vainement des capitaux pour développer leurs affaires, l'épargne française jetait des centaines de millions, plus d'un milliard dans des affaires de mines exotiques, que recommandait leur éloignement et surtout le caractère nettement spéculatif des titres. Aujourd'hui encore, il semble que, dans les achats d'actions, on cherche moins un placement avantageux qu'une hausse de bourse qui permettra de réaliser presque aussitôt des bénéfices par la revente des titres [1].

Et, après tout, les capitalistes ont-ils si tort? ceux qui veulent courir le moins de risques prennent des valeurs à revenu fixe émises ou garanties par les États, les provinces et les villes, et ils arrivent à se protéger à peu près, en divisant beaucoup leurs placements. Pourquoi iraient-ils mettre leurs fonds dans des achats d'actions réputées bonnes et qui à ce titre cotent de hauts cours, alors que l'expérience leur apprend que ces valeurs de père de famille peuvent le lendemain tomber comme les autres. Les actions du Comptoir d'escompte ancien n'étaient-elles pas, à la veille de la chute, indiquées dans les contrats de mariage pour les remplois dotaux? Dès l'instant où, dans toutes les sociétés anonymes, les capitaux courent des risques considérables, le public cherche surtout les titres les plus spéculatifs, ceux qui sont susceptibles des plus grosses variations de cours.

Le système de la liberté n'aboutirait donc ni à la

---

1. Voir ci-dessus, p. 95.

sélection des affaires, ni à leur multiplication; il ferait l'éducation des capitalistes, mais en les détournant des sociétés sérieuses, pour diriger leurs placements soit sur les valeurs d'État, soit sur les titres spéculatifs. L'intervention du législateur, dans la matière des sociétés anonymes, n'a donc pas seulement pour objet de protéger les capitalistes qui méritent cependant cette protection; elle s'impose surtout par la nécessité de maintenir la confiance dans les sociétés anonymes, confiance singulièrement ébranlée par les résultats de la législation actuelle.

Il est vrai que toute une école entend limiter cette intervention à une large publicité; la publicité suffit à tout : elle protège les souscripteurs, les acheteurs d'actions, les tiers qui veulent traiter avec la société. « Publiez, publiez encore, publiez toujours; ce mot d'ordre est devenu le *tarte à la crème* de ceux qui veulent en réalité que le système actuel ne soit pas changé, » n'osant pas demander au législateur de diminuer son intervention. Nous n'irons pas jusqu'à dire, avec M. Thaller, que c'est « appliquer un emplâtre sur une jambe de bois[1] ». Mais nous estimons que, dans une matière aussi pratique, il ne faut pas se payer de mots.

Il est parfaitement exact que, contre les publications mensongères, l'arme la plus efficace est la publicité. Le jour où toute société nouvelle ferait l'objet,

---

1. Thaller, *Revue parlementaire*, 1903, p. 93. — Voir Congrès des sociétés de 1900; Exposé des motifs du projet; Rapport de la commission.

dans les journaux financiers et dans les bulletins financiers, d'un examen sérieux et documenté, où les actes des administrateurs, les bilans, les rapports seraient discutés de près; où les mensonges de certaines publications seraient mis en pleine lumière, le rôle du législateur se trouverait singulièrement simplifié. Ce serait malheureusement une illusion certaine que de compter sur une telle intervention de la presse; l'état actuel des mœurs la rend impossible, et l'on ne conçoit pas qu'une amélioration sérieuse puisse se produire. De plus en plus les journaux spéciaux et les bulletins financiers des journaux politiques sont devenus de simples organes de publicité financière affermés à des banquiers ou à des intermédiaires; chaque société peut, le plus souvent, moyennant finance, rédiger elle-même les appréciations qui la concernent. Sans doute, les organes sérieux ou réputés tels n'admettent pas dans leurs colonnes de publicité trop exagérée, mais ils se refusent assez rarement à consentir au moins un utile silence aux entreprises d'une moralité douteuse.

Il ne faudrait cependant pas trop généraliser; il y a de très honorables exceptions, et l'on peut lire soit dans certains journaux financiers, soit dans les bulletins de certains journaux politiques, d'utiles avertissements pour l'épargne; mais ces avertissements présentent rarement assez de précision. Pour ne pas s'exposer à des difficultés, de crainte de paraître vouloir exercer une pression, les journalistes sérieux évitent en général de critiquer trop ouvertement des entreprises déterminées, ou des financiers nommément désignés. Leurs observations sont faites avec discrétion, parfois même elles prennent un caractère de généralité tel, que le public n'en est pas frappé. Lorsqu'on compare cette modération avec l'audace des autres publications, lorsqu'on songe à la rareté des avertissements, on comprend à merveille pourquoi le capitaliste se trouve nécessairement abandonné.

La loi ne peut naturellement avoir aucune influence sur cette publicité protectrice; elle a fait ce qu'elle pouvait en permettant la preuve des allégations prétendues diffamatoires contre les sociétés qui font appel au crédit; elle ne peut guère aller au delà. La publicité qu'elle peut prescrire sera le plus souvent anodine; l'expérience de 1907 suffit à le prouver; les raisons de l'efficacité toute relative de la publicité officielle sont bien faciles à dégager. Toutefois, il paraît préférable de ne pas discuter ici les avantages et les défauts de cette publicité prise en général; lorsqu'il s'agit de rechercher des solutions pratiques, il faut éviter les généralités et se placer exclusivement en présence d'espèces pratiques. Nous examinerons, comme nous l'avons déjà fait pour la loi de 1907, non seulement chaque publicité proposée, mais chaque mention de cette publicité; nous essaierons de prévoir ce qui se passera, et il ne sera pas difficile, avec ce que l'expérience a déjà révélé de la mentalité des capitalistes, de savoir dans quelle mesure la publicité aura chance dans chaque cas de produire quelque effet.

C'est du reste avec cette méthode que nous examinerons les solutions proposées ou qu'on peut raisonnablement proposer ; nous les adopterons ou les rejetterons, nous l'avons déjà dit, sans nous inquiéter si elles sont conformes ou contraires à de prétendus principes, ou aux doctrines de telle ou telle école. Nous serons simplement guidés par les idées directrices suivantes : Il faut éviter dans la mesure du possible ce qui peut paralyser les initiatives sérieuses; il faut notamment supprimer toutes les sanctions actuelles qui ne sont pas indispensables, surtout lorsqu'elles présentent des inconvénients graves, mais ne pas hésiter à établir des formalités ou des pénalités nouvelles, lorsque celles-ci paraîtront efficaces sans être vexatoires.

Il faudra aussi nous rappeler que, si les tiers doivent être protégés, les actionnaires ne paraissent pas moins intéressants ; car sans actionnaires, il n'y a pas de sociétés anonymes, et le développement de ces sociétés est intimement lié au progrès économique du pays.

C'est dans cet esprit que nous aborderons la réforme de la législation.

CHAPITRE XVI

CONSTITUTION DES SOCIÉTÉS ANONYMES

I. — RÈGLES GÉNÉRALES. CAPITAL ESPÈCES.

Deux systèmes principaux ont été adoptés par les diverses législations : dans le premier système, consacré notamment par la législation anglaise, la société est constituée dès l'instant où un certain nombre de personnes ont souscrit une action chacune; ces fondateurs désignent les administrateurs et ceux-ci disposent des actions, suivant les pouvoirs que leur donnent les statuts, soit contre versement d'espèces, soit en rémunération d'apports [1]. Dans d'autres pays, au contraire, le capital doit être souscrit, une partie versée dès l'origine de la société; en France ces prescriptions ont paru au législateur d'une telle importance, que la loi a subordonné l'existence même de la société à leur accomplissement.

---

[1]. Ils ne peuvent aujourd'hui répartir ces actions qu'après qu'un minimun de capital fixé librement par les statuts a été souscrit et libéré de cinq pour cent.

On ne voit pas pour quelles raisons on adopterait le système anglais ; une société anonyme ne peut vivre sans un certain capital, pourquoi lui permettre de se constituer sans avoir la certitude que ce capital sera réuni? Du reste, ces placements d'actions par l'administration, sans contrôle sérieux, présentent dans la pratique des inconvénients graves ; il semble même, étant donnée la mentalité de certains financiers, que les facilités admises par la législation anglaise constitueraient en France un très grave danger pour l'épargne. Ce qui frappe, au surplus, c'est que la disposition légale qui exige la constitution du capital, avant le commencement des affaires sociales, ne figure pas parmi celles qui ont donné lieu aux plus vives critiques ; le congrès des sociétés de 1900 l'a adoptée malgré les tendances de ses membres vers un régime de liberté.

Néanmoins, on pourra introduire dans le texte une disposition nouvelle, inspirée par un arrêt récent de la Cour de cassation. Il arrive, en effet, parfois, que le capital n'est pas intégralement souscrit, ou même seulement qu'au dernier moment on s'aperçoit qu'on ne saurait faire état de certaines souscriptions ; dans la pratique actuelle, l'on substitue d'autres souscripteurs, si l'on en a sous la main, à ceux qui font défaut, ou surtout l'on constitue sans se préoccuper des actions qui restent libres ; on les fera souscrire par quelque prête-nom et on les placera quelques jours après. N'est-il pas préférable de permettre la constitution de la société avec un capital réduit ? la Cour de cassation l'a pensé et a validé une telle réduction, contrairement du reste à l'avis de la grande majorité des auteurs [1].

Il faut généraliser cette solution et permettre aux fondateurs de réduire le capital au moment même de la déclaration. Sans doute, la faculté, qui est ainsi concédée, pourrait donner lieu à des combinaisons regrettables; on ne saurait par exemple admettre qu'après avoir déclaré qu'un capital de 10 millions paraît nécessaire, les fondateurs puissent constituer la société avec un capital de 100 000 francs. Mais l'engagement de souscription, ou même la loi peuvent indiquer dans quelle proportion la réduction sera autorisée. On remarquera que c'est aux fondateurs qu'on laisse la décision à prendre et qu'ils n'auront pas à se faire couvrir par un vote d'une assemblée constitutive. Puisque cette assemblée ne délibère pas en général sérieusement, ainsi que l'expérience le révèle, il ne faut recourir à son intervention que dans le cas où il est impossible de faire autrement.

On a souvent discuté, parfois même longuement, la question de savoir s'il fallait maintenir le nombre minimum de sept actionnaires exigé par la loi française et beaucoup de lois étrangères; on a fait maintes plaisanteries sur le nombre 7. Nous ne pouvons pas même comprendre de telles discussions : il est évident qu'une société anonyme exige un cer-

---

1. *Rev. soc.*, 1908, p. 101.

tain nombre de personnes ; que, pratiquement, elle ne se comprend guère lorsqu'il n'y a que quelques associés ; il faut donc établir un minimum ; et, comme le chiffre choisi sera nécessairement quelque peu arbitraire, on ne voit pas pourquoi on irait modifier celui fixé actuellement par la loi. On se demande vraiment quelles sociétés anonymes sérieuses et utiles au point de vue général l'exigence de la loi empêche de se constituer? Il n'y a, en effet, aucun avantage à substituer l'anonymat à la société en nom collectif ou à la commandite, lorsqu'il n'y a que quelques associés. Trop de questions pratiques se posent pour qu'il soit possible de s'arrêter plus longtemps à de telles minuties.

Ce qui, au contraire, mérite l'attention et ce qui ne paraît pas avoir suffisamment préoccupé le législateur, c'est l'établissement des statuts. Qu'on laisse aux fondateurs le soin de rédiger ces statuts, qu'on n'exige pas l'intervention d'un notaire pour cette rédaction ; cela se comprend. Mais le système de la loi présente une lacune certaine : elle n'exige le dépôt des statuts qu'après la souscription du capital ; de la sorte cette souscription peut avoir lieu sur un texte, que seule la signature du fondateur certifie, et qui peut par suite être facilement modifié après la souscription ; le projet des statuts présente assez d'importance pour qu'on l'arrête *ne varietur* dès le début.

Les auteurs du projet de loi ont paru quelque peu se préoccuper de cette situation, puisqu'ils ont exigé la publication préalable à la souscription publique des statuts au *Journal officiel*; nous examinerons plus loin l'utilité de cette publication; au point de vue actuel, il paraît préférable de recourir à une autre mesure. Quelque soin qu'on mette à l'impression des clauses des statuts, il sera presque impossible d'éviter que parfois des erreurs de détail ne se glissent dans les publications que le législateur veut si largement multiplier. On doit de plus noter qu'en cas de contestation les signatures de ceux qui font la publication n'ont rien d'authentique. Il faut qu'il y ait un texte certain et que, par suite, ce texte soit authentiqué par un dépôt dans l'étude d'un notaire. Les statuts d'une société anonyme constituent un acte beaucoup trop important pour qu'ils puissent donner lieu à une discussion quelconque; si jamais l'intervention d'un notaire s'est imposée, c'est pour un acte d'une telle gravité.

Nous savons bien que, sous prétexte de compenser les frais considérables de la publicité, qu'il a peutêtre un peu libéralement proposée, le législateur voudrait supprimer l'intervention du notaire. Nous estimons qu'on aurait grand tort de procéder ainsi et que l'utilité de l'intervention de cet officier ministériel compense largement les frais qu'elle nécessite, à la condition toutefois d'introduire quelques modifications aux règles notariales.

A l'heure actuelle les statuts peuvent être reçus par un notaire d'une infime commune du Nord pour une société constituée à Marseille, puis la déclara-

tion notariée peut être déposée à Brest. Ces disposition ne créent pas seulement une complication inutile; elles rendent possibles des fraudes. Tous ceux
qui s'occupent de sociétés, à Paris, constatent, non
sans un certain étonnement, que la plupart des
sociétés douteuses dont le siège est à Paris se constituent devant certains notaires de la région. N'est-ce
pas la meilleure preuve qu'on craint l'intervention
des notaires de Paris? ce qui porterait à croire que
leur ministère n'est pas si inutile qu'on veut bien le
dire, et ce même au point de vue de la moralité de
l'affaire.

L'intervention du notaire sera donc exigée pour la
constitution d'une société anonyme; mais il faudra
choisir un notaire du siège social, et toutes les
pièces concernant la constitution de la société
seront déposées dans la même étude; communication en sera donnée à toute personne; la publicité
contiendra le nom et l'adresse du notaire. Quant au
projet de statuts, les fondateurs devront avant toute
souscription, toute démarche ou publicité, faites
en vue de la souscription, le déposer en l'étude du
notaire[1]; ce dernier assurera la publicité des pièces
officielles que le législateur croira devoir établir; le
notaire, on peut en être sûr, fera cette publicité
complète et loyale.

Dans la même étude, sera déposée la déclaration
de souscription et de versement. Si l'on exige,

---

1. Bien entendu les honoraires proportionnels ne seront perçus
que lors de la constitution définitive, si elle a lieu.

comme il sera proposé ci-dessous, le versement dans une banque des fonds formant le quart du capital, le notaire annexera le reçu à la déclaration. En chargeant le greffier de recevoir cette déclaration, les auteurs du projet n'ont pas fait attention que le dépôt au greffe ne présentait pas les mêmes garanties que le dépôt en l'étude d'un notaire. Le notaire doit vérifier la régularité des pièces et *ce sous sa responsabilité*; dès l'instant où une déclaration notariée existe on est à peu près sûr de sa régularité, au moins en la forme; le notaire s'assurera qu'elle indique bien la souscription de la totalité du capital et le versement du quart; il ne manquera pas d'annexer le reçu de la banque. Le greffier, au contraire, reçoit les pièces *telles qu'on les lui donne*; si on voulait l'obliger, sans tenir compte de son rôle habituel, à vérifier *sous sa responsabilité*, il faudrait lui payer des honoraires analogues à ceux des notaires; du reste, au moment du dépôt au greffe, la société serait constituée; la vérification paraîtrait donc tardive.

En résumé, la présence du notaire assurera la régularité au moins apparente de la constitution; il reste maintenant à prendre des garanties pour que la réalité corresponde avec les apparences. On ne saurait, après ce qui a été dit ci-dessus, compter sur la vérification par l'assemblée générale; il est, dans ces conditions, bien préférable de supprimer une formalité purement apparente qui a pour simple effet d'induire le public en erreur.

Le projet de loi actuellement soumis à la Chambre propose (art. 1er) d'exiger que les fonds versés par les souscripteurs soient « déposés » « par les fondateurs dans l'un des établissements suivants : Banque de France, Caisse des dépôts et consignations, Crédit Foncier ». Ces fonds « ne peuvent être retirés de l'établissement dépositaire que sur la signature de tous les administrateurs en fonctions ou de leurs fondés de pouvoirs ».

L'idée de ce dépôt paraît avoir été empruntée à un projet présenté en 1882 par MM. Waldeck-Rousseau et Félix Faure. Les dispositions proposées n'avaient été admises en 1883 ni par le Gouvernement, ni par la commission, ni par le Sénat. L'exposé des motifs donne de ce rejet les raisons suivantes : « Cette idée, très séduisante de prime abord, a dû être abandonnée quand on s'est rendu compte de l'inconvénient d'une immobilisation prolongée des capitaux, des difficultés de retrait en cas de constitution, et surtout de non-constitution de la société, et enfin de l'impossibilité, même avec cette précaution, d'empêcher les fraudes contre lesquelles on cherche à se prémunir ». Le rapport de M. Bozérian ajoute qu'un des régents de la Banque de France aurait déclaré à la commission que cet établissement n'accepterait pas de tels dépôts.

L'exposé des motifs du projet actuel et le rapport répondent à ces objections. On lit dans le premier travail : « On ne pourra plus louer des capitaux pour une comédie qu'ignorent quelquefois les premiers administrateurs des sociétés anonymes » ; M. Chastenet déclare que « la disposition nouvelle constitue une garantie sérieuse pour l'épargne » ; il ajoute que des démarches faites auprès de l'administration des trois établissements visés au projet montre qu'ils recevront les dépôts et que « les règlements pourront être modifiés en vue de faciliter les retraits de fonds ».

En présence de ces affirmations contradictoires, il faut prendre un parti. Suivant la méthode indiquée plus haut, nous examinerons deux questions : 1° la mesure proposée serait-elle efficace? 2° serait-elle pratique et, spécialement, constituerait-t-elle une entrave à la création des sociétés sérieuses?

L'expérience apprend que les auteurs du projet de loi se sont fait quelques illusions sur l'efficacité de la mesure projetée. On a constaté que, lors de la constitution de nombreuses sociétés, les fonds ont été présentés au notaire, le reçu du dépôt dans un établissement sérieux a été produit à l'officier ministériel ou à l'assemblée générale, et que, cependant, les tribunaux ont annulé beaucoup de ces sociétés pour défaut de versement du quart.

Il existe, comme le reconnaissent l'exposé des motifs et le rapport, des maisons de banque véreuses qui louent des fonds pour la constitution des sociétés; on ne voit pas comment l'obligation de déposer les fonds rendra impossible cette location. Le rapport de la commission le reconnaît : « Sans doute, on pourra encore louer des fonds, mais il faudra les déposer; on ne pourra plus les retirer le lendemain de la constitution par la signature d'un seul des fondateurs, *celui qui entend profiter seul de l'opération et qui a laissé les autres dans l'ignorance* de la machination ourdie à l'abri de leurs noms. Les premiers administrateurs, devant tous coopérer au retrait et constater par eux-mêmes la réalité des versements, deviendront ainsi solidairement responsables. »

Il nous semble que la commission s'est quelque peu payée de mots : le cas où un fondateur laisse les autres fondateurs dans l'ignorance de ses agissements se présentera bien rarement; quant à la responsabilité solidaire des administrateurs, elle existait déjà, et il ne semble pas qu'elle ait été bien efficace. Ce qu'il y a de vrai, c'est que la nécessité de se procurer des fonds et de les déposer, surtout lorsqu'il s'agit de sommes importantes, peut rendre plus difficile et même empêcher la constitution de *certaines* sociétés véreuses; la disposition proposée peut donc, mais dans une mesure qu'il ne faut pas exagérer, présenter une certaine garantie; si l'on veut lui donner une efficacité vraiment sérieuse, il faut la compléter par d'autres mesures.

Le projet de 1882 imposait la vérification par experts, désignés par justice, de la régularité de la souscription et du versement du quart; le texte voté par le Sénat rendait cette vérification facultative; la majorité des actionnaires pouvait demander que le président du tribunal de commerce désigne des experts. Ces dispositions ont été âprement discutées par les champions des écoles du laisser-faire et de l'intervention, qui naturellement se sont jeté à la tête tous les arguments plus ou moins classiques de la controverse; et, finalement, chacun la résout suivant l'idée préconçue qn'il se fait du rôle du législateur.

Conformément à la méthode adoptée, nous solutionnerons, par des raisons pratiques, la question pratique qui se pose.

L'intervention d'un expert, judiciaire ou non, chargé de vérifier, lors de la constitution, si le capital a bien été souscrit et libéré du quart, ne se comprend pas; elle serait dans le plus grand nombre des cas inefficace. Il suffit, pour s'en convaincre, de se placer en face de la situation, telle qu'elle se présenterait. Comment l'expert s'assurerait-il si les souscriptions portées à la déclaration sont ou non fictives? Irait-il vérifier l'existence des souscripteurs, prendre des renseignements sur eux, les interroger? Si la fraude a été quelque peu habilement ourdie, toutes les précautions ont été prises pour que l'expert ne puisse rien découvrir; pour démasquer la fraude, il lui faudrait les pouvoirs d'un juge d'instruction. La situation serait encore moins bonne, lorsqu'il vérifierait les versements; les fondateurs lui produiraient un reçu en due forme, constatant que les fonds ont bien été versés au nom de la société, et on attendrait, pour les retirer, la fin de l'expertise. Lorsqu'on remettrait à l'expert des bulletins de souscription réguliers en apparence et un reçu constatant le dépôt des fonds dans une banque sérieuse, et à plus forte raison dans l'une de celles indiquées par la loi, il ne pourrait que s'incliner, déclarer tout régulier, mais ce contrôle, le notaire l'aurait déjà exercé et lui *sous sa responsabilité*.

Il ne saurait donc être question d'une vérification par experts au lendemain de la constitution; les mesures pratiques auxquelles on peut songer pour assurer l'efficacité du dépôt dans les banques paraissent au nombre de trois.

Tout d'abord, il faut prendre des dispositions pour que la société ne puisse être constituée sans dépôt; le moyen le plus efficace consiste à exiger l'intervention d'un notaire, *qui annexera le reçu aux pièces de constitution*.

En second lieu, si une vérification faite au lendemain de la constitution de la société paraît inefficace, tel ne serait pas le caractère de celle opérée un certain temps après la constitution, par exemple à la fin du premier exercice. On peut, en vérifiant le premier bilan, s'assurer si les fonds ont bien été employés aux besoins sociaux ou restitués soit directement, soit sous forme de commissions, etc., aux fondateurs ou à leur groupe; il suffit que la personne chargée du contrôle du premier bilan recherche l'emploi du capital versé. Rien n'empêche de lui imposer ce travail et d'exiger que les commissaires de surveillance ou ceux qu'on mettra à leur place donnent dans le rapport le détail de cet emploi, chaque actionnaire ayant le droit, malgré tout quitus, de se plaindre de la fraude commise. Au besoin, pour éviter des discussions, on pourrait, comme dans certaines lois étrangères, fixer le maximum des frais, honoraires et commissions qui pourront être payés pour la constitution et le placement des titres. Ce contrôle vaudra ce que vaudra le contrôle réorganisé dans les sociétés anonymes, ainsi qu'il sera ci-dessous expliqué.

La troisième mesure à laquelle on peut songer consiste dans une sanction pénale; elle semble résulter de la simple application du droit commun. Par suite du reçu signé d'eux, les administrateurs deviennent comptables du quart que les établissements dépositaires leur ont remis; s'ils le restituent aux fondateurs ou à des tiers, ils commettent un abus de confiance et tombent sous le coup de l'article 408 C. P. Pour éviter toute discussion sur l'application de l'article, on pourra insérer dans la loi une disposition déclarant l'article 408 applicable aux faits de restitution directe ou indirecte du quart versé, et constatant que ceux qui de mauvaise foi auront touché ces fonds seront considérés comme complices. Il y a là un délit précis, des faits nettement caractérisés et très graves; il est tout naturel que le législateur établisse une sanction pénale, et cette sanction pourra produire des effets sérieux, surtout si le contrôle du premier bilan permet aux intéressés et au Parquet de se rendre compte en temps utile du délit commis.

En complétant, ainsi qu'il vient d'être dit, la disposition du projet, on n'évitera pas toutes les fraudes, il n'y faut pas songer; mais on les rendra beaucoup plus rares; un tel résultat paraît très appréciable. La modification se présente donc comme efficace, il reste à rechercher si, au point de vue pratique, elle présente des inconvénients graves.

Le législateur de 1883, pour refuser d'ordonner le dépôt du quart dans des banques, s'était fondé notamment sur l'inconvénient résultant d'une immobilisation prolongée des capitaux et sur la difficulté du retrait des fonds, en cas de constitution et surtout de non-constitution.

La première considération ne paraît pas devoir arrêter : pour qui l'inconvénient de l'immobilisation existerait-il? Est-ce pour les souscripteurs, pour la société; est-ce, au contraire, de l'intérêt général que se préoccupaient les commissaires de 1883? On pourrait admettre à la rigueur que le dépôt à la Caisse des consignations amènerait une immobilisation des capitaux contraire à l'intérêt général; mais, d'une part, cette immobilisation serait de courte durée et, d'autre part, rien n'oblige à désigner la Caisse des consignations; il paraîtrait même prudent de l'omettre dans la disposition légale. Lorsqu'on connaît les habitudes de cette administration, on est sceptique sur les résultats de la modification du règlement qu'on annonce; il semble bien plus naturel de déposer les fonds dans des banques qui les utilisent pour les besoins du commerce en les employant en escomptes, etc. On pourrait peut-être même étendre quelque peu la liste et admettre les grands établissements de crédit et certaines grandes banques à recevoir les souscriptions, alors surtout qu'ils n'ont pas d'intérêt dans la constitution et se bornent à prêter leurs guichets. On hésitera peut-être devant la difficulté de faire un choix; en tout cas, les fonds déposés à la Banque de France serviront aux besoins du commerce. Il n'y aura donc pas d'immobilisation nuisible au point de vue de l'intérêt général.

Quant au fait que les souscripteurs risqueront d'être privés de leurs capitaux pendant un mois ou deux mois, ou même un peu plus, il paraît sans importance. si l'on songe aux avantages que ces souscripteurs retireront de l'ensemble de la mesure. Reste la société! Comme dès le lendemain de la constitution, du moins, peu de jours après, les administrateurs pourront retirer les fonds, la privation durera si peu de temps, qu'il ne faut même pas parler du préjudice subi.

Plus délicate est la question du retrait, non pas dans le cas de constitution de la société, mais lorsque, la souscription n'ayant pas réussi, il y aura lieu de restituer les fonds à ceux qui les auront versés. Rien ne paraît plus simple au rapporteur de 1903 : « En cas de non-constitution de la société, la restitution des fonds déposés est faite individuellement aux souscripteurs, dont le bulletin de souscription constitue le titre de créance. Cette disposition n'est pas inscrite dans le projet, mais la solution résulte du droit commun. »

Il nous semble que la commission s'est fait quelques illusions. Les banques et la Caisse des dépôts restitueront les fonds à ceux qui les leur auront remis : aux souscripteurs s'ils ont versé eux-mêmes directement, dans la caisse fixée par la loi, dans le cas contraire à celui qui aura opéré le versement. Dans la pratique, voici comment les choses se passeront le plus souvent : un banquier sera chargé par les fondateurs de recueillir les souscriptions; il centralisera les fonds et les versera en bloc à l'établissement désigné; c'est donc entre ses mains que la restitution s'opérera, s'il n'y a pas de disposition dans la loi.

Mais, dit la commission, le souscripteur a un titre de créance qui est le bulletin de souscription; la restitution aura lieu sur sa présentation! Allons donc, il paraît difficile de commettre une erreur plus certaine. D'abord, la commission a oublié d'exiger que le bulletin de souscription soit, comme en Allemagne, rédigé en double; comme il ne s'agit pas d'un contrat synallagmatique, rien n'empêchera, comme maintenant, de faire un seul exemplaire que le fondateur conservera. Au souscripteur, on remettra un reçu signé de celui entre les mains de qui les fonds auront été versés, c'est-à-dire d'un intermédiaire ou d'un sous-intermédiaire. Comment veut-on que la Caisse des consignations et même une banque restitue de plein droit des fonds versés par M. X...

à M. Y... sur la présentation d'un reçu de M. Z... Il faut donc, de deux choses l'une, et ce sera la solution la plus simple, qu'on opère la restitution aux mains de celui qui a versé, à charge par lui, au besoin sous une sanction pénale, de rendre à chaque intéressé ce qui lui revient, ou organiser un système permettant à la caisse dépositaire de payer directement au souscripteur.

Ce n'est pas tout : il ne faut pas oublier que le remboursement est conditionnel, il n'a lieu qu'en cas de non-constitution de la société! Des difficultés n'existeront pas lorsque les fondateurs viendront spontanément aviser l'établissement dépositaire et les souscripteurs qu'ils renoncent à constituer la société; mais on peut être sûr que ce cas se présentera rarement et que les fondateurs n'hésiteront pas à prolonger indéfiniment le dépôt, espérant grossir le nombre des souscripteurs. Il faut donc fixer un délai, passé lequel les souscripteurs seront en droit d'exiger la restitution, faute de constitution de la société; la loi pourrait indiquer un délai maximum assez long, deux ou trois mois par exemple à partir des publications qui préparent la souscription, sauf au fondateur à préciser dans cette limite le délai par lui réclamé et ce sur le bulletin de souscription, qu'on rédigerait en double.

Les difficultés qui viennent d'être examinées ne suffisent pas à faire écarter la réforme, si on l'estime utile; ce sont en effet de simples difficultés d'organisation, qu'un règlement pratique fera disparaître.

Il reste à rechercher si la modification apportera des entraves sérieuses à la constitution des sociétés, on se trouverait en présence d'un vice plus grave. Heureusement la disposition proposée n'aura pas un tel effet : dès l'instant où l'on admet que le versement du quart doit être exigé avant la constitution de la société, on ne voit pas comment l'indication d'une banque pour le recevoir pourrait rendre la constitution plus difficile.

Le versement du quart, opéré comme il vient d'être expliqué, suffit à assurer le sérieux des souscriptions; il ne semble pas nécessaire d'exiger le versement immédiat des trois autres quarts. On a proposé cependant cette modification au congrès de 1900; mais la proposition a été rejetée et non sans raison : on ne voit pas bien les avantages de ce versement immédiat; quant aux inconvénients ils sautent aux yeux : la constitution des sociétés anonymes se trouverait gravement entravée.

Il faut aborder dans le même esprit une des parties les plus importantes de la réforme, la révision des sanctions civiles édictées contre l'inobservation des règles de constitution. On a trop insisté ci-dessus (chapitre VIII) sur les inconvénients du système de nullités en vigueur sous l'empire des lois de 1856 et 1867, pour qu'il soit possible de le maintenir; il faut compléter la réforme heureusement commencée en 1893.

On a vu qu'après le krach de 1882 et surtout après la répression qui l'a suivi une violente réaction s'était produite contre le système de nullités de la loi de 1867, et que ce système avait été spécialement condamné par ceux-là même qui avaient dû l'appliquer, les magistrats consulaires de la Seine et des autres grands tribunaux de commerce. Ces magistrats se sont demandé s'il n'y aurait pas lieu de substituer aux nullités absolues, des nullités facultatives, en d'autres termes, de laisser aux tribunaux pour les mêmes faits le droit de prononcer ou non la nullité de la société; cette innovation a été combattue par la Cour de cassation et non sans raisons. C'est avec les meilleures intentions que les magistrats consulaires ont pensé à rendre les nullités facultatives; ils n'ont vu que les inconvénients des nullités obligatoires et ne se sont pas rendu compte qu'ils exposaient leurs successeurs aux plus graves difficultés.

A quel critérium le tribunal s'arrêtera-t-il pour apprécier s'il doit ou non prononcer la nullité? On comprend à merveille le pouvoir d'appréciation des tribunaux en matière de dissolution de société; il s'agit de savoir si la société peut continuer son existence sans inconvénients graves pour les associés et pour les tiers. En matière de nullité, tout autre est la situation : les juges considéreront-ils l'intérêt plus ou moins légitime du demandeur, la gravité de l'infraction, la bonne ou la mauvaise foi des fondateurs; se préoccuperont-ils, au contraire, des chances de vie de la société? En fait, chacun de ces arguments aura plus ou moins de portée, suivant les magistrats et aussi suivant les époques. On a vu plus haut combien la jurisprudence se laisse parfois influencer par les faits extérieurs; si la loi de 1867 avait admis la nullité facultative des sociétés, au lendemain du krach, les tribunaux auraient tout annulé; quelques années plus tard, ils auraient considéré la nullité comme une mesure extrême à laquelle il ne fallait que rarement recourir.

Le pouvoir d'appréciation des tribunaux pourra même conduire à des résultats plus étranges : rien n'empêchera de voir la même société déclarée valable aujourd'hui sur la demande d'un actionnaire, annulée demain à la requête d'un créancier; les jugements rejetant les demandes en nullité n'ont pas l'autorité de la chose jugée vis-à-vis des personnes qui n'y ont pas été parties; on ne peut soumettre l'existence même de la société à de telles incertitudes; la nullité a des conséquences trop graves, bouleverse trop les rapports des divers intéressés, pour qu'il puisse y avoir la possibilité d'une appréciation. Il faut donc résolument écarter le système des nullités facultatives, et trouver une autre solution de la difficulté.

On ne peut songer à rayer entièrement de la loi le mot même de nullité; il y aura toujours des sociétés constituées dans de telles conditions qu'on ne pourra admettre leur fonctionnement. Mais il ne faut édicter cette mesure grave que pour l'inobservation de règles tellement certaines et d'un accomplissement si facile, que leur violation ne puisse résulter d'une erreur; de plus les causes de nullités devront être apparentes.

Il ne faut plus qu'une société, régulière dans la forme, et qui, comme telle, a inspiré confiance à tous les intéressés, puisse, des années après sa constitution, être annulée parce qu'on aura découvert la fictivité de quelques souscriptions, l'absence de quelques versements.

Ce qu'on peut, ce qu'on doit prescrire à peine de nullité, c'est l'intervention d'un notaire, et, nous le répétons, d'un notaire du siège social, et l'accomplissement devant lui des formalités essentielles : dépôt des statuts, déclaration de souscription et de versement, avec reçu à l'appui. Grâce à la surveillance de l'officier ministériel et à sa responsabilité personnelle, on peut être sûr de l'observation des formalités; les cas de nullité ne se produiront presque jamais. On exigera également, car sans cela on ne voit pas comment la société pourrait fonctionner, la constitution du premier conseil d'administration, soit par un vote d'une assemblée générale, qui serait convoquée à cet effet, soit plutôt par les statuts.

Une fois les formalités de constitution observées, l'administration organisée, la constitution devient définitive; et désormais la société ne pourra plus faire l'objet d'une annulation. En d'autres termes, les erreurs ou même les fraudes commises dans la déclaration ne seront plus une cause de nullité, et pratiquement ce sont elles qui donnent lieu à la presque totalité des jugements d'annulation. Combien cette solution paraît rationnelle? Les actionnaires et les tiers ne seront plus exposés à ces nullités dont ils ne peuvent se garer et qui viennent les surprendre à l'improviste, parfois au plus mauvais moment.

La fictivité des souscriptions et l'absence de versement du quart n'entraînent donc plus la nullité de la société, mais il ne s'ensuit pas que le législateur ne doive pas se préoccuper de ces faits, au contraire; mais son effort va consister à assurer à la société les sommes auxquelles elle a droit. On peut s'inspirer à cet égard des dispositions contenues dans la loi belge.

Il faut tout d'abord déclarer les fondateurs responsables des souscriptions fictives; on les considère comme souscripteurs des actions qui n'auraient pas été effectivement souscrites; on peut même peut-être songer à étendre la responsabilité aux membres du premier conseil d'administration; ils seraient garants des fondateurs et par suite responsables des versements à opérer sur les actions non souscrites. Cette responsabilité résulterait de plein droit de l'acceptation des fonctions par les administrateurs, comme cela existe à l'heure actuelle. Si l'on admettait cette responsabilité de plein droit du premier conseil, on pourrait du moins atténuer sa rigueur en décidant que l'acceptation ne deviendrait définitive qu'au bout de quelques jours, pendant lesquels les administrateurs pourraient vérifier les souscriptions; bien entendu les affaires sociales ne commenceraient qu'après ce délai.

Il faut du reste remarquer que la question de fictivité des souscriptions n'aura dans l'avenir qu'une importance secondaire; le versement du quart opéré

sur les actions rend le plus souvent bien vraisemblable le caractère sérieux des souscriptions, ou en
tout cas constitue pour la société une garantie d'une
importance incontestable. Ce versement aura bien
été opéré, car sans lui la société n'aurait pas été
constituée, puisque le notaire n'acceptera la déclaration qu'autant qu'il pourra y annexer le reçu des
banques désignées par la loi.

La société ne courra donc de danger vraiment
sérieux qu'autant que les fonds une fois entrés dans
la caisse sociale auront été détournés de leur desti-
nation par les administreurs, ou certains d'entre
eux; on a vu ci-dessus que ce fait, que les commissaires doivent signaler lors du premier bilan, donne
lieu à une sérieuse et grave répression pénale et
bien entendu à des réparations civiles de la part de
tous les administrateurs, qu'ils aient participé au
délit ou l'aient laissé commettre.

La responsabilité des fondateurs et administrateurs
dans le cas où la nullité n'est pas prononcée, et ce
sera le cas ordinaire, se trouve donc ainsi limitée
et précisée. Cette situation nouvelle présentera un
double avantage, d'abord de faciliter les recours,
mais surtout d'éviter aux administrateurs de bonne
foi des responsabilités presque illimitées. En entrant
dans la société, ils savent à quoi ils s'exposent; ils
peuvent au maximum être responsables des actions
non souscrites ou non libérées du quart; le plus
souvent même leur responsabilité ne sera engagée
que par un détournement.

Grâce à l'ensemble des prescriptions ci-dessus on peut espérer que la société ne souffrira pas trop des souscriptions fictives et des versements simulés. Néanmoins pourront se présenter des cas exceptionnels dans lesquels la société se trouvera viciée dans son essence même.

L'article 1871 mettra un terme à des opérations qui deviendraient vite dangereuses pour le public; il autorise les tribunaux à prononcer, à la demande des intéressés, la dissolution de toute société pour justes motifs. Il n'y a pas de plus juste motif que l'inexistence d'une partie importante du capital social, que l'impossibilité pour la société de vivre honnêtement; il serait du reste facile de rappeler dans le texte l'application de cet article 1871 et ce pour éviter toute discussion.

On comprend toute la différence qu'il y a entre la dissolution anticipée ainsi prononcée et la nullité. D'abord la dissolution ne produit d'effets que dans l'avenir; les opérations passées restent valables; puis la dissolution n'intervient que lorsqu'il y a un intérêt décisif à mettre fin à l'existence sociale, c'est-à-dire dans des cas exceptionnels; enfin les juges n'ont à se préoccuper ni de la gravité des causes de nullité, ni de la bonne ou mauvaise foi des administrateurs et fondateurs; ils s'inspirent uniquement de la situation de la société et des intérêts du public.

Grâce à ces précautions, il semble qu'on se trouve en présence d'un système bien préférable à celui de la loi de 1867; il paraît à la fois plus efficace et moins vexatoire. Mais l'effort serait tout à fait incomplet si on ne réformait pas plus complètement encore les règles concernant la vérification des apports. Il ne faut en effet jamais perdre de vue que « la valeur des apports est l'élément capital d'où dépend l'avenir de l'affaire [1] ».

1. Thaller, *Rev. parlementaire*, 1904, p. 99.

CHAPITRE XVII

CONSTITUTION DES SOCIÉTÉS ANONYMES

II. — CAPITAL APPORTS.

On a vu plus haut [1] que le système de vérification, imaginé en 1856, maintenu en 1867 et 1893, a fait complète faillite ; après plus de cinquante années d'expérience, ce serait folie d'espérer une modification de la situation ; du reste, les causes de l'insuccès subsistant toutes, on ne voit pas d'où l'amélioration pourrait provenir. La vérification n'est et ne continuera à être qu'une apparence, dont l'unique effet consiste à tromper le public ; aussi serait-on tenté de dire avec M. Rodolphe Rousseau [2] : « Je préfère la liberté absolue à une vérification qui n'est la plupart du temps qu'une comédie ».

De cette observation se dégage un premier système qui rencontre nombre de partisans, celui de la liberté d'évaluation. L'apporteur précise les conditions

1. Chapitre ix.
2. *Congrès de 1900*, p. 78.

auxquelles il consent à faire l'apport, ces conditions sont soumises aux futurs souscripteurs; s'ils les acceptent, ils souscrivent et le contrat devient définitif.

Pour assurer la loyauté de la convention, pour permettre aux intéressés de donner leur consentement en pleine connaissance de cause, on prend cependant quelques précautions. Voici le texte qui figure au projet soumis à la Chambre des députés : « Si un associé fait un apport qui ne consiste pas en numéraire, ou stipule à son profit des avantages particuliers, les fondateurs doivent rédiger et annexer au projet de statuts une notice détaillée sur la nature et la valeur des apports et les causes des avantages particuliers stipulés. Les déclarations ou dissimulations frauduleuses donneront lieu à l'application des pénalités de l'article 15. »

Cette disposition paraît à première lecture très séduisante. Mais lorsqu'on ne se borne pas à des raisonnements, lorsqu'on interroge l'expérience faite depuis 1856 et 1867, l'enthousiasme disparaît. Tout d'abord la commission n'a exigé la rédaction de la notice qu'en cas de souscription publique, il suffira d'émettre les titres après la fondation pour échapper à la loi. Rien ne sera du reste plus facile que de rédiger une notice d'une plume assez habile pour ne pas s'exposer aux pénalités. On complétera plus tard la notice par une publicité savante ou même de simples explications verbales fournies par les démarcheurs.

Il est vrai que l'on punit de peines graves, non
seulement les déclarations, *mais même les simples
dissimulations frauduleuses.* Ce texte si large ne
nous dit rien qui vaille ; il faut se méfier des textes
si généraux. L'article 15, celui qu'on veut appliquer,
punit déjà la publication de tous faits faux ; on se
rappelle quelle a été son efficacité : il semble que le
parquet ait oublié jusqu'à son existence. Quant au
juge, il hésite à condamner les auteurs des prospectus :
« Considérant, disent certains arrêts, que des articles,
si regrettables qu'ils soient, ne dépassent pas les
limites des affirmations aventureuses ou même mensongères qu'on rencontre trop souvent dans les
prospectus commerciaux [1].... »

Du reste, on peut bien difficilement fixer les limites
de ce qui est permis et de qui est défendu ; le mar-
chand emploie des procédés d'une moralité souvent
douteuse pour vendre ses marchandises ; punit-on
de peines correctionnelles ceux qui annoncent des
liquidations purement fictives, qui vendent des
objets neufs comme des occasions, ou encore qui
annoncent la vente d'un mobilier d'un particulier
pour cause de départ ou de veuvage, alors qu'il ne
s'agit que de placer des soldes de magasin ? et
nous ne prenons que des exemples courants. Combien serait plus délicate l'application de la disposition visant la dissimulation ! Le rôle du vendeur
n'est pas de révéler les défauts de sa marchandise,
c'est à l'acheteur de les découvrir.

1. Voir ci-dessus, p. 89.

Aussi, dans la pratique, on doit craindre que la disposition pénale proposée ne reste le plus souvent à l'état de lettre morte ; puis, un beau jour, à la suite de quelque grand sinistre financier, on désirera, sous la pression de l'opinion publique, quelque sévère répression, et l'article sortira de l'oubli pour être appliqué dans une espèce qui sera loin de se prêter le mieux à cette application. L'expérience prouve que ces répressions intermittentes, absolument inefficaces, ne font que soulever dans le monde des affaires de l'irritation contre la loi et de la défiance envers ceux qui l'appliquent. Il ne faut établir de texte pénal que s'il atteint des faits précis et si son application courante peut donner des résultats pratiques sérieux. Tel n'est certainement pas le cas de la disposition proposée [1].

On exagérerait peut-être en allant jusqu'à supprimer la rédaction même d'une notice ; on peut même l'exiger dans tous les cas, mais il faut laisser sous l'empire du droit commun la répression des délits qu'on pourra y commettre. Cette notice présentera une certaine utilité, mais elle ne suffira certainement pas à parer au mal, dont l'expérience permet de constater l'existence.

Ce mal, il ne faut pas se le dissimuler, est grave, extrêmement grave. Ce n'est pas exceptionnellement, on ne saurait trop le répéter, que la majoration des apports se produit ; cette majoration est la

---

1. Voir ci-dessus, p. 90.

règle, et souvent elle dépasse toutes limites [1]. Il faut, si l'on veut assurer le développement normal des sociétés anonymes sérieuses en leur évitant le discrédit, recourir à des mesures efficaces, qu'il s'agit maintenant de rechercher.

Les auteurs du projet actuel ont cru trouver un système heureux de protection dans la combinaison des règles de la loi de 1867 avec l'obligation de rédiger une notice. Nous venons de nous expliquer sur la notice ; quelle que soit la valeur de ce système de publicité, nous avons vu que sa combinaison avec les dispositions de la loi de 1867 se comprend difficilement [2]. Il faut opter entre les deux systèmes, ils ne peuvent se juxtaposer ; nous savons que celui de la loi de 1867 aboutit aux pires résultats ; quant à la notice, sa création ne suffit certainement pas à écarter les inconvénients graves que la pratique révèle. C'est donc ailleurs qu'il faut rechercher la solution de la difficulté.

Le projet de 1883 proposait un tout autre système : des experts désignés par le président du tribunal de commerce vérifiaient les apports ; cette expertise, obligatoire dans le projet, est devenue facultative dans le texte voté par le Sénat ; l'assemblée générale peut l'exiger. On a fait contre cette intervention des magistrats et des experts de nombreuses objections de principe ; conformément à la méthode adoptée, nous ne les examinerons même pas, et

1. Voir ci-dessus, p. 129.
2. Voir ci-dessus, p. 189.

nous nous bornerons à rechercher les raisons pratiques de décider.

Ce qui frappe tout d'abord celui qui observe et réfléchit, c'est que la vérification des apports opérée après la souscription ne se comprend même pas au point de vue pratique ; elle empêcherait, si elle était sérieuse, la création des sociétés anonymes. Comment veut-on que les fondateurs engagent les frais considérables que nécessitent une constitution de société, une souscription publique, pour être exposés, à la suite d'un rapport défavorable, à voir tous ces frais rester à leur charge[1]? Quant aux apporteurs, on trouvera difficilement des commerçants et industriels, dans une bonne situation, qui voudront courir le risque d'une expertise et d'un échec qui discréditeraient leur commerce, et même pourraient détruire tout leur crédit pécuniaire.

Qu'on ne dise pas que les fondateurs ou apporteurs pourront éviter ces risques en n'exagérant pas la valeur des apports ; rien n'est plus difficile qu'une telle évaluation.

A la rigueur l'estimation d'une maison dans une ville pourra ne donner lieu qu'à des divergences d'une importance relative ; et encore que chacun s'interroge : Quel est celui qui consentirait à vendre la maison qu'il possède à dire d'experts, à plus forte raison d'experts à choisir par le président du tribunal? Personne ou presque personne n'accepterait

---

1. Voir p. 33.

une telle proposition, non seulement parce que les évaluations peuvent varier, mais aussi parce que chacun attribue une valeur minima aux biens qu'il possède : on veut bien vendre, mais pas au-dessous d'un certain prix.

Combien l'aléa sera-t-il plus grand, lorsqu'il s'agira d'une usine! Prendra-t-on pour base d'évaluation le prix de revient diminué d'un amortissement? tiendra-t-on compte des résultats de l'exploitation, ou encore se fondera-t-on sur les bénéfices à espérer? Tous ces systèmes peuvent se défendre, et paraîtront tour à tour préférables. Suivant qu'on choisira une base ou une autre, l'estimation d'une usine variera du simple au double ou au triple et même davantage. En réalité, il n'est pas possible de fixer la valeur marchande d'une usine, le prix de vente dépend le plus souvent du plus ou moins grand besoin que le propriétaire a de vendre ou du désir que l'acheteur a d'acquérir, c'est-à-dire de considérations essentiellement personnelles.

Ces difficultés d'estimation ne sont rien encore, lorsqu'on les compare avec celles auxquelles donnera lieu l'évaluation d'une mine ou d'un brevet. Les mines! Certaines, réputées épuisées, ruinent ceux qui les exploitent; le lendemain la découverte de filons nouveaux, la hausse considérable du prix des minerais, permet de distribuer d'énormes dividendes. En tout cas, rien n'est plus incertain que l'avenir d'une mine dont l'exploitation régulière n'a pas commencé. Et les brevets? Tel brevet célèbre qui, en

France, a enrichi inventeurs et capitalistes, dans des proportions inespérées, a été déclaré nul en Allemagne ; telle invention en apparence sans grande importance a produit d'énormes bénéfices ; telle autre, qui paraissait devoir révolutionner l'industrie, est restée sans applications pratiques. Bien présomptueux serait celui qui voudrait évaluer un brevet avant sa pleine exploitation !

Que feront les experts ? Les uns, ce sera sans doute la majorité, gens timorés et prudents, dresseront des rapports anodins dans lesquels ils ne sortiront pas des généralités, de manière à se compromettre le moins possible ; leurs rapports honnêtes et ternes ne serviront à personne. Les autres, plus hardis, tomberont nécessairement un jour dans quelque grave erreur, dans un sens ou dans l'autre. Lorsque les faits postérieurs auront révélé quelques erreurs de ce genre, le système sera discrédité. Enfin, il ne faut pas oublier les faiblesses et les complicités, toujours possibles, même dans les corps les mieux recrutés.

Ce n'est pas tout : une fois l'expertise faite, qui décidera ? L'assemblée générale ? on sait quelle confiance elle mérite ; le tribunal ? les juges seront vraiment à plaindre s'ils doivent se livrer à une appréciation aussi incertaine. En résumé toute vérification, toute expertise postérieures aux formalités préliminaires de constitution, et spécialement à la souscription, doivent être résolument écartées. A plus forte raison doit-on condamner le système proposé en 1882 par le gouvernement. Des actionnaires représentant le vingtième du capital auraient pu pendant trois ans, après la constitution, provoquer une nouvelle évaluation judiciaire des apports et obtenir des dommages-intérêts, dans le cas où cette évaluation n'aurait pas atteint la moitié de celle figurant aux statuts; la commission et le Sénat avaient, sans hésiter, rejeté cette disposition déraisonnable.

Ceux qui tiendraient absolument à l'intervention de personnes choisies par justice, dans l'évaluation des apports, devraient les faire désigner avant la souscription. Les fondateurs et apporteurs, aussitôt les statuts déposés, présenteraient requête au président du tribunal de commerce à l'effet de commettre des experts ; ceux-ci feraient leur travail et, sur le vu de ce travail, les fondateurs et apporteurs décideraient s'ils doivent réaliser leur projet ou l'abandonner. Dans le cas de constitution de la société, le rapport serait mis à la disposition du public; dans certains cas même on pourrait songer à la publication. Il constituerait une base d'appréciation pour ceux qui voudraient devenir actionnaires, soit par souscription, soit par achat d'actions. Le système d'expertise *préalable* n'est pas impossible pratiquement; mais, pour les raisons ci-dessus dégagées, et sur lesquelles il est inutile de revenir, nous n'en sommes pas partisan; il fallait néanmoins l'indiquer pour ceux qui persisteraient à ne voir le salut que dans une vérification par experts désignés par justice[1].

Nous venons d'écarter le système de vérification de la loi de 1867 comme constituant une simple comédie, toute intervention après souscription d'experts judiciaires ou autres, comme portant les plus graves entraves à la constitution des sociétés; nous n'avons voulu admettre ni la vérification préalable à la souscription, ni la liberté d'évaluation corrigée par la rédaction de la notice : quelles dispositions peut-on donc proposer?

Lorsqu'on veut résoudre un problème complexe, le premier soin doit être d'en poser nettement les termes. La difficulté principale vient de ce qu'il y a plusieurs intérêts opposés à concilier : ceux des apporteurs, des souscripteurs, des acheteurs d'actions, et enfin des tiers. Il faut nettement préciser ce que chacun peut légitimement réclamer.

L'apporteur entend exiger de son apport une certaine évaluation : cette évaluation représente non seulement la valeur réelle de l'apport, mais encore les frais et commissions supportés par l'apporteur pour assurer la constitution de la société : de plus, comme il sera payé en actions, l'apporteur majore de ce chef notablement son évaluation. Que chacun

---

1. On a parlé de faire rédiger la notice par des experts ou des tiers désintéressés; nous voudrions bien savoir ceux qui prendraient la responsabilité de cette rédaction; cette notice ne peut évidemment émaner que des fondateurs et administrateurs. Voir cependant Léouzon Le Duc, *Rev. pol. et parl.*, août 1909.

s'interroge et se demande entre deux offres, l'une en actions d'une société à constituer et l'autre en espèces, laquelle il choisira? La réponse est certaine, on choisira celle en espèces, à moins qu'une différence suffisante dans l'importance des offres ne fournisse une compensation. La majoration sera encore plus considérable si les actions doivent rester deux ans à la souche, car cette immobilisation augmentera les risques et obligera l'apporteur à faire des sacrifices pour se procurer les fonds dont il peut avoir besoin immédiatement. Comme M. Houpin le fait justement remarquer, la majoration se justifie, dans une certaine mesure, de la part de l'apporteur. Elle est en tout cas tellement de la nature de l'apport, qu'on ne peut guère le concevoir sans majoration.

Le souscripteur qui va libérer ses actions en espèces s'oppose au contraire à toute majoration. Si pour une action il verse 500 francs, et si pour un titre donnant les mêmes droits dans les bénéfices et dans le partage de l'actif l'apporteur ne fait qu'une mise de 300 francs, le souscripteur se trouve évidemment lésé.

Plus simples paraissent les situations des tiers et des acheteurs d'actions. Il suffit aux premiers de connaître la valeur réelle des apports, et encore faut-il remarquer que lorsqu'un négociant traite avec un autre négociant, et non avec une société, il doit se contenter des renseignements qu'il peut se procurer sur la situation de fortune de celui avec qui il se met en rapport, et sur l'état apparent de son commerce. Quant à celui qui achètera des actions, soit numéraires, soit d'apport, il lui suffira de connaître la situation de la société ; il tiendra compte de la majoration dans son prix d'achat.

Tous ces intérêts, quelque opposés qu'ils paraissent, ne sont pas inconciliables. Tentons d'abord de mettre d'accord le souscripteur et l'apporteur, c'est le seul point difficile : l'un exige la majoration, l'autre la repousse ; ils ne peuvent s'entendre tant qu'on offre de les payer de la même monnaie ; la seule manière de les accorder consiste à maintenir l'évaluation majorée, mais à employer deux monnaies, c'est-à-dire deux titres différents.

Le souscripteur fait une mise sur la valeur de laquelle aucune contestation ne peut s'élever, on lui remet un titre dont la valeur est certaine et aussi à l'abri des aléas que possible, une action qui donnera un droit de préférence à concurrence d'un petit intérêt, 4 p. 100 par exemple ; de même, en cas de partage de l'actif, le titulaire de l'action numéraire prélèvera soit tout son apport, soit une partie importante, les deux tiers ou au moins la moitié.

L'apporteur fixera d'accord avec le fondateur la valeur de l'apport. Comme cette valeur paraîtra moins certaine on lui donnera des titres plus aléatoires. Ce seront encore des actions, mais elles se trouveront primées par les actions numéraires dans la mesure indiquée ci-dessus ; si la société réalise des bénéfices normaux, les actions d'apport donneront les mêmes dividendes que les actions numéraires ; s'il y a des pertes, elles les supporteront plus lourdement. Rien n'est plus juste, puisque le plus souvent le succès d'une entreprise dépend de la valeur de l'apport.

La société sera donc au capital de ..... espèces, plus des apports évalués par l'apporteur, sans contrôle, à .... Telle sera la formule ou toute autre analogue que les sociétés anonymes devront désormais employer, et reproduire en tête de leurs imprimés. Les tiers se trouveront ainsi avertis que l'évaluation donnée ne présente pas de garantie et ils se documenteront, comme ils le feraient si le commerce était exploité par un simple particulier.

Quant aux acheteurs d'actions, ils seront protégés par l'immobilisation des actions d'apport dans les conditions de la loi de 1893. Cette disposition, qui se rattache plutôt à l'ordre d'idées développé au chapitre XIX y fera l'objet d'une étude spéciale. C'est également dans ce chapitre que seront étudiées les sanctions.

CHAPITRE XVIII

ADMINISTRATION

On a précisé au chapitre X les défauts qu'on constate le plus souvent dans l'organisation de l'administration des sociétés anonymes. Il paraît inutile de revenir sur les observations présentées au sujet des conseils d'administration; le mal est certain, mais on ne voit pas comment le législateur pourrait y remédier. La loi ne peut ni fixer le nombre des administrateurs, ni répartir entre eux les fonctions, ni déterminer leur rémunération, ni surtout les choisir. Tout ce qu'on peut faire, c'est d'attirer l'attention des intéressés sur les vices de l'organisation actuelle et d'insister sur les inconvénients qu'elle présente, non seulement pour les actionnaires et la société, mais pour les administrateurs eux-mêmes.

Il faut que ceux qui constituent des sociétés ou se proposent de les diriger se mettent bien dans la tête qu'ils s'exposeront à des responsabilités nécessairement considérables, tant que chacun n'aura pas reçu des attributions nettement déterminées et ne consacrera pas à sa fonction le temps nécessaire. De leur côté, les actionnaires ne doivent pas oublier que les économies dans la rémunération des administrateurs coûtent généralement très cher à la société et qu'il est nécessaire d'assurer à tous ceux qui participent à l'administration des allocations fixes importantes, et de plus de les intéresser dans une mesure suffisante aux bénéfices de l'entreprise. Les actionnaires pourront, en procédant ainsi, beaucoup améliorer l'administration des sociétés ; quant au législateur, il doit se borner à donner aux règles qu'il édicte assez de souplesse pour permettre toutes les combinaisons dont l'expérience révélera l'utilité.

Le rôle du législateur doit-il être aussi effacé pour le contrôle? Les membres du congrès des sociétés par actions de 1900 l'ont pensé, ils n'ont pas hésité à supprimer l'obligation même du contrôle [1]. Nous ne saurions protester avec trop d'énergie contre cette résolution ; l'expérience prouve que le vice essentiel de l'administration des sociétés anonymes consiste dans l'absence de tout contrôle sérieux. Et, du reste, le fait n'a rien de spécial aux sociétés anonymes, dans toute administration, il doit y avoir un contrôle ; on ne saurait concevoir une bonne administration sans contrôle. La surveillance n'a pas seulement pour objet d'empêcher les irrégularités qui peuvent se commettre ou du moins de les rendre moins fré-

---

1. *Congrès 1900*, p. 474.

quentes; elle s'impose, dans l'intérêt même des administrateurs; il faut qu'ils se sentent contrôlés; il est nécessaire qu'au moment de faire un acte important, ils sachent que cet acte sera l'objet d'un examen, d'une vérification. Dès l'instant où les administrateurs peuvent facilement dissimuler certaines parties de leur administration, ils se laissent aller, sinon à des irrégularités, du moins à des négligences. Le contrôle est de l'essence de toute bonne administration.

Sans doute, le système de la loi de 1867 a donné les résultats les plus déplorables; sans doute, les habitudes prises par les actionnaires et le personnel des sociétés rendent plus difficile l'organisation d'un contrôle effectif, ce n'est pas une raison pour déserter une tâche qui s'impose. Il ne faut en effet pas oublier, et l'expérience suffit à le montrer, que le défaut de contrôle n'a pas seulement pour conséquence, ce qui serait déjà grave, des pertes considérables subies par l'épargne, il a été et il est encore une des causes les plus certaines du discrédit des sociétés anonymes.

Comment améliorer la situation actuelle? On a vu plus haut (chapitre X) les raisons pour lesquelles la surveillance organisée par la loi de 1867 et la pratique courante n'est pas efficace. Les commissaires sont mal choisis, mal rétribués, et manquent d'indépendance. Il faut donc les mieux choisir, leur assurer une rémunération convenable et les rendre indépendants de l'administration de la société.

On a depuis longtemps observé combien, dans

certains pays étrangers, et notamment en Angleterre,
le contrôle des sociétés est mieux organisé. Les
Anglais, hommes pratiques, n'ont pas eu l'idée bizarre
de confier la vérification des livres de commerce à
des personnes qui n'ont jamais su ce qu'est la comptabilité ; ils s'adressent à des spécialistes. Il s'est
constitué à Londres une association incorporée en
vertu d'une charte royale du 11 mai 1880 : « The
institute of charters accountants in England and
Wales ». « Cette association se recrute par voie de
cooptation ; elle est très sévère dans le choix de son
personnel. Pour y exercer les fonctions d'expert en
titre, il faut franchir plusieurs échelons de capacité
avec des examens de passage à chaque degré. Les
épreuves préliminaires portent sur des connaissances
d'ordre général. L'examen final a pour objet de vérifier chez les candidats une science et une pratique
approfondies de la tenue des livres, de la loi des
sociétés, des droits et devoirs des liquidateurs. » Il
existe d'autres associations analogues [1].

La loi n'oblige pas les sociétés par actions à
recourir aux services des membres de cette association, mais la pratique s'est établie en ce sens ; et les
bilans des sociétés sérieuses sont toujours vérifiés
par des charters accountants. Qu'on prenne les
publications des sociétés anglaises, on verra à côté
des noms des directeurs figurer ceux des sollicitors
de la société et des professionnels chargés de vérifier

---

1. Thaller, *Rev. pol. et parl.*, 1903, p. 104.

les comptes. Lorsque le public anglais lit certains noms au bas d'un bilan, il sait à merveille qu'il n'est pas exposé à de grandes déceptions.

On a naturellement songé à introduire un système analogue en France ; de courageuses campagnes ont été menées en ce sens [1]. Les efforts n'ont pas été couronnés de succès et, à moins de circonstances tout à fait particulières, nous ne croyons pas qu'en l'état des mœurs il y ait des chances sérieuses d'aboutir à des résultats appréciables. Les causes de cette opinion pessimiste sont faciles à dégager.

Sans doute il y a chez nos commerçants, dans nos grandes sociétés, des comptables parfaitement capables de remplir les fonctions de vérificateurs, de même de nombreux experts près des tribunaux sont très familiers avec la vérification des bilans des sociétés anonymes, certains même font autorité à cet égard ; enfin les administrateurs de sociétés près le tribunal de commerce de la Seine ont à la fois toute la pratique et toute l'autorité nécessaires. Il semble qu'il y ait tous les éléments pour constituer un corps de vérificateurs de sociétés anonymes. Ce serait cependant une erreur de croire cette constitution possible, pour cette excellente raison que ceux dont le concours serait intéressant ne le donneront pas ; ils n'iront pas abandonner plus ou moins les

1. Voir notamment Fabrice Durand, articles publiés dans le journal *Le Rappel*, 28 et 30 mars, 7, 11, 18, 25 et 28 juin, 18 et 31 juillet 1902. — Manchez, dans *le Temps* (7 juillet, 13 et 27 oct. 1903). — Thaller, *Rev. pol. et parl.*, 1903, p. 100 et suiv.

fonctions qu'ils remplissent, sans être assurés d'en obtenir d'au moins équivalentes, et ils ont trop l'habitude des sociétés anonymes pour se faire la moindre illusion à cet égard.

Le personnel qui forme l'administration des sociétés anonymes ne se prêtera pas à l'organisation d'un tel corps de vérificateurs. Cela est évident pour les administrateurs qui commettent des fraudes, mais cela est non moins certain pour les administrateurs honnêtes et consciencieux. Pour apprécier la mentalité de ces derniers, il suffit de se reporter aux paroles de M. Mercet, au Congrès de 1900[1] : « Si vous avez à la tête des sociétés des hommes parfaitement honorables, il n'y a pas besoin de commissaires ». Le contrôle répugne à ces administrateurs ; on leur fera difficilement comprendre qu'il est établi au moins autant dans leur intérêt que dans celui des actionnaires ; ils entendent être les maîtres de l'administration et considèrent toute surveillance comme un acte de méfiance. Comment favoriseraient-ils la création d'un organe de contrôle ?

Ce n'est pas tout. Beaucoup de sociétés actuelles, la plupart même, ont derrière elles un long passé ; pendant des années aucun contrôle sérieux n'est intervenu : il en résulte que des opérations plus ou moins régulières ou du moins malheureuses, comme on en trouve dans presque toutes les sociétés, ont été masquées ; que des écritures plus ou moins discuta-

1. P. 178.

bles ont été passées. La brusque intervention de vérificateurs mettrait dans une situation fausse plus d'un conseil d'administration et risquerait de nuire au crédit de la société, d'une façon tout à fait inutile. On comprend à merveille que des administrateurs qui consentiraient à se soumettre à ces contrôles à l'origine d'une société y répugnent lorsque la société a derrière elle une certaine existence. Il ne faut donc pas compter sur l'initiative ou le concours du personnel des sociétés par actions pour organiser un corps de vérificateurs de profession.

Les actionnaires pourraient, il est vrai, imposer ces vérificateurs, mais il faudrait ignorer leur mentalité pour croire qu'ils auront cette énergie. Sans doute, dans des circonstances déterminées, surtout si les moyens leur en étaient facilités, les actionnaires ou tout au moins certains groupes pourraient imposer le choix de vérificateurs ; mais qu'en plein calme, ils aillent infliger aux administrateurs ce que tout le monde considérerait comme un blâme indirect, il ne faut sous aucun prétexte y compter. Quelle garantie peut constituer, pour des personnes ayant une situation assurée par ailleurs, ces choix intermittents des actionnaires ? Ils ne pourraient vivre que par les désignations des administrateurs et ceux-ci non seulement ne les appelleront pas, mais encore feront tout leur possible pour les écarter. On ne saurait donc prévoir dans l'état actuel des mœurs financières la naissance spontanée d'un corps de vérificateurs, analogue à celui des *charters accountants* anglais. On peut, on doit même le regretter, mais il y a là un fait matériel devant lequel chacun doit s'incliner.

Si l'on croit nécessaire d'avoir en France un corps de vérificateurs de sociétés anonymes, il faut faire appel à l'initiative de l'État. Nous savons bien que cette proposition soulèvera les protestations indignées de ceux qui repoussent toute intervention de l'État; nous ne nous dissimulons pas que les œuvres d'État ne sont pas toujours parfaites, loin de là; mais, comme l'initiative privée n'aboutira certainement pas dans l'état actuel des mœurs financières, il faut choisir : ou renoncer à la constitution d'un corps de vérificateurs, ou charger l'administration d'assurer cette constitution, avec le concours des chambres de commerce, des tribunaux de commerce et des personnes compétentes.

Qu'on n'ait pour vérifier les sociétés que le personnel actuel, qu'on ait recours aux auxiliaires de justice, qu'on arrive à constituer un corps spécial, il reste à résoudre deux questions : Qui choisira les vérificateurs? Qui les rémunérera? De la solution de ces questions dépendra la plus ou moins grande indépendance des vérificateurs.

Quelque bien composée que soit une corporation un peu nombreuse, il est toujours possible, surtout lorsqu'on dispose de grosses sommes et de places largement rémunérées, de trouver des membres de ces corporations qui consentiront à examiner de moins près les affaires sociales; en tout cas, il y en a et il y en aura toujours certains dont la négligence garantira les administrateurs contre une surveillance trop active.

Ce qui importe au moins autant que l'organisation d'un corps de vérificateurs capables, c'est leur désignation dans chaque espèce; il faut éviter dans la mesure du possible qu'ils puissent être soit directement, soit indirectement choisis par les administrateurs. Dès l'instant où l'administration ne sait pas et ne peut pas savoir qui contrôlera le bilan qu'elle prépare, elle devra le dresser comme si le contrôle devait être exercé par la personne la plus sévère. A ce point de vue il serait préférable de voir les vérificateurs tirés au sort que choisis par ceux qu'ils doivent contrôler. De même il faut éviter autant que possible que la rémunération soit fixée par les administrateurs, cela assurera plus complètement l'indépendance des contrôleurs.

Ces principes, quelque peu négatifs, posés, voyons le système pratique que, dans la situation actuelle, on peut songer à adopter. Tout d'abord, il ne faut pas oublier que les fonctions des contrôleurs sont complexes : ils doivent surveiller l'administration de la société, s'assurer si les opérations sont loyalement, prudemment et régulièrement conduites; ils ont en second lieu pour mission de vérifier les comptes annuels.

La surveillance de l'administration ne peut être confiée à des spécialistes, tel ne paraît pas leur rôle;

cette surveillance doit émaner d'actionnaires qui, placés à côté des administrateurs, exerceront un contrôle permanent.

La vérification de l'inventaire et du bilan annuels doit au contraire être confiée à des spécialistes qui n'interviendront que pour ce travail. Après cette vérification, les actionnaires désignés apprécieront la régularité statutaire des opérations et la gestion des administrateurs. Il faut donc prévoir deux sortes de contrôle : l'un exercé par des actionnaires, toute l'année ; l'autre par des spécialistes sur le bilan et l'inventaire annuels.

Qui désignera ces contrôleurs ? En ce qui concerne les actionnaires, il n'y a pas d'hésitation possible, il faut s'adresser à l'assemblée générale ; mais si on ne peut se passer de son intervention, il faut essayer de la rendre moins inefficace. A l'heure actuelle, administrateurs et commissaires ont la même origine, ils sont désignés par la même majorité ; on peut dans une certaine mesure modifier ce mode de désignation et édicter que, s'il y a un contrôleur, il sera choisi par les membres de l'assemblée votant par tête ou plutôt ayant autant de voix qu'ils représentent d'actionnaires ; si les statuts prescrivent plusieurs contrôleurs, l'un pourrait être nommé en tenant compte du capital représenté, l'autre par un vote par tête ; on pourrait aussi songer à une représentation proportionnelle ; autant ce système doit être écarté lorsqu'il s'agit du conseil d'administration, car il supprimerait l'unité de direction, absolument nécessaire dans une société, autant il se comprend lorsqu'il s'agit de choisir des personnes qui ne doivent pas agir, mais seulement contrôler. Il faut aussi emprunter au projet de 1882 la disposition interdisant aux administrateurs de voter pour la désignation des contrôleurs.

Il ne faut pas se faire trop d'illusions sur la portée de la réforme ; dans les sociétés qui sont assez heureuses pour n'avoir pas d'histoire, les résolutions sont prises à l'unanimité. Mais souvent des difficultés se présentent, des groupes se forment et il est possible que ces conflits amènent une vérification plus sérieuse ; en tout cas, il y a là un élément qu'il ne faut pas négliger.

C'est parmi les spécialistes, comptables, experts, administrateurs de sociétés, peut-être inspecteurs des finances, etc., qu'il faudra choisir ceux qui, chaque année, vérifieront les bilans ; si on arrive à constituer un corps autonome, analogue à celui des *charters accountants*, le choix devra s'exercer dans ce corps ; à l'heure actuelle tout ce qu'on peut demander c'est l'établissement par les chambres et tribunaux de commerce de listes, sur lesquelles devront être pris les vérificateurs annuels.

A cet égard une distinction doit être faite entre les sociétés qui existent déjà et celles créées depuis la législation nouvelle. Pour les premières, le *statu quo* s'impose pour les raisons ci-dessus déduites. Les sociétés nouvelles, au contraire, se trouvent dans une tout autre situation ; il est facile pour celles-ci d'établir leur comptabilité dans des conditions qui permettent tout contrôle.

Leurs bilans devront donc être vérifiés par des vérificateurs choisis sur la liste officielle, par les actionnaires délibérant dans les conditions ci-dessus précisées. A défaut d'observation de ces règles, tout intéressé pourra s'adresser au président du tribunal de commerce; c'est également ce dernier qui taxera les honoraires en cas de difficulté.

Ces améliorations, bien que d'une certaine importance, ne seraient pas assez sérieuses pour porter remède au mal si grave que nous avons constaté : il faut aller plus loin et ne pas hésiter dans certains cas déterminés à créer un contrôle absolument extérieur. On ne saurait, comme paraissent l'avoir fait les membres du Congrès de 1900, poser en principe que les sociétés par actions sont des affaires purement privées, qu'aucune espèce d'autorité, ni judiciaire ni administrative, n'a à intervenir ni directement ni indirectement, dans la surveillance de l'administration. — Ces paroles ont été prononcées par M. Rodolphe Rousseau à propos de la constitution; mais les décisions du congrès prouvent qu'elles ont été généralisées. — Cette intervention existe déjà; on oublie trop souvent qu'aux termes de l'article 32 de la loi de 1867 : « A défaut de nomination des commissaires par l'assemblée générale ou en cas d'empêchement ou de refus d'un ou plusieurs des commissaires nommés, il est procédé à leur nomination et à leur remplacement par ordonnance du président du tribunal de commerce du siège de la société, à la requête de tout intéressé, les administrateurs entendus. » A Paris, le président désigne en général des administrateurs de sociétés pour remplir ces fonctions, et il ne semble pas que leur intervention ait donné lieu à des critiques. La procédure existe donc, la seule question est de savoir quand il faut l'appliquer.

Nous estimons que l'intervention s'impose pour le bilan de la première année; on a vu quelle est son importance. C'est sur le vu de ce bilan que va se fixer la valeur des actions d'apport, c'est lors de la vérification qu'on cherchera l'emploi du capital et par suite les délits qui auraient pu être commis lors de la constitution ou à la suite de cette constitution. Le vérificateur du premier bilan sera désigné par le président du tribunal de commerce qui taxera ses honoraires; il sera donc tout à fait indépendant.

Le premier bilan vérifié, nous estimons qu'on ne saurait en principe faire intervenir des experts désignés par le président. Il ne faut pas multiplier le contrôle, ce serait l'affaiblir; du reste le personnel n'y suffirait pas. Mais cette intervention pourra se produire à la demande de groupes suffisants d'actionnaires, un dixième par exemple.

Ces propositions soulèveront, nous le savons, les plus vives critiques : celles des théoriciens qui y verront la violation de leurs principes; celles des financiers dont les habitudes seront gênées. Il ne

faut pas néanmoins hésiter à les appliquer, car elles
ne sont pas de nature à entraver gravement la création et l'administration des sociétés sérieuses ; quant
aux autres, il y en aura toujours assez. Les fondateurs et administrateurs s'habitueront petit à petit
à ces mesures et, au bout de quelques années, tout
le monde trouvera cela tout naturel. A ce moment
la classe des vérificateurs sera suffisamment développée pour constituer un corps spécial, les financiers seront peut-être les premiers à faciliter sa création. En tout cas, il semble nécessaire de recourir
à de pareilles mesures ; le mal dont souffrent les
sociétés, on l'a dit et répété, n'est pas un mal léger,
il est absolument grave et le législateur ne doit
pas hésiter à intervenir efficacement, s'il veut
assurer le développement économique normal du
pays.

Le système des responsabilités civiles doit être
maintenu sous une double réserve : 1° la loi doit
indiquer que les administrateurs, même salariés, ne
sont responsables que de leurs fautes *lourdes*, le
texte se trouvera ainsi d'accord avec la jurisprudence actuelle ; 2° il faut réduire à 10 ans au plus la
durée des actions en responsabilité.

Le projet actuellement soumis à la chambre ajoute
à l'article 15 la disposition suivante : « Sont passibles des peines de l'article 402 du code pénal les
administrateurs et directeurs d'une société anonyme
qui, en cette qualité, se sont rendus coupables des
faits prévus par l'article 591 du code de com-

merce ». L'article 591 définit la banqueroute frauduleuse; l'article 402 la punit des travaux forcés. Beaucoup trouveront que c'est dépasser la mesure; presque tous reconnaîtront que la disposition ne recevra que de rares, très rares applications.

Nous préférerions de beaucoup une disposition plus pratique, qui atteindrait les faits graves que relèvent certains procès en responsabilité. L'article 408 du code pénal punit les détournements commis par les administrateurs, mais il laisse de côté des faits qui présentent avec les détournements de grandes analogies : des administrateurs se font payer des commissions par ceux qui traitent avec la société, ils s'assurent des avantages pécuniaires personnels en passant des contrats au nom de la société. Ces pratiques sont condamnés par l'article 40 de la loi de 1867 aux termes duquel : il est interdit aux administrateurs de prendre ou de conserver un intérêt direct ou indirect dans une entreprise ou un marché fait avec la société ou pour son compte, à moins qu'ils n'y soient autorisés par l'assemblée générale. Il faut préciser la portée de ce texte, qui a donné lieu à des controverses, et ne pas hésiter à punir de peines correctionnelles les administrateurs de mauvaise foi qui auraient abusé de leur situation pour se procurer des avantages personnels.

D'autres améliorations de détail peuvent être introduites dans les dispositions concernant l'administration des sociétés anonymes; la plupart sont indiquées par la jurisprudence. On peut adopter les

dispositions contenues au projet de loi et qu'il n'est
pas utile de reproduire ici. Il faut passer rapidement
sur de telles modifications, d'importance secondaire,
pour arriver aux règles plus intéressantes concernant le placement des titres et leur circulation.

CHAPITRE XIX

VALEUR NORMALE, SOUSCRIPTION, ÉMISSION, NÉGOCIATION

Lorsqu'on étudie les règles à établir pour protéger les capitalistes contre les sollicitations dont ils sont l'objet de la part de ceux qui ont des titres à placer, une première question se pose, c'est celle de savoir si les fondateurs auront toute liberté pour fixer la valeur nominale des actions ou si, au contraire, un minimum sera imposé.

Cette question a fait l'objet de longues discussions, qui se renouvellent périodiquement; aujourd'hui elle se pose dans des termes relativement simples. En effet, d'une part, la loi de 1893 a réduit le minimum des actions à 100 francs, même pour les sociétés d'une certaine importance, et à 25 francs pour les sociétés au capital ne dépassant pas 200 000 francs. D'autre part on admet assez généralement, même parmi les disciples de l'école libérale, qu'on ne saurait laisser se renouveler les excès constatés sous la loi de 1856 et permettre la création d'actions de 10 francs, 5 francs et même moins. Le Congrès des sociétés par actions, dont on a plusieurs fois déjà mis en lumière l'esprit, a voté une résolution portant : « La loi doit déterminer un minimum du taux des actions ».

La discussion utile se concentre sur les actions de 25 francs, qui existent couramment dans certains pays et notamment en Angleterre. Leur création a été souvent demandée en France; on a même vu plus haut qu'une commission de la Chambre des députés avait admis le principe de cette modification et dans quelles circonstances le projet avait été abandonné. Nous estimons qu'il ne saurait être repris; car les inconvénients des actions de 25 francs dépassent de beaucoup les avantages.

On peut même se demander s'il y a des avantages, en dehors d'un hommage à des principes. On a prétendu qu'il était anti-démocratique d'écarter une classe de citoyens des placements en actions; ce sont là de bien beaux mots, mais qui ne correspondent à aucune réalité. Lorsqu'on songe qu'il existe des actions de 100 francs; que ces actions à l'origine peuvent n'être libérées que de 25 francs, on se demande quelles sont les personnes que les exigences de la loi écartent des placements.

On ne veut pourtant pas que l'ouvrier aille, sur sa paie du samedi, ou du mois, prélever le montant d'une action. On ne peut songer à des placements que lorsqu'on a des économies, et les premières économies, celles nécessaires pour parer aux accidents de la vie journalière, doivent être versées aux caisses d'épargne. Ce n'est que lorsque ces économies grossissent et dépassent les besoins courants qu'il peut être question d'achats de titres, et encore, lorsque commencent ces achats, n'est-il pas désirable que les fonds se portent sur des valeurs aléatoires. Les seules actions que l'ouvrier peut avoir intérêt à acquérir de ses premières économies sont celles des petites sociétés à capital variable, dont les titres ne dépassent pas en général 25 francs.

Du reste, la preuve que la petite épargne n'exige pas la création de titres d'une valeur inférieure à 100 francs se trouve dans la pratique pour les fonds d'États, de villes et aussi pour les obligations. Ce sont les titres que recherche, avec mille fois raison, la petite épargne, et cependant les obligations et notamment celles des chemins de fer ont le plus souvent une valeur nominale de 500 francs ; les coupures de rentes ne sont pas inférieures à 100 francs. Pour ces titres, la liberté entière existe, et cependant presque personne n'a songé à créer des titres de 25 francs ; on trouve dans ce fait la preuve évidente que le besoin ne s'en faisait pas sentir ; il est certain que si l'on avait cru faciliter les émissions en créant des petites coupures, on n'aurait pas hésité à recourir à cette mesure.

Mais, dira-t-on peut-être, s'il en est ainsi, quel inconvénient y a-t-il à abaisser le taux des actions ; puisque la liberté n'a pas donné lieu à des abus pour les obligations, pourquoi ne pas l'étendre? Ah non! Si l'on n'a pas créé des obligations de minime valeur, c'est parce que ce sont des titres à revenu fixe, des titres de placement. Au contraire, on créerait des actions de 25 francs, parce que celles-ci, sans utilité pour les placements, constituent le plus amirable instrument de spéculation et de fraude.

Le petit capitaliste, alléché par ces prospectus où l'on promet 25, 50 et 100 p. 100 de dividende, et surtout une hausse prochaine considérable des titres, hésiterait peut-être à verser 500 francs; il se laissera tenter s'il s'agit de 25 francs. Il considérera le titre comme une sorte de billet de loterie. Les actions, une fois souscrites, feront l'objet d'un marché, marché plus ou moins sérieux du reste. La moindre différence de cours amènera des variations sensibles sur la valeur du titre, une hausse de 1 franc sur un titre de 25 francs représente une hausse de 20 francs sur un titre de 500 francs; 5 francs correspondent à 100 francs et cependant en quelques jours on voit des mouvements plus considérables.

Le taux de l'action est si minime que les majorations ne seront pas sensibles pour le capitaliste non exercé et l'on arrivera facilement à émettre ou à placer à 30, 40, 50 francs des actions de 25 francs, tandis que la même opération sur des actions de 500 francs ne serait pas possible; le public ne prendrait pas facilement ces titres à 600, 800 ou 1000 francs au lendemain de la constitution [1].

Il faut ajouter que cette multiplication des titres nuit plutôt à la société ; elle augmente les frais accessoires et rend la réunion des assemblées générales plus difficile. L'action de 25 francs n'est en réalité qu'un titre de spéculation, quand elle n'est pas un instrument de fraude. Non seulement il n'y a pas lieu d'encourager la création de titres au-dessous de 100 francs, mais on peut se demander si le législateur de 1893 n'a pas quelque peu dépassé la mesure ; on ne saurait revenir sur ce qu'il a fait, mais il ne faut pas aller plus loin.

Il est cependant une objection d'un autre ordre, à laquelle il faut répondre. Elle a été présentée par M. Rodolphe Rousseau au Congrès de 1900 dans les termes suivants : « Dans les pays voisins, même pour les sociétés au capital élevé, il existe des titres de 25 francs. Ces titres circulent en France, y font l'objet de négociations. Puisqu'on laisse circuler en France des titres de 25 francs de sociétés étrangères, je ne comprends pas que des sociétés françaises ne puissent pas faire circuler des actions du même taux. » L'observation paraît juste ; mais la conclusion douteuse. Si les actions de 25 francs empoisonnent l'épargne française, comme l'ont constaté les esprits les plus modérés, la conséquence n'est pas qu'il faille augmenter le mal en le généralisant, mais seulement qu'il faut y porter remède en régle-

1. Voir ci-dessus, p. 74.

mentant le placement des titres étrangers ; c'est en ce sens que la loi doit être modifiée.

Il faut donc maintenir le système actuel, mais sous une modification qu'indiquait Mᵉ Du Buit au Congrès de 1900[1]. Lorsqu'une société subit des pertes, on réduit le capital ; cette réduction peut s'opérer soit par une diminution du nombre des actions, soit par une réduction de la valeur nominale de chacune. Le premier système soulève le plus souvent des difficultés d'application ; comment, par exemple, traitera-t-on le possesseur d'un nombre impair d'actions en cas de réduction de moitié? La réduction de la valeur nominale s'opère au contraire tout naturellement, elle a en outre l'avantage de ne pas exiger l'impression de nouveaux titres. Cette réduction est impossible lorsque les actions atteignent le minimum légal, car on ne peut créer de titres au-dessous de ce minimum. Il n'y a aucun inconvénient à autoriser la réduction de la valeur nominale même au-dessous de cent francs, mais bien entendu en cas de perte seulement, et au moyen d'une estampille sur les titres anciens.

Le type de l'action une fois déterminé, il faut s'occuper de la souscription, c'est-à-dire de l'acte par lequel le capitaliste va s'engager à prendre des actions de la société en formation ; la loi de 1867 n'imposait aucune forme, pas même un écrit, c'était vraiment trop peu ; toutes les parties ont intérêt à ce

---

1. *Congrès de 1900*, p. 58.

qu'il existe un écrit; la seule question est de savoir quelles mentions cet écrit comportera.

L'article Ier du projet précise ainsi ces mentions :

1° La raison sociale, et, s'il y a lieu, la dénomination de la société; 2° le siège social; 3° l'objet de l'entreprise; 4° la durée de la société; 5° le montant du capital social et le taux de chaque action; 6° la désignation de l'établissement où les fonds doivent être déposés; 7° le mode de libération adopté pour chaque action ; 8° l'énumération des avantages stipulés au profit du gérant ou de toute autre personne; 9° la désignation des apports et le mode de rémunération proposé; 10° la forme dans laquelle doivent être faites les convocations aux assemblées générales; 11° la référence au Bulletin annexe du *Journal officiel* dans lequel aura été faite la publication du projet de statuts conformément à l'article 58.

Il suffit de composer un de ces bulletins pour voir qu'il y aura le plus souvent une bonne page d'impression, et il s'est trouvé des hommes pratiques pour croire que le souscripteur lirait tout cela avant de signer. L'expérience est là pour prouver qu'on ne lit jamais ou presque jamais les clauses imprimées des actes que l'on signe. Il y a un demi-siècle, le Procureur général Dupin faisait déjà cette observation à propos des polices d'assurances, et elle est toujours vraie : quels sont ceux qui, avant de signer ces polices, prennent le soin de lire les clauses imprimées? Encore, pour les polices d'assurances, on a généralement le temps d'examiner, car elles sont souvent envoyées ou portées à domicile. La souscription, au contraire, a lieu sur le comptoir d'une banque ; le capitaliste a pris la décision de souscrire à la suite de la lecture d'articles de journaux, de circulaires, de prospectus, d'intervention de démarcheurs, de conversation avec des banquiers ou leurs agents ; il ne lui reste plus qu'à signer : quand on lui présente la formule, il signe ; du reste aurait-il le temps de lire ? l'employé est pressé, d'autres clients attendent. Signez au bas de cette feuille, dit l'employé, et le capitaliste signe. Quel est celui qui n'a pas signé au-dessous d'un imprimé sans le lire [1] ?

Admettons que le capitaliste plus soigneux lise le bulletin, qu'y trouvera-t-il qui l'empêche de faire une sottise, s'il a décidé de la faire ? Il verra d'abord le nom de la société, le siège, l'objet de l'entreprise, le capital, tous renseignements qu'il connaît ou, ce qui revient au même, qu'il croit parfaitement connaître ; il apprendra comment les assemblées générales sont convoquées, il songe bien à cela en ce moment ! Toutes ces indications, personne n'a intérêt à les cacher et aucun de ces renseignements n'est même de nature à faire hésiter le souscripteur.

Après cette lecture, ira-t-il plus loin ? on peut en douter ; admettons-le cependant ; il arrive aux dispositions concernant les apports, il est évident que ce

---

1. « Comme si les souscripteurs, avant de signer leur titre d'engagement, avaient assez de présence d'esprit pour lire les mentions imprimées en caractères microscopiques ou, les ayant lues, de réfléchir à la majoration. » Thaller, *Rev. pol. et parlem.*, 1903, p. 93.

sont les apports qui ont préoccupé les auteurs du projet. Le capitaliste constatera qu'on ne lui a pas caché la vérité dans le prospectus, car le rédacteur n'aura pas eu la naïveté de se mettre en contradiction avec le bulletin. Il apprendra que les apporteurs se réservent 10 millions d'actions; il ne s'en étonnera pas, car on aura eu soin de lui démontrer par les chiffres les plus précis que ces apports donneront plusieurs millions de bénéfices par an et qu'on lui distribuera 10, 20 p. 100, sinon plus? Ce qui lui importe ce n'est pas l'existence des apports, c'est leur valeur; or rien, absolument rien dans le bulletin ne lui indique cette valeur.

Il n'y a en réalité que deux mentions qui aient quelque intérêt pratique, l'indication du taux nominal de l'action et le mode de libération adopté pour chaque action. Il s'est trop souvent trouvé des intermédiaires peu scrupuleux qui laissaient ignorer aux souscripteurs les engagements pris ou leur dissimulaient la valeur nominale du titre. Mais ces renseignements utiles se trouveraient tellement noyés parmi les autres qu'ils n'attireraient même pas l'attention du souscripteur.

Qu'on mette sur les bulletins de souscription tous les renseignements qu'on voudra, qu'on y accumule les copies d'articles de statuts. Soit! cela pourra avoir quelque intérêt documentaire, à la condition de faire dresser le bulletin en double et d'en remettre un au souscripteur. Mais, pour protéger ce dernier, il faut qu'au-dessus de sa signature, en caractères saillants, se détachant nettement du reste, on rédige une formule simple, comme celle-ci par exemple :

Société....

Société anonyme au capital espèces de..., plus des apports évalués sans contrôle par l'apporteur à....

Je..., soussigné, déclare souscrire... actions de ... francs.

Je verse la somme de... par action et m'engage à payer le surplus, soit francs... par action, le....

La signature devra être précédée de ces mots écrits de la main du souscripteur : Bon pour... actions, Bon pour... francs.

Le bulletin, rédigé en double, devra constater le versement; il sera en outre donné un reçu. La pièce constituant quittance devra contenir une mention indiquant dans quelles conditions, par quelle caisse, dans quel délai et moyennant quelles formalités l'argent sera restitué, en cas de non-constitution. Avec ces formes ou des formes analogues, on arrivera à quelque chose de sérieux; quant au bulletin, tel qu'on le propose, on peut craindre que ce ne soit qu'une feuille de papier noircie sans grande utilité pratique.

Nous avons jusqu'ici laissé de côté la dernière mention : le projet de loi exige, sous le numéro 11, « la référence au bulletin annexe du *Journal officiel* dans lequel aura été faite la publication du projet de statuts. L'article 58 dispose en effet que, dans le cas où la société se constitue au moyen de souscriptions publiques, le projet d'acte de société doit être publié au bulletin annexe du *Journal officiel* dix jours au moins avant l'ouverture de la souscription. Bien entendu on devra publier en même temps la notice sur les apports et les avantages particuliers dont il a été ci-dessus parlé.

On ne pouvait maintenir le système de la loi de 1867, d'après lequel le souscripteur se procurait difficilement les statuts et n'avait sur les apports que des renseignements dont personne ne prenait la responsabilité; il fallait mettre le public à même de se renseigner. Il ne faut pas cependant exagérer la portée de la réforme proposée. Ce n'est pas la lecture du *Journal officiel*, même lorsqu'elle aura lieu, qui constituera une garantie sérieuse pour le souscripteur. Les statuts ne lui apprendront rien, les dispositions qui pourraient l'intéresser se trouvant noyées au milieu de clauses de style sans importance; parfois les personnes timorées et peu au courant des affaires s'effraieront d'expressions dont elles ne comprendront pas la portée juridique. La lecture des statuts pour beaucoup de capitalistes sera plus nuisible qu'utile; il suffirait largement qu'ils connussent les clauses essentielles, celles qui sont publiées aux termes de la loi de 1907. Mais, nous l'avons vu plus haut, ce ne sont pas ces indications qui auront une influence déterminante. Quant à la notice, nous nous sommes déjà expliqués sur sa valeur; elle est très relative. On doit croire que si la plupart des capitalistes jettent les yeux sur le *Journal officiel* cette lecture ne soit pour eux d'aucun intérêt sérieux. Nous examinerons ci-dessous dans quelle mesure il faut maintenir cette publicité.

Les dispositions qui précèdent ne s'appliquent pas dans le cas où la société ne fait pas appel au public pour les souscriptions. Les titres sont ensuite placés soit par voie d'émission publique, soit, et c'est le cas le plus fréquent, par « introduction sur le marché ». On annonce que les titres seront cotés tel jour sur le marché et l'on invite les capitalistes à s'y présenter pour les acquérir.

Les deux procédés ont été prévus par la loi de 1907; celle-ci du reste a employé une formule assez large pour comprendre tous les cas possibles. Nous nous sommes déjà expliqués sur l'importance toute relative de cette publicité, nous examinerons au chapitre suivant la décision à prendre.

Les introductions sur le marché méritent d'attirer davantage l'attention; c'est le procédé qu'emploient les émetteurs de valeurs douteuses. Les actions industrielles cotées au marché officiel sont assez rares, la plupart des valeurs nouvelles se négocient sur le marché libre. Nous n'avons pas la moindre intention de discuter ici les avantages et les inconvénients des deux marchés. Mais nous devons constater qu'ils existent en fait tous deux, et que le législateur ne s'inquiète pas du marché libre sans doute, parce qu'il estime qu'il est simplement toléré. Nous croyons qu'il commet là une grave erreur.

L'une des fraudes les plus ordinaires dont sont

victimes les capitalistes consiste à simuler des cours ; à chaque instant, ceux qu'on peut soupçonner d'avoir des fonds à placer reçoivent des journaux spéciaux, des circulaires, des lettres annonçant que les actions de telle société ont été introduites sur le marché à un cours déterminé, quelques jours après il y a une hausse marquée, puis la hausse ne fait que s'accentuer ; ces renseignements sont répétés dans les bulletins financiers de certains journaux. Le capitaliste, surtout celui de province, est ébloui et il écrit à la maison de banque qui lui offre des titres, qu'il est preneur de ces titres. Bien souvent, les cours annoncés sont fictifs ou portent sur des opérations qui n'ont pas été sérieusement constatées. Il y a là une fraude caractérisée ; le tribunal correctionnel de la Seine a même dans certaines espèces appliqué les peines de l'escroquerie.

Il faut mettre un terme à cette fraude, ou du moins la diminuer. Puisqu'on maintient le marché libre, et il paraît impossible de faire autrement, il faut le réglementer de manière à assurer la sincérité de la cote. Déjà certains banquiers ont compris la nécessité d'avoir une cote au moins officieuse, il faut, en se servant des éléments qu'on a, et notamment des syndicats de banquiers, assurer la confection de vraies cotes officielles *sous la responsabilité des organisations qui les établiront*. Il sera absolument interdit d'annoncer d'autres cours que ceux figurant sur ces cotes, sous des sanctions pécuaires sévères.

Il faut rappeler ici les dispositions de la loi de 1893, qui interdisent pendant deux ans la circulation des actions d'apport ; on a vivement critiqué cette règle à raison de la gêne qu'elle constitue pour les apporteurs[1]. Il serait puéril de nier cet inconvénient, il paraît certain. Il ne faut pas cependant en exagérer l'importance ; les actions ne sont pas immobilisées ; si elles ne peuvent faire l'objet de négociations elles sont susceptibles de cessions. Sans doute, on ne pourra les émettre dans le public, c'est précisément ce qu'on veut, mais elles pourront donner lieu à des avances de banquiers ou être acquises par des capitalistes qui ont les moyens d'étudier la valeur des affaires. Et qu'on ne parle plus des risques à courir à raison des nullités, on a vu ci-dessus combien ces risques étaient minimes pour les apporteurs, la loi nouvelle les réduit à rien. Mais quand bien même les inconvénients de la mesure paraîtraient plus sérieux encore, ce ne serait pas une raison pour y renoncer. On ne peut oublier l'expérience du passé, elle enseigne que la méfiance des capitalistes paralyse plus gravement le développement des sociétés anonymes, qu'une réglementation comme celle de la loi de 1893.

On objecte, il est vrai, qu'on a tourné la loi, c'est exact, bien qu'il ne faille pas s'exagérer les fraudes. Il s'agit de savoir si l'on pourra désormais sinon supprimer totalement les fraudes, du moins les

---

1. *Congrès de 1900.*

rendre suffisamment rares. On a vu ci-dessus que le procédé habituellement employé pour tourner la loi consiste à remettre aux apporteurs d'autres titres que des actions et spécialement dés parts de fondateurs. Il suffit, pour écarter cette fraude, d'étendre l'interdiction de négocier à tous les titres émis autrement que contre espèces ; on verra ci-dessous quelle doit être l'étendue de cette interdiction (chap. XXIII).

La deuxième fraude, celle que dans un récent article [1] M. Léouzon Le Duc appelle la grande fraude, consiste, on l'a vu, dans un apport dissimulé sous forme d'une vente opérée après la constitution de la société. Les statuts ne parlent pas d'apports ou plutôt contiennent l'apport d'une promesse de vente, la vente est réalisée au lendemain de la constitution, mais le paiement du prix est fictif parce que le vendeur et son groupe qui ont souscrit une grande partie des actions numéraire se font rembourser, sous prétexte de paiement du prix, le quart qu'ils ont versé, en compensant plus ou moins le solde avec les trois autres quarts. Lorsque l'opération est terminée, la société est devenue propriétaire de la chose, le prétendu vendeur n'a en échange que des actions ; on se trouve en réalité en présence d'un apport dissimulé sous d'autres contrats ; mais les actions, étant en apparence souscrites en numéraire, circulent immédiatement.

Il faut remarquer que tous les systèmes proposés

---

1. *Rev. pol. et parl.*, 1909, p. 251.

jusqu'à présent laissent se dérouler cette fraude
sans jamais l'atteindre. Le législateur allemand a
considéré comme des apports les ventes à la société
qui se produiraient dans la période qui suit la constitution et les a soumises à la même vérification, c'est-
à-dire à une vérification judiciaire. On a vu ci-dessus
qu'en France, dans l'état de nos mœurs financières,
aucun système de vérification ne donnerait de bons
résultats; on ne saurait donc y recourir sans s'exposer
à un échec à peu près certain. Mais on peut s'inspirer
du principe posé par le législateur allemand. Il faut
du reste remarquer que la nécessité de déposer le
quart dans une caisse désignée par le législateur
rendra l'opération beaucoup plus difficile, surtout
lorsqu'il s'agira d'un gros apport; il ne suffira plus,
comme maintenant, d'une simple passation d'écritures. Mais on peut prendre d'autres mesures.

Le principe posé est exact; la combinaison est un
apport. Lorsque l'apporteur souscrit ou fait souscrire
par des prête-noms ou des co-intéressés une partie
importante du capital, et lorsqu'il se fait restituer
dans les premiers jours de la constitution les sommes
versées, il commet une fraude à la disposition sur
les apports, fraude qui tombe sous le coup de la loi;
on ne peut en effet arriver sous une forme différente
à un résultat prohibé par la loi. Il ne faudra pas
craindre de le dire expressément, par exemple dans
ces termes : « Est considérée comme un apport et
soumise aux mêmes règles sous les mêmes sanctions
toute combinaison, de quelque nature qu'elle soit,

ayant pour résultat direct ou indirect d'attribuer à une personne ou à un groupe en tout ou en partie des titres de la société contre transfert à celle-ci de droits quelconques, et ce, quels que soient le ou les contrats passés et que ces contrats soient antérieurs, postérieurs ou concomitants à la constitution de la société. » On pourrait même, si l'on voulait, prévoir la fraude dans une disposition formelle ; cependant le texte proposé pourrait suffire.

Il faut maintenir les dispositions concernant la négociation des actions d'apport, sous une modification cependant. Le délai de deux ans ne correspond à rien ; on doit pouvoir négocier les titres d'apport aussitôt après l'approbation du bilan du premier exercice, portant sur une année, bilan vérifié, comme il a été dit ci-dessus, par un expert.

Mais, dira-t-on, la fraude ne sera pas toujours facile à découvrir, c'est le propre de beaucoup de fraudes, mais les peines seront sérieuses et la protection aussi efficace que possible. Il faut du reste avouer qu'il ne semble pas y avoir d'autre moyen d'éviter cette fraude ; tous les systèmes proposés sont inefficaces.

Les sanctions de la violation des règles concernant les apports seront des pénalités. Constitueront des délits passibles d'amende et même de prison : 1° le fait de créer contre des apports avoués ou déguisés des actions numéraires ; 2° le fait de détacher de la souche avant le délai les actions d'apport;

seront considérés comme complices ceux qui, de mauvaise foi, bénéficieront des fraudes.

On pourrait aussi prendre une mesure qui ne serait pas sans efficacité, ce serait de refuser le timbrage des titres jusqu'au moment où ces titres seraient détachés de la souche; il serait difficile de négocier des titres non timbrés.

Restent les délits d'émission et de négociation, il faut les modifier. On pourra punir sévèrement ceux qui émettent des titres au-dessous du minimum légal, ou encore des titres de sociétés créés sans l'intervention d'un notaire; il n'y aura aucune erreur possible, mais nous repoussons énergiquement l'application d'une peine en cas de défaut de souscription et de versement du quart. On ne peut punir les personnes de bonne foi, et la mauvaise foi est souvent difficile à établir. Le délit de négociation sera également réduit au cas où il s'agit de titre, d'une valeur nominale inférieure au pair, et ne sera appliqué qu'aux émetteurs et intermédiaires.

Le législateur se préoccupe des mensonges insérés dans la publicité et il punit des peines de l'article 15 les déclarations mensongères et la dissimulation frauduleuse. Nous avons déjà eu plusieurs fois l'occasion de nous expliquer sur ces dispositions. L'article 15, qui punissait toute déclaration de faits faux, est, malgré sa généralité, presque complètement écarté; nous ne voyons pas insérer dans nos lois un texte qui punit des simples dissimulations de peines allant jusqu'à 5 ans de prison.

Non seulement on ne saurait généraliser la disposition de l'article 15, mais il serait peut-être préférable de l'abroger. Le droit commun suffit dans les cas graves; et il est inutile de nous arrêter aux dispositions qui, ne voyant le jour que dans des cas exceptionnels, n'ont aucune efficacité pratique, si cè n'est d'écarter des affaires financières les personnes timorées.

Ce qu'il faut, du reste, c'est moins multiplier les textes contenant des pénalités que d'assurer leur application. C'est ce que nous allons essayer de faire dans le prochain chapitre.

CHAPITRE XX

PUBLICITÉ. — OFFICE DES SOCIÉTÉS PAR ACTIONS. — ORGANISATION DE LA RÉPRESSION

La loi de 1867 a soumis les sociétés anonymes à un régime de publicité analogue à celui des autres sociétés commerciales. Dans le mois de la constitution, les statuts, la déclaration notariée, les états de souscription et de versement, les délibérations des assemblées générales doivent être déposés au greffe de la justice de paix et du tribunal de commerce du siège social ; dans le même délai on doit publier dans un journal d'annonces légales du siège social un extrait des statuts et des diverses pièces constatant la constitution de la société. Dans le cas où la société a plusieurs maisons de commerce, situées dans divers arrondissements, le dépôt des actes et la publication doivent être faits dans chaque arrondissement. Toutes modifications aux statuts, dissolution, etc., sont également publiées.

L'article 62 ajoute que toute personne a le droit
de prendre communication des pièces déposées chez
le notaire, au greffe de la justice de paix et du tribunal de commerce, ou même de s'en faire délivrer
extrait ou expédition par le greffier ou le notaire
détenteur de la minute ; toute personne peut également exiger qu'il lui soit délivré au siège de la
société une copie certifiée des statuts moyennant
paiement d'une somme qui ne pourra excéder un
franc ; enfin les pièces déposées doivent être affichées
d'une manière apparente dans les bureaux de la
société.

Ce système soulève de nombreuses critiques. Tout
d'abord, le dépôt dans les greffes n'est pas dans
notre pratique moderne un mode de publicité commode ; les greffes ne sont guère fréquentés que par
les hommes d'affaires, les simples particuliers n'ont
pas pris l'habitude de s'y renseigner. Ce résultat
tient un peu à l'organisation des greffes ; les greffiers
sont des officiers ministériels ; l'un de leurs principaux bénéfices consiste dans la délivrance des expéditions ; tous leurs efforts tendent donc à la délivrance de ces expéditions. Il en résulte que souvent
le personnel ne met pas à assurer les communications toutes les facilités qu'on pourrait désirer, et
que notamment il ne laisse pas prendre des notes
suffisamment complètes, ni surtout copie de certains
passages. Les particuliers demanderaient beaucoup
plus de facilités, il faudrait même qu'ils soient aidés
par le personnel dans leurs recherches, ce dont ils

auraient besoin c'est d'un bureau de renseignements ; le greffe ne peut remplir cet office, surtout tel qu'il est organisé, il ne peut guère servir qu'à délivrer aux parties des copies ou extraits dûment certifiés des pièces, mais d'un coût assez élevé, notamment à raison du papier timbré qu'on doit employer.

La publication dans un journal d'annonces légales n'a pas les effets qu'on pourrait espérer. Dans les petites localités tout le monde connaît cette publication, mais il faut observer que le journal n'est lu que dans une zone restreinte, et qu'on ne conserve généralement pas les numéros contenant les insertions ; il faut, lorsqu'on veut avoir les renseignements, venir consulter la collection au bureau du journal. Dans les grandes villes, la situation est pire, on fait les insertions dans des journaux que personne ne lit, ou que lisent seulement ceux à qui leurs fonctions imposent cette lecture. De plus, comme il y a une série de journaux (plus de 10 à Paris) autorisés à recevoir les annonces légales, il faut tout un travail pour retrouver le numéro où la publication a eu lieu.

La seule disposition vraiment pratique de la loi de 1867 consiste dans l'obligation pour la société de remettre, moyennant un franc, copie de ses statuts ; la plupart des sociétés les font imprimer et les tiennent à la disposition du public. Mais en cas de mauvaise volonté, il est extrêmement difficile de contraindre les représentants d'une société à exécuter la loi. Nous ne parlerons même pas de l'affichage des pièces dans les bureaux, cette disposition ne se comprend guère.

En dehors des statuts et des pièces constitutives, des modifications des statuts, des dissolutions, on ne publie rien. Toute personne a le droit de prendre connaissance de la feuille de présence de l'assemblée générale (art. 28) ; les actionnaires peuvent, avant l'assemblée annuelle, se faire communiquer au siège social l'inventaire et la liste des actionnaires et se faire délivrer copie du bilan résumant l'inventaire et du rapport des commissaires (art. 35). Une fois l'assemblée passée, les pièces sont mises aux archives et n'en sortent plus.

De ces dispositions, il résulte que les tiers qui cherchent à traiter avec la société, le public qui est sollicité d'acheter des titres ne connaissent de la vie sociale que ce que la société veut bien leur faire connaître. Sans doute, beaucoup de sociétés, complétant cette lacune, font imprimer bilans et rapports, se livrent à des publications dans les journaux financiers ; mais, même pour ces sociétés, on peut difficilement au bout de quelques années se procurer l'ensemble des pièces publiées, si l'administration ne s'y prête pas. Tous ceux qui ont eu à mettre sur pied des procès en responsabilité savent quel mal il faut se donner pour réunir les documents même imprimés ; à plus forte raison, le capitaliste qui veut acheter des titres se heurte-t-il à de graves difficultés s'il veut se renseigner utilement. Ce qui manque, c'est une organisation qui centralise toutes

les publications concernant les sociétés et qui les
mette à la disposition des intéressés.

La commission extraparlementaire de 1882 aussi
bien que celle de 1901 ont compris la nécessité de
modifier le système suranné et impratique de la loi
de 1867; mais elles n'ont pas osé se dégager suffisamment du passé. La loi de 1907 a créé un bulletin
officiel des sociétés par actions; mais le prix de la
publicité dans ce bulletin, incorporé au *Journal officiel*, a été porté à un taux tel que la publicité grève
sérieusement les sociétés anonymes, surtout les
petites; à 2 francs la ligne on a constaté que pour
les statuts de certaines sociétés on avait payé
4000 francs : ce coût est absolument exagéré.

Si le législateur adopte le projet actuellement
soumis aux délibérations de la Chambre, voici quelle
sera la situation : Le dépôt au greffe du tribunal
de commerce sera maintenu ainsi que la publication
dans un journal d'annonces légales. L'acte de société et la liste des souscripteurs seront publiés *in
extenso* dans le bulletin annexe du *Journal officiel* à
la diligence du greffier du tribunal de commerce;
le bulletin annexe sera adressé à tous les greffiers
des tribunaux de commerce, il pourra être consulté
gratuitement sur place. Les statuts, lorsque la
société aura des succursales, seront soumis aux
mêmes formalités dans tous les arrondissements où
fonctionnent ces succursales (art. 56 et 57). Le
projet exige toutes ces formalités dans tous les cas,
même lorsque la société ne fait pas appel au public.

S'il y a souscription publique, on a vu que le projet des statuts doit être auparavant publié. S'il y a émission, faite après la constitution, toute publicité devra être précédée des publications indiquées par la loi de 1907.

On comprend que le législateur, quelque peu effrayé de ces frais, ait cherché à réaliser des économies en supprimant l'intervention du notaire ; il eût dû se rendre compte que cette intervention était infiniment plus utile et moins coûteuse dans la plupart des cas que la publicité qu'il imaginait ; mais le mot d'ordre était la publicité, on y trouvait le remède à tous les maux ! Aujourd'hui on a fait l'expérience ; après l'échec certain de la loi de 1907, il faut bien se rendre à l'évidence ; la publicité n'est pas sans utilité, mais elle ne rend pas les services qu'on en avait espérés. Il ne faut donc la maintenir qu'en réduisant considérablement les frais, et ce tout en produisant un effet aussi utile.

Il ne paraît pas d'abord nécessaire d'insérer dans le *Journal officiel* les statuts des sociétés ; leur lecture n'intéresse que peu de personnes et coûte extrêmement cher ; il suffit de permettre à tous les intéressés de se les procurer facilement, même s'ils demeurent loin du siège social. Nous nous demandons également pourquoi déposer dans les greffes des succursales les statuts des sociétés ; un seul dépôt suffit largement, pourvu qu'on ouvre suffisamment les portes. Si le public, en écrivant une lettre, est sûr de recevoir les statuts requis par retour du courrier, il trouvera cette manière de procéder infiniment plus commode que d'aller dans un greffe prendre connaissance de l'acte et s'en faire délivrer à grands frais une expédition. Le dépôt au greffe du siège social présente une certaine utilité, notamment pour la délivrance des expéditions, le dépôt à plusieurs greffes ne se comprend guère ; il faut se dégager du passé et n'employer les modes anciens de publicité que dans la mesure où ils sont restés pratiques.

Comment aujourd'hui procède-t-on? Lorsqu'on veut permettre au public de se renseigner, on crée, à l'imitation des Allemands, des offices établis dans les formes modernes, c'est-à-dire contenant tous les renseignements utiles et les fournissant sans formalités ; la création d'un tel office s'impose pour les sociétés anonymes ; il permettra au public et surtout aux intéressés directs d'avoir en moins de temps et presque sans frais tous les renseignements utiles. A cet office seront déposés les statuts et toutes les pièces constitutives, les bilans, les rapports annuels, etc. ; ces documents seront certifiés soit par le notaire, soit par les administrateurs, mais dispensés de toutes formalités de timbre et d'enregistrement. Pour les pièces importantes, telles que les statuts, les bilans, etc., on exigerait le dépôt d'imprimés en nombre d'exemplaires suffisant pour être remis à toute personne qui en ferait la demande. Ce n'est pas tout : des numéros de tous les journaux, plus ou moins financiers, de tous les prospectus, de toutes les circulaires financières, etc., devraient également être remis au siège de l'office.

Lorsqu'une personne désirerait avoir telle ou telle pièce imprimée, concernant une société, il lui suffirait d'écrire au bureau et la pièce lui serait envoyée immédiatement moyennant une légère rémunération, dans certains cas même sans frais ; si elle désirait que des copies soient faites dans les archives, le personnel lui délivrerait toutes les copies dont elle aurait besoin, dans les conditions ordinaires des copies à la machine ; elle pourrait également obtenir que des recherches soient faites, pour relever, par exemple, tout ce qui aurait été publié par la société ou sur elle, et elle pourrait soit en prendre connaissance, soit en faire délivrer des copies. Bien entendu l'office ferait une publicité pour révéler son existence et ses conditions au public.

On maintiendrait le dépôt au greffe du tribunal de commerce du siège social, et la publication dans un journal local qui coûte du reste fort peu. A cela se borneraient les formalités de publicité pour les sociétés qui ne font pas appel au public pour le placement de leurs titres. La seule question est de savoir si l'on maintiendra les dispositions de la loi de 1907 et si on inscrira dans la loi nouvelle les prescriptions du projet dans le cas de souscription publique et d'émission.

Il nous paraît certain qu'on ne peut maintenir les dispositions de la loi de 1907 et consacrer toutes celles de ce projet ; cette publicité coûterait beaucoup trop cher. Il faut d'abord réduire considérablement son importance; on obtiendra facilement ce résultat en supprimant la publication des statuts, qui ne présente qu'un intérêt très relatif et coûte très cher. Quant aux autres publications, le tarif devra en être sérieusement diminué; on pourrait admettre un tarif dégressif, dont le maximum ne dépasserait pas les chiffres actuels et qui pourrait descendre à 20 ou même 10 centimes la ligne pour les petites sociétés; on pourrait même ne pas exiger ces publications pour les toutes petites. Si le tirage du *Journal officiel* ne se prête pas à ces réductions, il faudrait faire un recueil spécial, qui serait l'organe de l'Office des sociétés. Dans tous les cas le recueil, quel qu'il soit, devrait régulièrement fournir tous les renseignements sur cet office, et indiquer les moyens de se procurer les pièces avec tant de précision, qu'il suffirait d'écrire pour les obtenir par retour du courrier.

En tout cas nous ne saurions trop le répéter, même si on maintient le bulletin officiel, la véritable publicité utile sera celle de l'Office des sociétés, la possibilité de tout intéressé de se procurer pour presque rien les statuts de toutes les sociétés et moyennant une rémunération peu élevée les copies des pièces dont il peut avoir besoin, produira plus d'effets utiles que toutes les publications au *Journal officiel*. Il faut donc avant tout assurer le fonctionnement de cet office et la remise de toutes les publications; à cet effet, il suffira d'obliger au dépôt, le fondateur, le

notaire qui rédigera les actes, les administrations
des sociétés, les syndics, liquidateurs et enfin les
imprimeurs et éditeurs. Il faudra aussi organiser
une surveillance.

Cette surveillance devra être exercée par un agent
de l'Office des sociétés ; cet office ne doit pas à notre
avis se borner à centraliser les renseignements offi-
ciels et à les communiquer, il doit assurer un contrôle sur les sociétés. Nous ne voulons en aucune
façon d'intervention dans les affaires sociales, il n'y
aura ni observations faites aux sociétés, ni même
d'investigations au siège social, les communications
seront les mêmes que celles faites aux actionnaires.
Mais nous voulons que, dans ce bureau, il y ait quelqu'un qui lise la publicité, journaux, circulaires,
prospectus, notices, bilans, rapports, se tienne au
courant des divers incidents de la vie sociale, procès, faillites, liquidations, etc., en un mot réunisse
sur les diverses sociétés et surtout sur le personnel
de ces sociétés et les banquiers émetteurs de titres
de véritables dossiers ; ces dossiers seront tenus à
la disposition des parquets lorsque ceux-ci seront
saisis de plaintes : dans certains cas même nous
estimons que l'office doit attirer l'attention du parquet sur les faits les plus graves.

Il paraît en effet inadmissible qu'on puisse voir,
comme cela s'est produit trop souvent, des aigrefins
inonder Paris et surtout la province d'une publicité
dont le caractère criminel saute aux yeux et ce,
pendant des années entières. Lorsqu'on assiste au

renouvellement pour une série de sociétés au moins douteuses de fraudes que la seule lecture suivie des prospectus et des journaux rend évidentes, il n'y a pas à hésiter, il faut intervenir. Cette intervention est, du reste, bien facile : le parquet instruit par le dossier de l'office, avisé par cet office du caractère suspect d'une affaire ou surtout d'une maison d'émission, n'a qu'à attendre la première plainte et à ouvrir une instruction sur cette plainte. Une fois l'instruction ouverte, la pleine lumière sera faite ; aucune transaction, aucun désistement ne devra arrêter l'œuvre de la justice. Autant le parquet peut et même doit faire preuve d'indulgence lorsqu'il s'agit d'intérêts individuels et que ces intérêts reçoivent satisfaction, autant il doit se montrer irréductible, lorsque l'intérêt général se trouve engagé.

Il ne doit même pas hésiter à agir d'office, *comme la loi le lui permet* ; les rapports du bureau des sociétés lui serviront de guide ; c'est du reste ainsi que procède le parquet de Paris, qui souvent ouvre des instructions en matière de sociétés sur la seule lecture des rapports des syndics de faillite.

Pour atteindre le résultat espéré, il faut placer dans l'office un magistrat actif et éclairé, de préférence un de ceux qui ont siégé à la Cour de Paris dans les chambres qui jugent les affaires de sociétés anonymes ; il sera assisté d'un suppléant, plus jeune. Bien entendu, ces personnes continueront à faire partie de la magistrature, dans laquelle elles rentreront au bout de quelques années, de manière à établir une sorte de roulement. On peut compter que, grâce à cette organisation, les délits ne resteront plus impunis pendant des années, et que, d'un autre côté, les financiers sérieux seront moins inquiétés, l'examen de leur dossier constituerait la meilleure garantie contre toute surprise. Il n'y a pas de matière où l'on porte des plaintes plus nombreuses et souvent plus injustifiées que dans les affaires financières; à l'heure actuelle, il est presque impossible au parquet de discerner celles qu'il doit instruire et celles qu'il doit classer; désormais il aura un guide sérieux. Bien entendu ce sera chaque parquet qui décidera souverainement des poursuites et pour cela il sera nécessaire de lui donner un personnel suffisant.

Il y aura toujours des escrocs financiers, mais avec le régime proposé ils ne pourront pas pendant des années continuer leurs exploits, et on n'assistera plus à ces procès légendaires dans lesquels le même banquier se voyait, lors de sa débâcle, condamner dix ou vingt fois à raison d'émissions de sociétés différentes.

Par la création de l'Office des sociétés on aura comblé une lacune évidente de notre organisation, et ce sans qu'il en coûte rien au budget. Les sommes payées pour les copies couvriront sans doute les frais au bout de quelques années; en tous cas, il suffira de prélever sur la constitution des sociétés et les émissions un droit peu élevé qui sera loin d'atteindre les économies considérables qu'on fera faire aux sociétés sur la publication.

CHAPITRE XXI

SOCIÉTÉS ÉTRANGÈRES ET PSEUDO-ÉTRANGÈRES

Il ne faut pas se dissimuler que toutes les dispositions qu'on pourrait prendre pour les sociétés françaises resteraient lettre morte, si le législateur ne se préoccupait pas des sociétés étrangères. Le mal, on l'a vu ci-dessus, est grave, extrêmement grave, un remède anodin ne saurait suffire pour le guérir ou même l'atténuer.

Les émissions de titres étrangers en France présentent deux dangers différents : d'une part certains des titres ont été créés sous des formes et dans des conditions que le législateur a estimées dangereuses pour les capitalistes français; de telle sorte qu'on permet aux étrangers ce qu'on interdit aux Français; d'autre part, nombre de sociétés dont tous les éléments sont français se constituent sous une forme étrangère, en fraude des dispositions protectrices de nos lois; bien mieux, en formant des sociétés dans certains pays comme l'Angleterre et en émettant leurs titres en France, on évite les dispositions essentielles des deux législations.

La préoccupation du législateur doit donc être double : il faut soumettre les émissions de titres étrangers à certaines règles protectrices de l'épargne; il faut empêcher la fraude grave qui consiste à habiller une société française d'apparences étrangères.

La plus grande liberté, sauf question de réciprocité, doit être laissée aux sociétés étrangères d'exercer en France leurs entreprises; on doit seulement exiger d'elles des conditions de publicité. Telles sont en somme les dispositions du projet de loi soumis à la Chambre. L'article 1er porte : « Les sociétés étrangères constituées conformément aux lois de leurs pays peuvent faire des opérations et ester en justice. Elles ne peuvent établir une succursale en France que si un traité ou décret général, rendu dans la forme des règlements d'administration publique, a autorisé les sociétés de ce pays à exercer tous leurs droits en France.

L'article 2 règle la publicité. La société qui veut établir une succursale en France doit déposer ses statuts au greffe du tribunal de commerce, publier un extrait dans les journaux d'annonces légales; de plus les mêmes statuts sont reproduits au bulletin annexe du *Journal officiel* ainsi que les bilans annuels. Les modifications statutaires font également l'objet de publications; enfin, dans tous les actes, factures, annonces, publications et autres documents imprimés et autographiés, la dénomination sociale doit toujours être accompagnée de l'indication en toutes lettres de la nationalité et de la forme de la société.

Les auteurs de ce projet ont-ils essayé de traduire par des chiffres le coût des formalités qu'ils imposaient, nous espérons pour eux que non; les textes proposés paraîtraient vraiment excessifs. Tout d'abord, le dépôt des statuts aux greffes donne lieu à la perception de l'enregistrement de l'acte de société; tout le monde sait que ces droits représentent une somme importante; si l'on ajoute les frais d'insertion à l'*Officiel* on arrive à des chiffres le plus souvent en disproportion avec l'importance même de la succursale. Si le législateur s'est proposé d'empêcher l'établissement en France des succursales des sociétés étrangères, il ne peut que se féliciter de son œuvre; dans le cas contraire, elle ne se comprend pas. Il faut réduire les formalités proposées ou tout au moins leur coût; il suffira d'un dépôt de l'acte de société et des pièces constitutives à l'Office des sociétés; les publications ne seront exigées qu'en cas d'émission de titres.

Des précautions spéciales doivent être prises dans ce cas; la loi de 1907 exige la publication à l'*Officiel* d'une notice et des statuts; ces dispositions peuvent être maintenues, elles doivent l'être au moins en ce qui concerne la notice : c'est précisément pour les sociétés étrangères qu'elles peuvent présenter quelque utilité. Bien entendu il faudra exiger la remise à l'Office des sociétés de toutes les pièces exigées pour les sociétés françaises *et de celles spéciales aux sociétés étrangères*[1].

Faut-il aller plus loin? Le projet de 1882 interdisait l'émission et la négociation en France des actions des sociétés étrangères dont la valeur nominale était inférieure au minimum fixé par la loi française. De plus, aucune émission ou négociation de ces actions ne pouvait avoir lieu avant la souscription de la totalité du capital social, le versement du quart et la constitution définitive de la société. Dans le même sens ont conclu divers auteurs, certains même ont estimé que le gouvernement aurait dû, en vertu des lois existantes, interdire l'émission d'actions de 25 francs. Le projet du gouvernement non seulement ne reproduit pas ces dispositions, mais il n'explique pas pourquoi il les a abandonnées.

Nous estimons qu'il faut faire une distinction : le législateur ayant admis que les titres de 25 francs constituent *par eux-mêmes* un instrument de spéculation et de fraude, on ne saurait admettre à circuler en France des titres de cette nature. On interdit la circulation des obligations à lots étrangères, les mêmes raisons imposent la prohibition des actions de 25 francs. Il serait du reste ridicule, comme le faisait observer M. Rodolphe Rousseau au Congrès de 1900[2], de permettre à des sociétés étran-

---

1. Ainsi les sociétés anglaises devront remettre toutes les pièces qu'elles déposent à *Somersethouse*.
2. Voir ci-dessus, p. 266.

gères ce qu'on interdit aux sociétés françaises : ce serait encourager une concurrence déloyale, donner une prime à la création des sociétés pseudo-étrangères. Bien entendu des mesures transitoires devraient être prises, et les titres déjà soumis à l'abonnement au timbre devraient continuer à circuler. Mais à l'avenir toute émission, introduction, négociation en France d'autres titres serait interdite sous les sanctions qui ont été ci-dessus indiquées et sous celles de la loi de 1907. Au besoin on recourrait à des peines plus graves pour les intermédiaires, si la nécessité s'en faisait sentir [1].

Au contraire, on ne saurait mettre d'entraves à la circulation des titres de sociétés dont le capital n'a pas été souscrit ou libéré du quart; les législations étrangères ne prescrivent pas toutes ces dispositions, spécialement les lois anglaises n'exigent aucun versement et laissent toute liberté pour la souscription. Comment pourrait-on vérifier si, en fait, tout le capital a été souscrit et libéré du quart? La loi resterait lettre morte, on arriverait à interdire en France toute circulation de titres anglais et même belges. Revenons au principe posé pour les sociétés françaises; il ne saurait y avoir délit d'émission ou de négociation qu'autant que le vice du titre résulte

---

1. Bien entendu nous ne voulons pas empêcher les Français d'acheter à Londres les titres qui leur plairont et de les détenir en France; mais nous estimons nécessaire de supprimer leur circulation en France, comme on a fait pour les obligations à lots. Une des conséquences serait l'interdiction de l'abonnement au timbre.

de son apparence extérieure. Rien ne révèle le non-versement du quart et à plus forte raison l'absence de souscription de tout le capital.

Reste la fraude, celle qui consiste à créer des sociétés en réalité françaises sous l'empire de lois étrangères ; en d'autres termes, à constituer des sociétés pseudo-étrangères.

L'interdiction de la circulation des actions de 25 francs rendra cette fraude moins désirable ; néanmoins la constitution de la société en Angleterre ou en Belgique présente assez d'avantages, surtout avec les dispositions nouvelles, pour qu'on cherche à y recourir, sauf à émettre ensuite les titres en France ; il faut absolument supprimer ou du moins restreindre cette fraude. Ce résultat ne paraît pas du reste impossible à obtenir.

La première question qui se pose est celle de savoir à quel critérium on doit reconnaître la nationalité d'une société. Le Congrès de 1900 a voté sur ce point une résolution ainsi conçue : « La nationalité d'une société par actions doit être déterminée par le pays où elle a son principal établissement ou par le pays de son siège social réel, fixé par les statuts ». Nous aimons autant nous en rapporter à la jurisprudence : nos tribunaux, nous l'avons vu, considèrent d'abord le siège fixé par les statuts ; ce siège, jusqu'à preuve du contraire, détermine la nationalité ; on ne peut en effet qu'assez difficilement choisir un autre critérium. Mais la jurisprudence ne s'arrête pas là, elle admet les intéressés à prouver que ce siège ne correspond pas à la réalité et que la société a ailleurs son principal établissement, c'est-à-dire non pas nécessairement le lieu où se trouve son exploitation, mais celui où réside son administration, d'où part la direction de l'entreprise, où se trouvent ses archives, où est tenue sa comptabilité générale. Les tribunaux réservent également avec soin le cas où la forme étrangère aurait été adoptée pour faire fraude aux lois françaises.

Il faut laisser aux tribunaux le pouvoir d'appréciation dont ils ont fait jusqu'à présent un excellent usage ; mais on doit établir des sanctions. La plus efficace consisterait à punir de peines correctionnelles ceux qui constituent de mauvaise foi sous la forme étrangère des sociétés en réalité françaises, et ceux qui, une fois la société constituée sous une forme étrangère avec siège social réel à l'étranger, transportent ce siège en France, sans se soumettre aux lois françaises sur la constitution des sociétés. Si l'on trouve ces dispositions exagérées, il faudra réduire la répression au cas d'émission de mauvaise foi de titres créés en fraude des lois françaises.

Quoi qu'il en soit, ces dispositions répressives paraîtront soit insuffisantes, soit tardives. Il faut, comme pour les sociétés françaises, recourir à des mesures préventives ; on remplacera le contrôle du notaire par d'autres précautions. Les sociétés étrangères ne seront admises à l'abonnement au timbre et à la publication au bulletin officiel qu'après avoir fourni quelques garanties d'extranéité.

Sans doute, on ne pourra pas toujours facilement établir si la société est étrangère ou française ; on a vu ci-dessus que les dispositions des statuts font foi jusqu'à preuve du contraire, et que cette preuve ne peut être fournie le plus souvent que par ceux qui ont en mains les archives de la société ; comme ce sont eux qui présenteront la demande, il sera sans doute au moins difficile, sinon impossible, d'obtenir les communications nécessaires pour découvrir la fraude. A plus forte raison, cette découverte ne pourra-t-elle pas se faire lors de la constitution de la société, c'est-à-dire au moment le plus fréquent des émissions, puisque, à ce moment, une seule pièce existera, les statuts, dont les dispositions auront été naturellement calculées pour donner à la société des apparences étrangères. Néanmoins il ne semble pas impossible de dégager, de l'expérience des faits, quelques règles qui permettront de réduire les fraudes dans une très large mesure.

Lorsqu'une société s'est constituée suivant les lois d'un pays, a fixé son siège statutaire dans ce pays et que c'est également dans ce pays que doit s'exploiter surtout l'entreprise, les présomptions les plus graves militent en faveur de la sincérité de la disposition des statuts. L'adoption des lois étrangères peut s'expliquer facilement même dans le cas où tous les capitaux appartiennent à des Français et dans celui où le siège administratif se trouve établi en France. Certains pays n'admettent pas à fonctionner les sociétés françaises ; dans d'autres, on n'accorde de grandes concessions, chemins de fer, canaux, etc., qu'à des sociétés nationales; enfin certaines sociétés, notamment celles qui reçoivent des commandes de l'État, sont plus ou moins favorisées suivant qu'elles ont adopté ou non une forme étrangère. On peut donc admettre que, dans le cas où le siège statutaire se trouve fixé dans le même pays que l'objet social, il y a de grandes chances pour que la nationalité présente un caractère sérieux, et par suite il n'y a pas d'inconvénient à permettre les publications.

Renversons l'espèce : il s'agit d'une société anglaise, dont l'objet principal est l'exploitation d'une entreprise française. Rien de plus naturel; on comprend parfaitement que les capitalistes anglais s'intéressent aux affaires françaises, mais si les capitaux de la société sont français on se demande vraiment ce qu'il y aura d'anglais dans la société, sinon des apparences. Si on maintient au début un siège plus ou moins fictif en Angleterre, on peut être sûr que les actionnaires français finiront toujours par établir en France leur administration : l'expérience constante prouve qu'il n'en peut être autrement. Il faut donc enrayer absolument la fraude en décidant que les sociétés se qualifiant d'étrangères à objet principal français ne pourront pas émettre leurs titres en France, parce que cette émission les ferait présumer françaises, et par suite irrégulièrement constituées. On pourrait, il est vrai, laisser émettre une petite partie des titres en France, 1/5 ou 1/10 par exemple, mais il paraît préférable de n'admettre aucune émission : ce serait ouvrir la porte aux fraudes.

Plus délicate est la situation des sociétés constituées dans un pays, avec siège statutaire dans ce pays, mais ayant pour objet principal une entreprise dans un autre pays. Par exemple, une société anglaise se constitue pour l'exploitation d'une mine en Espagne. Cette combinaison se comprend à merveille, mais à la condition qu'il y ait quelque chose d'anglais dans l'affaire; si tous les capitaux sont demandés à des Français, il est manifeste que la forme anglaise n'a été imaginée que pour échapper aux lois françaises. L'adoption de la forme anglaise ne peut s'expliquer qu'autant que l'émission de la majorité des titres se fait en Angleterre.

On n'interdira pas les émissions de ces sociétés; mais à la condition qu'elles portent sur moins de la moitié des titres effectivement émis de chaque catégorie. Nous disons de chaque catégorie, parce que sans cela il serait extrêmement difficile de fixer une part du capital social, étant donnée la multiplicité des titres des sociétés anglaises par exemple.

On peut se demander comment assurer que, l'émission une fois permise pour 10 000 titres, on n'en placera pas 15 000. Il paraît presque aussi facile d'éviter cette fraude que d'empêcher les infractions à la loi de 1907. Tout d'abord l'insertion parue au bulletin officiel avisera les intermédiaires et le public des numéros des titres dont l'émission est possible en France, et les avertira en termes formels (la formule en sera imposée) que les autres numéros ne circulent pas en France. Les bulletins de souscription devront porter en gros caractères les mêmes mentions ; tout placement opéré en France de titres non visés dans la publicité, donnera lieu aux pénalités de la loi de 1907 qu'on pourra renforcer. Il serait tout naturel de punir d'une grosse amende, 5 p. 100 ou même 10 p. 100 de la valeur nominale, l'émission de titres autres que ceux dont l'émission serait autorisée. Il faut enrayer à tout prix cette fraude, et les peines ne peuvent atteindre des personnes de bonne foi. Pour assurer la répression, ceux qui placeront des titres étrangers devront avoir une comptabilité indiquant les entrées et sorties de ces titres avec les numéros. Enfin, on ne pourra abonner au timbre que les titres dont l'émission sera permise. Il resterait, il est vrai, le timbrage au comptant, mais d'une part l'administration ne l'admet que pour de petites quantités de titres et d'autre part le seul fait que l'administration aurait de très nombreuses demandes de timbrage de titres au comptant suffirait à attirer l'attention et à faire organiser la répression. Il ne faut pas oublier que ces renseignements seraient communiqués à l'Office des sociétés et qu'il en tirerait les conséquences nécessaires.

Ces principes posés, il ne reste plus qu'à assurer leur application. Toute demande tendant à l'abonnement au timbre des titres des sociétés étrangères, ou encore à l'insertion au bulletin officiel, sera communiquée à l'Office des sociétés et au parquet de la Cour de Paris; les représentants de ces administrations pourront dans un bref délai, quinze jours par exemple, former opposition à ces mesures. Faute d'opposition, l'administration pourra accorder l'abonnement et faire l'insertion; en cas d'opposition, il sera statué sans formalités par la Cour de Paris en chambre du conseil.

La Cour ne décidera pas définitivement si la société est étrangère ou française; mais simplement si des présomptions suffisantes d'extranéité existent; en d'autres termes, dans laquelle des trois catégories ci-dessus la société doit être rangée.

CHAPITRE XXII

OBLIGATIONS

Un grand nombre de sociétés par actions créent
des titres appelés obligations ; en 1900, la valeur
nominale des obligations cotées dans les bourses
françaises atteignait près de 20 milliards (19 880 millions), soit au moins 4 milliards de plus que les
actions[1]. Et cependant, à l'heure actuelle, le législateur ne s'est presque jamais préoccupé des obligations ; la loi ne définit même pas le contrat passé
entre la société et les capitalistes qui apportent leurs
fonds ; la jurisprudence a dû réparer dans la mesure
du possible cet oubli ; mais elle s'est heurtée à des
difficultés spéciales, tenant notamment à l'existence
de règles générales de droit posées à l'époque où l'on
ne pouvait prévoir l'essor des placements mobiliers.

L'obligataire est un créancier qui se trouve dans
une situation spéciale : d'une part, il a associé son
sort à celui de la société d'une façon plus intime que

1. Rapport de M. Chastenet.

les autres créanciers; les obligations sont en effet en général remboursables en un grand nombre d'années, de telle sorte que l'obligataire se trouve soumis à tous les aléas de la vie sociale, sans pouvoir obtenir son remboursement; d'autre part, les droits des obligataires sont représentés par des titres nominatifs ou au porteur, qui circulent aussi facilement que des actions, sont comme elles cotés et par suite exposent l'épargne à des dangers analogues, sur lesquels il paraît inutile de revenir.

Cette situation préoccupe depuis de nombreuses années tous ceux qui s'intéressent à la législation des sociétés. Le projet de 1882 contenait un titre spécial aux obligations; les congrès de 1889 et de 1900 ont consacré une partie importante de leurs délibérations à la législation sur les obligations, un projet de loi les concernant a été déposé par le gouvernement en 1903. Il faut examiner les questions principales que soulève cet essai de législation.

La première de ces questions est celle de savoir dans quelles conditions les sociétés anonymes pourront émettre des obligations. Il ne saurait s'agir dans la loi d'indiquer qui pourra décider cette émission; il y a là une question d'administration intérieure, que doivent résoudre les statuts de chaque société. Au contraire, l'épargne est intéressée à ce qu'on ne crée pas ces obligations dans des conditions qui présentent pour elle trop de dangers.

Tout le monde ou presque tout le monde s'accorde sur ce point que les obligations à lots ne doivent être émises qu'avec l'autorisation du gouvernement. Quant aux obligations à primes, c'est-à-dire celles remboursables au-dessus du prix d'émission, la loi doit les permettre, mais comme le prescrit le projet soumis à la Chambre, à la condition « que le taux de remboursement soit le même pour toutes les obligations »; nous ajoutons : « de la même série »; sans ces précautions on pourrait, sous le nom de primes, constituer de véritables lots.

On s'est demandé si le législateur doit permettre l'émission des obligations alors que le capital n'est pas entièrement libéré, ou autoriser cette création au delà d'une certaine proportion de ce capital. Les projets de 1882 et de 1903 n'ont pas voulu établir sur ces points aucune réglementation, laissant aux statuts le soin de décider; cette abstention nous paraît sage; étant données les variétés de situations toute réglementation risquerait de gêner l'administration des sociétés.

Les obligations une fois créées, il faut les émettre. La loi de 1907 établit pour les émissions d'obligations des règles analogues à celles édictées pour les actions. On devra en plus indiquer le montant des obligations déjà émises par la société, avec énumération des garanties qui y sont attachées, le nombre ainsi que la valeur des titres à émettre, l'intérêt à payer pour chacun d'eux, l'époque et les conditions de remboursement et les garanties sur lesquelles repose la nouvelle émission. On peut faire sur cette publicité les observations déjà présentées à propos des actions; il faut cependant observer que les renseignements présenteront généralement plus d'intérêt pour les souscripteurs d'obligations que pour ceux d'actions [1].

Le projet de loi se préoccupe ensuite, à l'imitation de la loi allemande de 1899, d'instituer des assemblées générales d'obligataires.

Ces assemblées, convoquées par la société débitrice, soit d'office, soit à la demande d'un certain nombre d'obligataires, délibèrent dans des conditions analogues à celles des actionnaires (art. 2 à 8). Néanmoins on exige que les trois quarts au moins du capital obligations en circulation soient représentés et que la délibération soit prise à la majorité des deux tiers des obligataires présents ou représentés (art. 9).

L'assemblée générale peut : 1° nommer un ou plusieurs représentants; 2° décider des actes conservatoires à accomplir dans l'intérêt commun; 3° confier à des représentants le pouvoir d'intenter des procès déterminés; 4° proroger une ou plusieurs échéances d'intérêts; 5° prolonger la durée de l'amortissement ou le suspendre; 6° consentir la réduction du taux de l'intérêt ou modifier les conditions de paiement des coupons; 7° décider que des dépenses seront faites à la charge des obligataires (art. 10). L'article 13 ajoute qu'aucune modification aux statuts, touchant à l'objet ou à la forme de la société, ne pourra être réalisée sans l'adhésion des deux tiers des obligataires délibérant comme ci-dessus.

1. Voir ci-dessus, chap. XX.

L'article 12 précise ainsi les fonctions des représentants des obligataires nommés par l'assemblée générale. « Le représentant des obligataires ne peut s'immiscer dans la gestion des affaires sociales; il a droit aux mêmes communications que les actionnaires et aux mêmes époques, il peut assister aux assemblées générales quelconques des actionnaires sans participer aux discussions ni au vote.

Ces dispositions seront très utiles aux administrations des sociétés en leur permettant de se débarrasser des réclamations d'obligataires isolés; l'article 15, en effet, ne maintient que les actions individuelles, à l'exclusion des actions à introduire dans l'intérêt général des obligataires; en d'autres termes, lorsque la majorité aura décidé, la porte des tribunaux sera fermée aux obligataires dans la plupart des cas. C'est là une conséquence grave du système, surtout si l'on songe que les assemblées d'obligataires présenteront encore moins de garanties que celles d'actionnaires, car les obligataires se connaîtront encore moins. Cependant, dans la plupart des cas, les décisions des obligataires ne seront pas assez graves pour que l'on n'admette pas le système proposé ou tout au moins il s'agira de mesures pratiques à prendre, mesures que des volontés individuelles ne sauraient entraver sans de sérieux inconvénients. Nous ferons au contraire des réserves en cas de modification des conditions essentielles du contrat d'obligation.

Voici l'espèce en vue de laquelle la loi a surtout

été faite : la société ne peut faire face à ses engagements, elle demande aux obligataires de lui accorder
une sorte de concordat. Ce concordat présente avec
celui réglementé par le code, en cas de faillite ou de
liquidation judiciaire, cette différence essentielle
qu'il ne s'applique qu'à une catégorie de créanciers;
les obligataires se sacrifient pour les autres créanciers. Il est vrai que l'article 10 ne prévoit pas
d'abandon du capital; mais tous les autres sacrifices
que peut faire l'obligataire sont autorisés. Ce sont
là des décisions graves; sur quels renseignements les
obligataires les prendraient-ils? Sur ceux que four-
niraient les administrateurs? ils nous paraissent
absolument insuffisants, il faut que ce soit en pleine
connaissance de cause que les obligataires votent
cette sorte de concordat; si la situation était trop
mauvaise, le sacrifice des obligataires ne servirait
qu'à permettre de payer les autres créanciers à leur
détriment. C'est une grave erreur qu'on commet
beaucoup trop souvent de croire qu'il faut retarder
autant que possible le dépôt du bilan d'une société
anonyme; dix exemples empruntés aux annales du
tribunal de commerce des dernières années montrent
que les sociétés qui ont su en temps utile user du
bénéfice de la liquidation judiciaire, ont par voie de
concordat officiel tiré le meilleur parti de leur situation embarrassée. Au contraire, lorsque les administrateurs ont retardé le dépôt du bilan, les liquidations et faillites n'ont abouti qu'à des résultats
désastreux. La prorogation du paiement des intérêts

ne fera souvent que retarder un dépôt de bilan qui s'impose.

Nous estimons en conséquence qu'il faut prendre les mesures nécessaires pour éviter ces inconvénients si graves, et ce non seulement dans l'intérêt des obligataires, mais dans celui des tiers. Lorsqu'une société ne sera pas en état de faire face au paiement de ses obligations, ou lorsque ses administrateurs estimeront que les charges sont trop lourdes pour pouvoir continuer, ils saisiront le président du tribunal de commerce du projet qu'ils auront élaboré; celui-ci désignera un mandataire de justice chargé d'examiner la situation. On ne convoquera l'assemblée qu'après dépôt du rapport de ce mandataire au siège social et à l'Office des sociétés, il sera imprimé et tenu à la disposition des obligataires. Les convocations viseront le rapport. Le mandataire de justice assistera à l'assemblée, veillera à ce qu'il soit donné connaissance de son rapport et présentera toutes observations utiles. L'assemblée statuera en connaissance de cause.

Nous sommes ainsi fort loin du projet; mais ces sortes de concordats sans aucune garantie nous paraissent extrêmement dangereux; l'expérience des affaires de faillite prouve que les ententes entre le débiteur et certains créanciers, lorsqu'elles ne sont pas surveillées, aboutissent généralement à quelque faillite désastreuse.

En revanche nous n'exigerons pas l'énorme quorum dont parle la loi. Ceux qui ont à réunir des assemblées où la moitié des actionnaires doit être présente ou représentée, savent quels sacrifices pécuniaires il faut faire pour s'assurer ce *quorum*; et cependant il s'agit d'actionnaires dont certains ont l'habitude de venir aux assemblées générales. Réunir les trois quarts des obligataires paraît une œuvre bien difficile; il faut se contenter de la moitié et encore seulement dans les cas les plus graves; dans les autres le quart suffira.

Le projet de loi contient également des dispositions intéressantes concernant les obligations hypothécaires et assurant la prise des inscriptions; ces dispositions ne peuvent qu'être approuvées.

Quant aux pénalités, elles ne paraissent pas toujours bien choisies. L'extension de l'article 15 à l'émission d'obligations n'est pas bien utile puisque la Cour de cassation a fait cette application; du reste, on sait ce qu'il faut penser de cet article; la généralisation des règles concernant les fraudes dans les assemblées d'actionnaires présente peu d'intérêt. Quant à la disposition qui punit des peines de l'article 405 ceux qui se font garantir ou promettre des avantages particuliers pour voter dans l'assemblée dans un certain sens ou pour ne pas participer au vote, ainsi que ceux qui garantissent ou promettent ces avantages, elle paraît purement déraisonnable. Lorsqu'on estime qu'il faut frapper, qu'on frappe, mais sans une exagération qui suffit à discréditer une disposition pénale.

Le projet du gouvernement a prévu le cas de

liquidation et faillite; il a rendu leur liberté aux obligataires. Il tranche de plus une controverse célèbre sur le taux d'admission des obligations émises au-dessous du pair; ces obligations seront admises au passif « pour une somme totale égale au capital qu'on obtiendra en ramenant à leur valeur actuelle, au taux réel de l'intérêt de l'emprunt, les annuités d'amortissement et d'intérêt qui restent à échoir; chaque obligation sera admise pour une somme égale au quotient obtenu en divisant le capital par le nombre des obligations non encore éteintes ».

Puisque les auteurs du projet se préoccupaient de la situation des obligataires en cas de faillite, ils auraient bien dû examiner une autre question qui méritait leur attention. Depuis quelques années, dans nombre de concordats de sociétés, les créanciers ont accepté des obligations à revenu variable. Cette expression signifie que les créanciers, aussi bien les obligataires que les autres, ne toucheront désormais leurs intérêts qu'autant qu'il y aura des bénéfices et dans la mesure des bénéfices. Cette combinaison extrêmement ingénieuse a donné dans la pratique des résultats très heureux, elle a permis le relèvement d'entreprises dont le sort paraissait absolument compromis. Le législateur doit consacrer cette pratique et lui assurer, par une réglementation, tous les effets qu'elle semble susceptible de produire.

Il est nécessaire de consacrer cette pratique parce

qu'elle est extrêmement discutée. On a soutenu qu'il s'agissait en réalité de titres analogues aux actions et qu'on ne pouvait obliger des créanciers à les accepter; on s'est demandé également quels étaient les droits des porteurs en cas de deuxième faillite, s'ils devaient être admis au passif et pour quelle somme. La Cour de cassation, à laquelle la deuxième question n'a pas été soumise, s'est bornée sur la première à décider qu'une option ayant été donnée aux créanciers, c'était volontairement qu'ils avaient accepté la situation nouvelle. C'est toujours par voie d'option qu'on procède; on offre aux créanciers le choix entre un dividende fixe et des obligations à revenu variable; mais ce choix est plus apparent que réel; il y a en effet généralement une grosse différence entre les dividendes fixes et la valeur des obligations à revenu variable. Cette situation ne peut pas durer, il faut la régler.

Nous estimons qu'on doit autoriser la majorité des créanciers délibérant comme en matière de faillite à imposer à la minorité des obligations à revenu variable. Nous irions même jusqu'à admettre la remise d'actions privilégiées, les créanciers se trouvant privilégiés par rapport aux actionnaires; mais primés par les créanciers nouveaux.

Qu'on maintienne les obligations à revenu variable ou qu'on admette des actions privilégiées, il faut, dans tous les cas, modifier l'administration des sociétés soumises à de tels concordats. Le plus souvent les actionnaires ne se trouvent plus, par suite

des conditions concordataires, intéressés que nomi-
nalement dans l'entreprise, puisqu'ils ne toucheront
qu'après paiement intégral des obligations à revenu
variable et cependant ils administrent seuls à l'exclusion de ces obligataires. Il y a là quelque chose
d'anormal qui ne saurait durer; les obligataires, les
véritables intéressés doivent participer à l'administration dans une mesure que fixera le concordat;
ils auront des droits analogues à ceux des actionnaires privilégiés, aussi le plus simple est de les
considérer comme tels. On dira peut-être que cette
solution viole des principes du droit; nous ne
voulons même pas examiner cette question; nous
sommes en matière pratique, il nous faut une solution pratique : nous la trouvons, nous l'adoptons.

CHAPITRE XXIII

PARTS DE FONDATEUR

Les parts de fondateur sont des titres qu'a imaginés la pratique et qui ont pris, surtout dans les dernières années, un grand développement. Ce sont des titres analogues comme forme aux obligations et aux actions, se transmettant par les modes commerciaux et même généralement par la remise au porteur. Ils donnent droit à une part dans les bénéfices et parfois permettent de toucher quelque chose dans le partage de l'actif lors de la liquidation.

Les porteurs de parts ressemblent aux actionnaires en ce qu'ils sont soumis comme eux, plus encore qu'eux, aux éventualités bonnes et mauvaises de la vie sociale. Ils en diffèrent en ce qu'ils n'ont dans l'administration aucune part. Ils ressemblent au contraire à des créanciers, puisque leur droit consiste surtout à réclamer certaines sommes d'argent de la société dans certaines éventualités.

On a discuté et l'on discute encore le caractère

juridique de la part de fondateur : les uns considèrent que les parts de fondateur sont des actions hors capital; les autres, que les porteurs de parts doivent être assimilés aux créanciers. La vérité c'est qu'on ne saurait considérer les porteurs de parts ni comme des actionnaires ni comme des créanciers; ils occupent une situation spéciale; ce serait. en effet une erreur de croire que dans les sociétés il ne peut y avoir que des actionnaires ou des créanciers; d'autres personnes peuvent prétendre aux bénéfices; il suffit de rappeler la situation des employés intéressés et celle des porteurs de ces titres que certaines sociétés ont émis sous le nom de bons [1].

Quoi qu'il en soit, les parts de fondateur donnent lieu à de graves difficultés et présentent de sérieux inconvénients. Il suffit d'ouvrir les recueils pour constater le nombre de procès que font naître les parts de fondateur; les porteurs reçoivent ou ne reçoivent pas de répartition suivant les décisions de l'assemblée générale; or ils ne font pas partie de cette assemblée et les actionnaires, qui la composent, ont souvent des intérêts opposés à ceux des porteurs de parts. De là de perpétuels conflits : les porteurs se plaignent qu'on dissimule les bénéfices, qu'on fait des amortissements trop élevés, que la société se dissout sans nécessité et uniquement pour se débarrasser de leurs prélèvements. Il y a là une

---

1. *Rev. soc.*, 1.

situation qui nécessite l'intervention du législateur; tout le monde est d'accord sur ce point, la seule discussion porte sur la nature et l'étendue de cette intervention.

Beaucoup plus grave, à notre avis, se présente la situation résultant de la libre circulation des parts de fondateur; celles-ci sont à l'heure actuelle écoulées dans le public presque aussitôt après la constitution de la société; de ces émissions résultent les abus les plus graves.

Ce titre éminemment aléatoire constitue un admirable instrument de tromperie; sa valeur est absolument incertaine. Comment, en effet, savoir si une société donnera de gros bénéfices et à quelle époque! Il peut, dans certains cas, prendre une grosse valeur et les rédacteurs de prospectus citent toujours des exemples classiques, notamment celui des parts de Suez; mais ces cas sont tout à fait exceptionnels. Dans l'immense majorité des sociétés, les parts ont la valeur de chiffons de papier qui n'ont donné et ne donneront jamais droit à des bénéfices. La part, au début de la société, présente donc tous les caractères d'un billet de loterie. On comprend à merveille combien on peut facilement tromper avec de tels titres la partie la moins instruite du public capitaliste. Nous avons insisté en de nombreux endroits sur le caractère de plus en plus spéculatif qu'affectent les emplois de fonds dans les affaires industrielles, et sur les inconvénients qui en résultent non seulement pour l'épargne, mais même pour l'avenir dés sociétés. Il paraît incontestable que la part de fondateur est le titre qui présente le plus d'inconvénients et ce sans grand intérêt pratique.

Le bénéficiaire d'actions d'apport a fourni à la société une contre-partie plus ou moins importante, mais une contre-partie; celui qui reçoit les parts de fondateur n'a pas participé au capital social. Il est vrai qu'à l'heure actuelle les apporteurs se font remettre des parts de fondateur; mais cette pratique imaginée surtout pour faire fraude à la loi de 1893 perdra son intérêt principal le jour où cette loi aura été modifiée et où les parts de fondateur ne pourront pas librement circuler au lendemain de la constitution. Du reste, on ne saurait à notre avis encourager la remise des parts aux apporteurs; il est infiniment plus naturel que ceux-ci reçoivent des titres qui leur permettent de participer à l'administration de la société, c'est-à-dire des actions.

Les apporteurs étant écartés, on doit constater que les parts vont souvent aux mains de personnes peu intéressantes. Il est tout naturel que ceux qui ont eu l'idée de l'affaire, qui l'ont organisée, bénéficient de son succès; mais le plus souvent la plus grande partie des parts ne reste pas entre leurs mains. Elles sont remises à tous ces intermédiaires qui s'agitent autour de la constitution des sociétés, rendant des services parfois problématiques; souvent même on ne remet à certaines personnes des parts que pour éviter leur mauvaise humeur et les entraves qu'elles pourraient apporter à la constitution. Quoi qu'il en soit, il y a des initiatives utiles qu'il faut rémunérer, et il est préférable de le faire directement, car les rémunérations indirectes ont infiniment plus d'inconvénients; si donc on doit maintenir la possibilité d'une attribution de parts de fondateur, il faut la réglementer.

Tout d'abord la loi doit fixer les droits des porteurs; le projet de loi déclare qu'ils ne pourront prétendre qu'à des bénéfices; on peut admettre cette disposition. Le projet se préoccupe également de la circulation et la restreint, nous l'avons vu, dans des termes si peu clairs, que le sens est difficile à deviner; la question est trop importante pour qu'on n'y revienne pas.

La solution la plus radicale consiste à supprimer non pas l'attribution d'une part de bénéfices, mais la représentation de cette part par des titres négociables. On hésitera sans doute à admettre une mesure aussi énergique, il est possible d'arriver à un résultat pratique satisfaisant sans y avoir recours. Pour diminuer les inconvénients du placement des titres, il suffit de reculer l'époque de ce placement, jusqu'au moment où il sera possible de se faire quelque idée de la valeur du titre, c'est-à-dire lorsque la part donnera des revenus ou sera susceptible d'en donner prochainement. On pourrait donc décider que les parts de bénéfices attribuées aux fondateurs, en dehors de la création d'actions, ne pourraient être représentées par des titres qu'après la première assemblée qui leur aura voté

une répartition ou tout au moins après celle qui
aura décidé la distribution du dividende maximum
réservé aux actions avant tout versement aux parts.
Si l'on trouve cette disposition exagérée ; il faut au
moins assimiler les parts de fondateur aux actions
et interdire le détachement de la souche pendant le
même temps.

Après avoir protégé le public, il faut songer à
mettre un terme aux difficultés entre la société et
les porteurs de parts ou au moins les diminuer.
On pourrait à cet égard songer à substituer aux
parts de fondateurs des actions hors capital, ou tout
au moins, pour éviter cette création de titres aux
noms similaires, donner aux porteurs de parts le
droit d'assister aux assemblées générales et d'y
voter. On aplanirait certainement ainsi certaines
difficultés, mais il est à craindre que les discussions
ne naissent entre les membres de l'assemblée ayant
des intérêts opposés. De plus, les porteurs de parts
n'ayant aucun droit sur le capital pousseraient à la
répartition des bénéfices, hors de toute raison. Il
paraît préférable d'adopter le texte du projet (art. 19) :
« Les statuts peuvent autoriser les porteurs de parts
à assister à l'assemblée générale d'actionnaires,
mais sans voix délibérative, à peine de nullité des
délibérations. »

Nous tendrions également à admettre le système
imaginé par les auteurs du projet, qui facilite au
moins les arrangements. Il consiste à créer une
représentation des porteurs de parts analogue à celle

des actionnaires. L'assemblée générale régulièrement constituée statue sur toutes les questions qui lui sont soumises. Elle peut consentir notamment à la réduction du droit aux bénéfices, au rachat des parts de la société, *à la conversion des parts en actions*. L'article 24 règle cette conversion. « La conversion ne peut être décidée que deux ans après la constitution de la société. Les actions créées en représentation des parts ne sont pas assujetties à la prohibition de la négociation édictée par l'article 3 de la loi du 24 juillet 1867. »

Cette dernière disposition nous laisse quelque peu rêveurs; nous comprenons bien que dans notre système, où il n'y a pas d'évaluation d'apports, où les actions d'apport sont en quelque sorte hors capital, on puisse admettre cette conversion. Mais comment le législateur, qui ne crée d'actions qu'autant qu'elles représentent une partie du capital, peut-il concevoir qu'on remette des actions à ceux qui n'ont pas contribué à constituer ce capital? Il y a là évidemment une porte toute grande ouverte à la fraude dans le système actuel de la législation.

Il y a une autre disposition dont on ne comprend pas la raison; c'est celle de l'article 26 du projet. Le texte commence par consacrer la jurisprudence : « Les porteurs de parts de fondateur ne peuvent s'opposer à la dissolution anticipée de la société prononcée sans fraude par les actionnaires conformément à la loi et aux statuts ». On y lit ensuite : « La proposition de dissolution anticipée est soumise à une assemblée de porteurs de parts, réunie conformément aux articles 21 et 22. *Si l'assemblée approuve la dissolution,* un porteur de parts ne pourra en contester les effets en justice, ni intenter de ce chef une action en dommages-intérêts contre la société. » On ne voit pas bien comment la question d'*approbation* peut être soumise aux porteurs, puisque cette dissolution leur est opposable même si elle supprime leurs droits, pourvu qu'elle ait été décidée *sans fraude et conformément aux dispositions des statuts et de la loi.* Ce que les auteurs du projet ont voulu dire, c'est que l'assemblée examinerait la régularité de la dissolution et que, si elle estimait qu'elle ne pouvait être attaquée, aucun porteur ne pourrait faire de procès. Le mieux eût été de dire, comme dans certains statuts, que l'assemblée des porteurs devrait ou acquiescer à la dissolution, ou nommer des représentants pour intenter l'action en nullité au nom de la masse des porteurs, aucune action individuelle n'étant possible, celle-ci en effet ne sert le plus souvent qu'à créer une situation privilégiée à celui qui exerce l'action, même s'il n'a pas de droits.

CHAPITRE XXIV

DES SOCIÉTÉS PAR ACTIONS AUTRES QUE LES SOCIÉTÉS ANONYMES

La société anonyme est de toute évidence la forme moderne et pratique sous laquelle se réunissent les capitaux; néanmoins dans les sociétés peu importantes ou dans celles dans lesquelles se trouve une personnalité qui peut, par sa fortune et sa situation, jouer le rôle d'associé indéfiniment responsable, il peut être utile de recourir à la forme de la commandite par actions.

Les règles concernant la constitution des sociétés en commandite par actions doivent être les mêmes que celles établies pour les sociétés anonymes; il n'y a pas de raison de faire intervenir des modifications, en dehors de celles que nécessite la différence des deux sociétés, et notamment l'existence d'un gérant responsable. Cette assimilation entraînera une revision des textes, non seulement à raison des modifications proposées pour les sociétés anonymes, mais aussi parce que le législateur de 1867, on ne sait au juste pourquoi, n'a pas cru devoir toujours adopter les mêmes dispositions pour les deux sortes de sociétés par actions, même lorsque la nature des sociétés n'imposait pas de différence.

Le code de commerce ne prévoyait que deux sortes de sociétés par actions : les sociétés anonymes et les sociétés en commandite. Des tentatives, assez timides du reste, ont été faites pour introduire la division en actions dans d'autres sociétés. Le législateur ne saurait se désintéresser de ces combinaisons : il doit soit les interdire, soit les réglementer. La jurisprudence a fait justice de l'innovation en matière de participation; ces associations ne possédant pas de capital ne sauraient le diviser en actions. On ne doit pas davantage admettre qu'on puisse diviser en actions le capital d'une société en nom collectif; il n'y a à cette combinaison aucune utilité. Mais, comme la question a été discutée, il est préférable de la trancher par un texte formel qui interdirait la création des actions dans les sociétés autres que les sociétés anonymes et les commandites.

Il faut simplifier autant que possible et unifier; il faut que les capitalistes, dont l'éducation se fait si lentement, n'éprouvent pas trop de difficultés lorsqu'ils veulent se rendre compte. Il ne faut pas surtout qu'ils puissent être trompés par des apparences.

C'est à ce point de vue que nous n'hésitons pas à proposer une modification à la loi de 1893. Cette loi a déclaré commerciales, quel que soit leur objet, les sociétés en commandite ou anonymes qui seront constituées dans les formes du Code de commerce et de la loi de 1867. Le texte peu clair a donné lieu aux interprétations les plus variées. On a vu plus haut [1] que la jurisprudence s'est fixée en ce sens qu'on pourrait toujours constituer des sociétés civiles non soumises aux dispositions des sociétés par actions, bien que leur capital soit divisé en actions, à la condition de laisser les associés engagés non plus seulement à concurrence de leur mise, mais indéfiniment pour leur part et portion. Il n'y a à maintenir cette disposition aucun avantage sérieux; elle présente au contraire les inconvénients les plus graves. Dès l'instant où la société crée des actions, elle doit être soumise aux lois des sociétés par actions. Sans doute l'engagement des actionnaires *in infinitum* présente une garantie pour les tiers, mais nous ne saurions trop le répéter, ce qui doit intéresser le législateur, c'est surtout l'épargne française. Or, non seulement les souscripteurs d'actions ne seront pas protégés, mais leur situation sera aggravée encore par l'augmentation de leur responsabilité, augmentation que rien de saillant ne leur révèle. Ils achètent une action de 500 francs, pensant être tenus pour cette somme; la déception est cruelle lorsqu'on leur demande 500 francs de plus. Le mot action doit toujours désigner des titres ne donnant lieu qu'au versement de la valeur nominale. Du reste il faut fermer la porte aux fraudes.

1. Chap. vi.

Il faudrait, à notre avis, se montrer infiniment plus facile pour les sociétés qui se constituent sans émettre des titres négociables par les voies commerciales ; dès l'instant où les transmissions ne peuvent s'opérer que par les voies civiles, c'est-à-dire : acte notarié, acte sous seing privé enregistré et signifié, les dangers disparaissent. Il ne reste que les tiers, mais ils se trouveront dans la même situation que lorsqu'ils traitent avec un particulier ou une société qui n'est pas par actions.

Le mieux serait, semble-t-il, de définir l'action, et de donner cette dénomination exclusivement aux droits d'associés cessibles par les modes commerciaux : transfert, endos, remise de titres au porteur. Au contraire, dès l'instant où la cession se ferait par les modes civils, il s'agirait d'une part d'intérêts. Cette distinction, qui a été proposée par des auteurs considérables, n'a été que pour partie admise dans les arrêts, mais rien n'empêche de la rendre légale ; elle est simple et facile à appliquer ; elle répond à toutes les nécessités pratiques, cela paraît suffisant pour la faire adopter. En tout cas, on ne saurait soumettre aux règles des sociétés par actions, les sociétés qui n'ont pas de titres qui circulent facilement ; ces sociétés ne présentent pas de dangers sérieux, il est inutile de réglementer leur constitution et leur administration. Il s'agit ici d'une affaire privée, le législateur doit intervenir le moins possible.

CHAPITRE XXV

CONCLUSIONS

Nous n'avons pas la prétention d'avoir fait une œuvre complète, nous considérons ce travail comme une simple ébauche ; mais il nous semble que si l'on voulait le compléter, *dans le même esprit*, on pourrait arriver à une réforme très utile de la loi des sociétés par actions.

Sans doute les textes proposés, quels qu'ils soient, ne résoudront jamais toutes les difficultés et surtout ne supprimeront pas toutes les fraudes. Des questions anciennes sur lesquelles l'attention n'aura pas été attirée se poseront au lendemain de la réforme : des questions nouvelles naîtront soit de l'évolution naturelle des sociétés, soit des efforts faits pour tourner les dispositions légales. Quant aux fraudes, on ne saurait espérer les faire disparaître. Néanmoins, après la réforme, nombre de difficultés seront tranchées, beaucoup de fraudes ne pourront plus se commettre ; l'amélioration semble devoir être certaine. Si on fait périodiquement subir aux textes votés les retouches dont l'expérience révélera la nécessité, on arrivera à obtenir une législation aussi pratique que possible.

Ces modifications ne devront pas détourner l'attention du problème de l'éducation du capitaliste; on enseigne tout aujourd'hui, sauf l'art de défendre sa fortune contre les mauvais placements; il y a là une œuvre considérable que l'État, les associations, les publicistes ne devraient pas négliger.

TABLE DES MATIÈRES

TROISIÈME PARTIE

14-10. — Coulommiers. Imp. PAUL BRODARD. — 10-10.

Juin 1909

FÉLIX ALCAN, ÉDITEUR

LIBRAIRIES FÉLIX ALCAN ET GUILLAUMIN RÉUNIES

108, Boulevard Saint-Germain, 108, Paris, 6°.

EXTRAIT DU CATALOGUE

SCIENCES — MÉDECINE — HISTOIRE — PHILOSOPHIE
ECONOMIE POLITIQUE. — STATISTIQUE — FINANCES

BIBLIOTHÈQUE SCIENTIFIQUE INTERNATIONALE

PUBLIÉE SOUS LA DIRECTION DE M. ÉMILE ALGLAVE

Volumes in-8, cartonnés à l'anglaise.

Derniers volumes publiés :

CHARLTON BASTIAN. L'évolution de la vie, avec figures dans le texte et 12 planches hors texte. 6 fr.
CONSTANTIN (C^ne). Le rôle sociologique de la guerre et le sentiment national. 6 fr.
COSTANTIN (J.). Le transformisme appliqué à l'agriculture, illustré. 6 fr.
JAVAL. Physiologie de la lecture et de l'écriture, 2° éd. illustré. 6 fr.
LALOY. Parasitisme et mutualisme dans la nature, ill. 6 fr.
LOEB. La dynamique des phénomènes de la vie, ill. 9 fr.
VRIES (HUGO DE). Espèces et variétés, 1 vol. 12 fr.

Précédemment parus :

Sauf indication spéciale, tous ces volumes se vendent 6 francs.

ANGOT. Les aurores polaires, illustré.
ARLOING. Les virus, illustré.
BAIN (ALEX.). L'esprit et le corps, 6e édition.
— La science de l'éducation, 11e édition.
BAGEHOT. Lois scientifiques du développement des nations. 7° édition.
BENEDEN (VAN). Les commensaux et les parasites dans le règne animal, 4° édition, illustré.
BERKELEY, voir COOKE.
BERNSTEIN. Les sens, 5e édition, illustré.
BERTHELOT, de l'Institut. La synthèse chimique, 9° éd.
— La révolution chimique, Lavoisier, ill., 2° édition.
BEAUNIS. Les sensations internes.
BINET. Les altérations de la personnalité.
BINET et FÉRÉ. Le magnétisme animal, 5° éd., illustré.

BLASERNA et HELMHOLTZ. Le son et la musique, 5⁰ éd.

BOURDEAU (L.). Histoire du vêtement et de la parure.

BRUCKE et HELMHOLTZ. Principes scientifiques des beaux-arts, 4e édition, illustré.

BRUNACHE. Au centre de l'Afrique; autour du Tchad, ill.

CANDOLLE (A. de). Origine des plantes cultivées, 4e édit.

CARTAILHAC. La France préhistorique, 2e éd., illustré.

CHARLTON BASTIAN. Le cerveau et la pensée, 2e éd., 2 vol. illustrés.

COLAJANNI. Latins et Anglo-Saxons.   9 fr.

COOKE et BERKELEY. Les champignons, 4e éd., illustré.

COSTANTIN (J.). Les végétaux et les milieux cosmiques (*Adaptation, évolution*), illustré.

— La nature tropicale, illustré.

DAUBRÉE, de l'Institut. Les régions invisibles du globe et des espaces célestes, 2e édition, illustré.

DEMOOR, MASSART et VANDERVELDE. L'évolution régressive en biologie et en sociologie, illustré.

DEMENY (G.). Les bases scientifiques de l'éducation physique, 4e éd., illustré.

— Mécanisme et éducation des mouvements, 3e édition, illustré.   9 fr.

DRAPER. Les conflits de la science et de la religion, 12e éd.

DREYFUS. L'évolution des mondes et des sociétés, 3e édit.

DUMONT (Léon). Théorie scientifique de la sensibilité, 4e éd.

FÉRÉ, voir Binet.

FUCHS. Les volcans et les tremblements de terre, 6e éd. ill.

GARNIER, voir Guignet.

GELLÉ (E.-M.). L'audition et ses organes, illustré.

GROSSE (E.). Les débuts de l'art, illustré.

GRASSET (J.). Les maladies de l'orientation et de l'équilibre, illustré.

GUIGNET (E.) et E. GARNIER. La céramique ancienne et moderne, illustré.

HELMHOLTZ, voir Blaserna.

HERBERT SPENCER. Introduction à la science sociale, 14e éd.

— Les bases de la morale évolutionniste, 7e édition.

HUXLEY (Th.-H.). L'écrevisse, 2e édition, illustré.

JACCARD. Le pétrole, le bitume et l'asphalte, illustré.

LAGRANGE (F.). Physiologie des exercices du corps, 10e éd.

LANESSAN (de). Introduction à la botanique. *Le sapin*, 2e édit., illustré.

— Principes de colonisation.

LE DANTEC. Théorie nouvelle de la vie, 4e éd., illustré.

— Évolution individuelle et hérédité.

— Les lois naturelles, illustré.

LUBBOCK. Les sens et l'instinct chez les animaux, ill.

MALMÉJAC. L'eau dans l'alimentation, illustré.

MANTEGAZZA. La physionomie et l'expression des sentiments, 3e édit., illustré, avec 8 pl. hors texte.

MASSART, voir DEMOOR.

MAUDSLEY. Le crime et la folie, 7e édition.

MEUNIER (STANISLAS). La géologie comparée, illustré.

— Géologie expérimentale, 2e éd., illustré.

— La géologie générale, 2e édit., illustré.

MEYER (de). Les organes de la parole, illustré.

MORTILLET (G. de). Formation de la nation française, 2e édition, illustré.

MOSSO. Les exercices physiques et le développement intellectuel.

NIEWENGLOWSKI. La photographie et la photochimie, illust.

NORMAN LOCKYER. L'évolution inorganique, illustré.

PERRIER (ED.), de l'Institut. La philosophie zoologique avant Darwin, 3e édition.

PETTIGREW. La locomotion chez les animaux, 2e éd., ill.

QUATREFAGES (A. DE). L'espèce humaine, 13e édition.

— Darwin et ses précurseurs français, 2e édition.

— Les émules de Darwin, 2 vol.

RICHET (Ch.). La chaleur animale, illustré.

ROBERTY (de). La sociologie, 3e édition.

ROMANES. L'intelligence des animaux, 3e éd., 2 vol.

ROCHÉ. La culture des mers en Europe, illustré.

ROOD (O.-N.). Théorie scientifique des couleurs et leurs applications à l'art et à l'industrie, 2e édition, illustré.

SCHMIDT. Descendance et darwinisme, 6e édition.

— Les mammifères dans leurs rapports avec leurs ancêtres géologiques, illustré.

SCHUTZENBERGER, de l'Institut. Les fermentations, 6e édit. illustré.

SECCHI (Le Père). Les étoiles, 3e édit., 2 vol. illustrés.

STALLO. La matière et la physique moderne, 3e édition.

STARCKE. La famille primitive.

STEWART (BALFOUR). La conservation de l'énergie, 6e éd.

SULLY (JAME). Les illusions des sens et de l'esprit, 3e éd., ill.

THURSTON. Histoire de la machine à vapeur, 3e éd., 2 vol.

TROUESSART. Microbes, ferments et moisissures, 2e éd., illustré.

TOPINARD. L'homme dans la nature, illustré.

TYNDALL (J.). Les glaciers et les transform. de l'eau, 7e éd., ill.

VANDERVELDE, voir DEMOOR.

WHITNEY. La vie du langage, 4e édition.

WURTZ, de l'Institut. La théorie atomique, 8e édition.

Hygiène de l'exercice chez les enfants et les jeunes gens, par le Dr F. LAGRANGE, lauréat de l'Institut. 8e édit.   4 fr.

De l'exercice chez les adultes, par *le même.* 6e édition.   4 fr.

Hygiène des gens nerveux, par le Dr LEVILLAIN. 5e éd. 4 fr.

L'éducation rationnelle de la volonté, son emploi thérapeutique, par le Dr PAUL-EMILE LÉVY. Préface de M. le prof. BERNHEIM. 6e édition.   4 fr.

L'idiotie. *Psychologie et éducation de l'idiot,* par le Dr J. VOISIN, médecin de la Salpêtrière, avec gravures.   4 fr.

La famille névropathique, *Hérédité, prédisposition morbide, dégénérescence,* par le D[r] CH. FÉRÉ, 2e édition.   4 fr.

L'instinct sexuel. *Évolution, dissolution,* par *le même.* 2e éd. 4 fr.

Le traitement des aliénés dans les familles, par *le même.* 3e édition.   4 fr.

L'hystérie et son traitement, par le Dr PAUL SOLLIER.   4 fr.

Manuel de psychiatrie, par le Dr J. ROGUES DE FURSAC. 3e éd. 4 fr.

L'éducation physique de la jeunesse, par A. MOSSO, professeur à l'Université de Turin.   4 fr.

Manuel de percussion et d'auscultation, par le Dr P. SIMON, professeur à la Faculté de médecine de Nancy, avec grav.   4 fr.

Manuel théorique et pratique d'accouchements, par le Dr A. POZZI, professeur à l'Ecole de médecine de Reims, avec 138 gravures. 4e édition.   4 fr.

Morphinisme et Morphinomanie, par le Dr PAUL RODET. (*Couronné par l'Académie de médecine.*)   4 fr.

La fatigue et l'entraînement physique, par le D[r] PH. TISSIÉ, avec gravures. Préface de M. le prof. BOUCHARD. 3e édition.   4 fr.

Les maladies de la vessie et de l'urèthre chez la femme, par le Dr KOLISCHER ; avec gravures.   4 fr.

Grossesse et accouchement, par le Dr G. MORACHE, professeur de médecine légale à l'Université de Bordeaux.   4 fr.

Naissance et mort, par *le même.*   4 fr.

La responsabilité, par *le même.*   4 fr.

Traité de l'intubation du larynx *chez l'enfant et chez l'adulte,* par le Dr A. BONAIN, avec 42 gravures.   4 fr.

Pratique de la chirurgie courante, par le Dr M. CORNET. Préface du Pr OLLIER, avec 111 gravures.   4 fr.

Dans la même collection :

COURS DE MÉDECINE OPÉRATOIRE
de M. le Professeur Félix Terrier :

Petit manuel d'antisepsie et d'asepsie chirurgicales, par les Drs FÉLIX TERRIER et M. PÉRAIRE, avec grav.   3 fr.

Petit manuel d'anesthésie chirurgicale, par *les mêmes,* avec 37 gravures.   3 fr.

L'opération du trépan, par *les mêmes,* avec 222 grav.   4 fr.

Chirurgie de la face, par les Drs FÉLIX TERRIER, GUILLEMAIN et MALHERBE, avec gravures.   4 fr.

Chirurgie du cou, par *les mêmes,* avec gravures.   4 fr.

Chirurgie du cœur et du péricarde, par les Drs FÉLIX TERRIER et E. REYMOND, avec 79 gravures.   3 fr.

Chirurgie de la plèvre et du poumon, par *les mêmes,* avec 67 gravures.   4 fr.

MÉDECINE
Dernières publications :

BOUCHARDAT (les prof. A. et G.). **Nouveau Formulaire Magistral**, précédé de généralités sur l'art de formuler, de Notions sur l'emploi des contrepoisons, sur les secours à donner aux empoisonnés et aux asphyxiés, suivi d'un précis sur les eaux minérales et artificielles, de notes sur l'Opothérapie, la Sérothérapie, la Vaccination, l'Hygiène thérapeutique, le régime déchloruré, de la liste des mets permis aux glycosuriques et d'un mémorial thérapeutique. 34ᵉ édition, collationnée avec le nouveau Codex de 1908, revue et augmentée de formules nouvelles. 1 vol. in-16 cartonné. . . . . 4 fr.

BOUCHUT ET DESPRÈS. **Dictionnaire de médecine et de thérapeutique médicale et chirurgicale,** comprenant le résumé de la médecine et de la chirurgie, les indications thérapeutiques de chaque maladie, la médecine opératoire, les accouchements, l'oculitisque, l'odontotechnie, les maladies d'oreilles, l'électrisation, la matière médicale, les eaux minérales, et un formulaire spécial pour chaque maladie, mis au courant de la science par les Dʳˢ Marion et F. Bouchut. 7ᵉ édition, très augmentée, 1 vol. in-4, avec 1097 fig. dans le texte et 3 cartes. Broché, 25 fr. ; relié. 30 fr.

CAMUS ET PAGNIEZ. **Isolement et psychothérapie.** *Traitement de la neurasthénie.* Préface du Pʳ Déjerine. 1 vol. gr. in-8. 9 fr.

CORNIL (le prof. V.). **Les tumeurs du sein.** 1 vol. gr. in-8, avec 169 fig. dans le texte. 12 fr.

CORNIL (V.), RANVIER, BRAULT ET LETULLE. **Manuel d'histologie pathologique.** 3ᵉ édition entièrement remaniée.

> Tome I, par MM. Ranvier, Cornil, Brault, F. Bezançon et M. Cazin. — *Histologie normale. — Cellules et tissus normaux. — Généralités sur l'histologie pathologique. — Altération des cellules et des tissus. — Inflammations. — Tumeurs. — Notions sur les bactéries. — Maladies des systèmes et des tissus. — Altérations du tissu conjonctif.* 1 vol. in-8, avec 387 gravures en noir et en couleurs. 25 fr.
>
> Tome II, par MM. Durante, Jolly, Dominici, Gombault et Phillipe. — *Muscles. — Sang et hématopoièse. — Généralités sur le système nerveux.* 1 vol. in-8, avec 278 grav. en noir et en couleurs. 25 fr.
>
> Tome III, par MM. Gombault, Nageotte, A. Riche, R. Marie, Durante, Legry, F. Bezançon. — *Cerveau. — Moelle. — Nerfs. — Cœur. — Larynx. — Ganglion lymphatique. — Rate.* 1 vol. in-8, avec 382 grav. en noir et en couleurs. 35 fr.
>
> Tome IV et dernier, par MM. Milian, Dieulafé, Herpin, Decloux, Critzmann, Courcoux, Brault, Legry, Hallé, Klippel et Lefas. — *Poumon. — Bouche. — Tube digestif. — Estomac. — Intestin. — Foie. — Rein. — Vessie et urèthre. — Rate. (Sous presse. Paraîtra fin 1909).*

CYON (E. DE). **Les nerfs du cœur.** 1 vol. gr. in-8 avec fig. 6 fr.

DESCHAMPS (A.). **Les maladies de l'énergie.** Les asthénies générales. *Épuisements, insuffisances, inhibitions.* (Clinique et Thérapeutique). Préface de M. le professeur Raymond. 1 vol. in-8. 2ᵉ édit. 8 fr. (*Couronné par l'Académie de médecine*).

DURET (le prof. H.). **Les tumeurs de l'encéphale.** (*Manifestations et Chirurgie*). 1 vol. grand in-8 avec 297 figures dans le texte. 20 fr.

ESTOR (le prof.) **Guide pratique de chirurgie infantile.** 1 vol. in-8, avec 165 gravures. 2ᵉ édition, revue et augmentée. 8 fr.

FINGER (E.). **La syphilis et les maladies vénériennes.** Trad. de l'allemand avec notes par les docteurs Spillmann et Doyon. 3ᵉ édit. 1 vol. in-8, avec 8 planches hors texte. 12 fr.

FLEURY (Maurice de), de l'Académie de médecine. **Manuel pour l'étude des maladies du système nerveux.** 1 vol. gr. in-8, avec 132 grav. en noir et en couleurs, cart. à l'angl. 25 fr.

FRENKEL (H. S.). **L'ataxie tabétique.** *Ses origines, son traite-ment.* Préface de M. le Prof. RAYMOND. 1 vol. in-8. 8 fr.

HARTENBERG (P.). **Psychologie des neurasthéniques.** 2ᵉ édition. 1 vol. in-16. . . . . 3 fr. 50

HENNEQUIN ET LOEWY. **Les luxations des grandes articula-tions, leur traitement pratique.** 1 vol. gr. in-8, avec 125 grav. dans le texte. 16 fr.

OFFROY (le prof.) et DUPOUY. **Fugues et vagabondage.** 1 vol. in-8 . . . . 7 fr.

LABADIE-LAGRAVE ET LEGUEU. **Traité médico-chirurgical de gynécologie.** 3ᵉ édition entièrement remaniée. 1 vol. grand in-8, avec nombreuses fig., cart. à l'angl. 25 fr.

LAGRANGE (F.). **Le traitement des affections du cœur par l'exercice et le mouvement.** 1 vol. in-8, avec fig. et une carte hors texte. 6 fr.

LE DANTEC (F.). **Traité de biologie.** 1 vol. grand in-8, avec fig., 2ᵉ éd. 15 fr.

— **Introduction à la pathologie générale.** 1 fort vol. gr. in-8. 15 fr.

LEPINE (le prof. R.). **Le Diabète sucré.** 1 vol. gr. in-8. . . 16 fr.

NIMIER (H.). **Blessures du crâne et de l'encéphale par coup de feu.** 1 vol. in-8, avec 150 fig. 15 fr.

SERIEUX et CAPGRAS. **Les folies raisonnantes.** 1 vol. in-8. 7 fr.

TERRIER (le prof. F.) et AUVRAY (M.). **Chirurgie du foie et des voies biliaires.** — TOME I. *Traumatismes du foie et des voies biliaires.* — *Foie mobile.* — *Tumeurs du foie et des voies biliaires.* 1901. 1 vol. gr. in-8, avec 50 gravures. 10 fr.

TOME II. *Echinococcose hydatique commune.* — *Kystes alvéolaires.* — *Suppurations hépatiques.* — *Abcès tuberculeux intra-hépatique.* — *Abcès de l'actinomycose.* 1907. 1 vol. gr. in-8, avec 47 gravures. 12 fr.

UNNA. **Thérapeutique des maladies de la peau.** Traduit de l'allemand par les Dʳˢ DOYON et SPILLMANN. 1 vol. gr. in-8. 8 fr.

PRÉCÉDEMMENT PARUS :

A. — Pathologie et thérapeutique médicales.

BERGER et LOEWY. **Les troubles oculaires d'origine génitale chez la femme.** 1 vol. in-18. 3 fr. 50

FÉRÉ (Ch.). **Les épilepsies et les épileptiques.** 1 vol. gr. in-8, avec 12 planches hors texte et 67 grav. dans le texte. 20 fr.

— **La pathologie des émotions.** 1 vol. in-8. 12 fr.

FLEURY (Maurice de), de l'Académie de médecine. **Introduction à la médecine de l'esprit.** 8ᵉ édit. 1 vol. in-8. 7 fr. 50. (*Couronné par l'Académie française et par l'Académie de médecine.*)

— **Les grands symptômes neurasthéniques.** 3ᵉ édition, revue 1 vol. in-8. (*Couronné par l'Académie des sciences.*) 7 fr. 50

GRASSET. **Les maladies de l'orientation et de l'équilibre.** 1 vol. in-8, cart. à l'angl. 6 fr.

— **Demifous et demiresponsables.** 2ᵉ édition. 1 vol. in-8. . 5 fr.

GUÉPIN. **Traitement de l'hypertrophie sénile de la prostate.** 1 vol. in-18. 4 fr. 50

JANET (P.) ET RAYMOND (F.). **Névroses et idées fixes.** TOME I. — *Études expérimentales,* par P. JANET. 2ᵉ éd. 1 vol. gr. in-8, avec 68 gr. 12 fr.

TOME II. *Fragments des leçons cliniques,* par F. RAYMOND et P. JANET. 2ᵉ éd. 1 vol. grand in-8, avec 97 gravures. 14 fr.

(*Couronné par l'Académie des Sciences et par l'Académie de médecine.*)

JANET (P.) ET RAYMOND (F.). **Les obsessions et la psychasthénie.** TOME I. — *Études cliniques et expérimentales*, par P. JANET. 2e édit. 1 vol. gr. in-8, avec grav. dans le texte.   18 fr.
   TOME II. — *Fragments des leçons cliniques*, par F. RAYMOND et P. JANET. 1 vol. in-8 raisin, avec 22 gravures dans le texte.   14 fr.
LAGRANGE (F.). **Les mouvements méthodiques et la « mécanothérapie ».** 1 vol. in-8, avec 55 gravures dans le texte.   10 fr.
— **La médication par l'exercice.** 1 vol. gr. in-8, avec 68 grav. et une planche en couleurs hors texte. 2e éd.   12 fr.
— **Le traitement des affections du cœur par l'exercice et le mouvement.** 1 vol. in-8 avec figures.   6 fr.
MARVAUD (A.). **Les maladies du soldat.** 1 vol. grand in-8. (*Ouvrage couronné par l'Académie des sciences.*)   20 fr.
MOSSÉ. **Le diabète et l'alimentation aux pommes de terre.** 1 vol. in-8.   5 fr.
SOLLIER (P.). **Genèse et nature de l'hystérie.** 2 vol. in-8.   20 fr.
VOISIN (J.). **L'épilepsie.** 1 vol. in-8.   6 fr.

B. — Pathologie et thérapeutique chirurgicales.

DE BOVIS. **Le cancer du gros intestin.** 1 volume in-8.   5 fr.
DELORME. **Traité de chirurgie de guerre.** 2 vol. gr. in-8. TOME I, 16 fr. — TOME II, 26 fr. (*Ouvrage couronné par l'Académie des sciences.*)
DURET (H.). **Les tumeurs de l'encéphale.** *Manifestations et chirurgie.* 1 fort vol. gr. in-8, avec 300 figures.   20 fr.
LEGUEU. **Leçons de clinique chirurgicale** (Hôtel-Dieu, 1901). 1 vol. grand in-8, avec 71 gravures dans le texte.   12 fr.
LIEBREICH. **Atlas d'ophtalmoscopie,** représentant l'état normal et les modifications pathologiques du fond de l'œil vues à l'ophtalmoscope. 3e éd. Atlas in-f° de 12 pl. en coul et texte explicatif.   40 fr.
NIMIER (H.) ET DESPAGNET. **Traité élémentaire d'ophtalmologie.** 1 fort vol. gr. in-8, avec 432 gravures. Cart. à l'angl.   20 fr.
NIMIER (H.) ET LAVAL. **Les projectiles de guerre** et leur action vulnérante. 1 vol. in-12, avec grav.   3 fr.
— **Les explosifs, les poudres, les projectiles d'exercice,** leur action et leurs effets vulnérants. 1 vol. in-12, avec grav.   3 fr.
— **Les armes blanches,** leur action et leurs effets vulnérants. 1 vol. in-12, avec grav.   6 fr.
— **De l'infection en chirurgie d'armée,** évolution des blessures de guerre. 1 vol. in-12, avec grav.   6 fr.
— **Traitement des blessures de guerre.** 1 fort vol. in-12, avec gravures.   6 fr.
F. TERRIER ET M. PÉRAIRE. **Manuel de petite chirurgie.** 8e édition, entièrement refondue. 1 fort vol. in-12, avec 572 fig., cartonné à l'anglaise.   8 fr.

C. — Thérapeutique. Pharmacie. Hygiène.

BOSSU. **Petit compendium médical.** 6e édit. in-32, cart.   1 fr. 25
BOUCHARDAT. **Nouveau formulaire magistral.** 34e édition. *Collationnée avec le Codex de 1908.* 1 vol. in-18, cart.   4 fr.
BOUCHARDAT ET DESOUBRY. **Formulaire vétérinaire,** 6e édit. 1 vol. in-18, cartonné.   4 fr.
BOURGEOIS (G.). **Exode rural et tuberculose.** 1 vol. gr. in-8. 5 fr.
LAGRANGE (F.). **La médication par l'exercice.** 1 vol. grand in-8, avec 68 grav. et une carte en couleurs. 2e éd.   12 fr.
— **Les mouvements méthodiques et la « mécanothérapie ».** 1 vol. in-8, avec 55 gravures.   10 fr.
LAHOR (Dr Cazalis) et Lucien GRAUX. **L'alimentation à bon marché saine et rationnelle.** 1 vol. in-16. 2e édit.   3 fr. 50
   (*Couronné par l'Institut*).

D. — Anatomie. Physiologie.

BELZUNG. **Anatomie et physiologie végétales.** 1 fort volume in-8, avec 1700 gravures.   20 fr.

— **Anatomie et physiologie animales.** 10e édition revue. 1 fort volume in-8, avec 522 gravures dans le texte, broché, 6 fr.; cart.   7 fr.

BÉRAUD (B.-J.). **Atlas complet d'anatomie chirurgicale topographique.** composé de 109 planches représentant plus de 200 figures gravées sur acier, avec texte explicatif. 1 fort vol. in-4.
   Prix : Fig. noires, relié, 60 fr. — Fig. coloriées, relié, 120 fr.

CHASSEVANT. **Précis de chimie physiologique.** 1 vol. gr. in-8, avec figures.   10 fr.

DEBIERRE. **Traité élémentaire d'anatomie de l'homme.** Ouvrage complet en 2 volumes.   40 fr.
   TOME I. *Manuel de l'amphithéâtre.* 1 vol. gr. in-8 de 950 pages, avec 450 figures en noir et en couleurs dans le texte.   20 fr.
   TOME II. 1 vol. gr. in-8, avec 515 figures en noir et en couleurs dans le texte. (*Couronné par l'Académie des Sciences.*)   20 fr.

— **Atlas d'ostéologie,** comprenant les articulations des os et les insertions musculaires. 1 vol. in-4, avec 253 grav. en noir et en couleurs, cart. toile dorée.   12 fr.

— **Leçons sur le péritoine.** 1 vol. in-8, avec 58 figures.   4 fr.

— **L'embryologie en quelques leçons.** 1 vol. in-8, avec 144 fig.   4 fr.

— **Le cerveau et la moelle épinière.** 1 vol. in-8 avec fig. et planches.   15 fr.

DEMENY (G.). **Mécanisme et éducation des mouvements.** 3e éd. 1 vol. in-8, avec grav. cart.   9 fr.

FAU. **Anatomie des formes du corps humain,** à l'usage des peintres et des sculpteurs. 1 atlas in-folio de 25 planches. Prix : Figures noires, 15 fr. — Figures coloriées.   30 fr.

FÉRÉ. **Travail et plaisir.** *Études de psycho-mécanique.* 1 vol. gr. in-8, avec 200 fig.   12 fr.

GELLÉ. **L'audition et ses organes..** 1 vol. in-8, avec grav .   6 fr.

GLEY (E.). **Etudes de psychologie physiologique et pathologique.** 1 vol. in-8 avec gravures.   5 fr.

GRASSET (J.). **Les limites de la biologie.** 6e édit. Préface de Paul BOURGET. 1 vol. in-16.   2 fr. 50

JAVAL (E.). **Physiologie de la lecture et de l'écriture.** 1 vol. in-8. 2e édit.   6 fr.

LE DANTEC. **L'unité dans l'être vivant.** *Essai d'une biologie chimique.* 1 vol. in-8.   7 fr. 50

— **Les limites du connaissable.** *La vie et les phénomènes naturels.* 2e édit. 1 vol. in-8.   3 fr. 75

PREYER. **Éléments de physiologie générale.** Traduit de l'allemand par M. J. SOURY. 1 vol. in-8.   5 fr.

RICHET (Ch.), professeur à la Faculté de médecine de Paris, membre de l'Académie de médecine. **Dictionnaire de physiologie,** publié avec le concours de savants français et étrangers. Formera 12 à 15 volumes grand in-8, se composant chacun de 3 fascicules; chaque volume, 25 fr.; chaque fascicule, 8 fr. 50. Sept volumes parus.
   TOME I (*A-Bac*). — TOME II (*Bac-Cer*). — TOME III (*Cer-Cob*). — TOME IV (*Cob-Dig*). — TOME V (*Dic-Fac*). — TOME VI (*Fiom-Gal*). — TOME VII (*Gal-Gra*). — TOME VIII (1er fascicule) (*Gra-Hém*). (2e fascicule). (*Hém-Hop*).

SNELLEN. **Echelle typographique pour mesurer l'acuïté de la vision.** 17e édition.   4 fr.

SPENCER (Herbert). **Principes de biologie,** traduit par M. CAZELLES. 4e édit. 2 forts vol. in-8.   20 fr.

BIBLIOTHÈQUE GÉNÉRALE
DES SCIENCES SOCIALES

Secrétaire de la rédaction : DICK MAY, Secrét. gén. de l'Éc. des Hautes Études sociales.

Volumes in-8 carré de 300 pages environ, cart. à l'anglaise.

Chaque volume, 6 fr.

Derniers volumes publiés :

La criminalité dans l'adolescence, par G.-L. DUPRAT. (*Couronné par l'Institut*).

La nation armée, par MM. le général BAZAINE-HAYTER, C. BOUGLÉ, E. BOURGEOIS, C^me BOURGUET, E. BOUTROUX, A. CROISET, G. DEMENY, G. LANSON, L. PINEAU, C^se POTEZ, F. RAUH.

Morales et religions, par MM. G. BELOT, L. DORISON, AD. LODS, A. CROISET, W. MONOD, E. DE FAYE, A. PUECH, le baron CARRA DE VAUX, E. EHRARDT, H. ALLIER, F. CHALLAYE.

Le droit de grève, par MM. CH. GIDE, H. BERTHÉLEMY, P. BUREAU, A. KEUFER, C. PERREAU, CH. PICQUENARD, A.-E. SAVOUS, F. FAGNOT, E. VANDERVELDE.

Les trusts et les syndicats de producteurs, par J. CHASTIN. (*Récompensé par l'Institut*).

L'individu, l'association et l'État, par E. FOURNIÈRE, prof. au Conservatoire des Arts et Métiers.

Le surpeuplement et les habitations à bon marché, par H. TUROT et H. BELLAMY.

***

L'individualisation de la peine, par R. SALEILLES, prof. à la Faculté de droit de l'Univ. de Paris, et G. MORIN, doc. 2e édition.

L'idéalisme social, par EUGÈNE FOURNIÈRE, 2e édit.

Ouvriers du temps passé (XVe et XVIe siècles), par H. HAUSER, professeur à l'Université de Dijon, 3e édition.

Les transformations du pouvoir, par G. TARDE, 2e édit.

Morale sociale, par MM. G. BELOT, MARCEL BERNÈS, BRUNSCHVICG, F. BUISSON, DARLU, DAURIAC, DELBET, CH. GIDE, M. KOVALEVSKY, MALAPERT, le R. P. MAUMUS, DE ROBERTY, G. SOREL, le PASTEUR WAGNER. Préface de M. ÉMILE BOUTROUX, de l'Institut. 2e édit.

Les enquêtes, *pratique et théorie*, par P. DU MAROUSSEM.

Questions de morale, par MM. BELOT, BERNÈS, F. BUISSON, A. CROISET, DARLU, DELBOS, FOURNIÈRE, MALAPERT, MOCH, D. PARODI, G. SOREL. 2e édit.

Le développement du catholicisme social, depuis l'encyclique *Rerum Novarum*, par MAX TURMANN. 2e édit.

Le socialisme sans doctrines, par A. MÉTIN.

L'éducation morale dans l'Université, par MM. LÉVY-BRUHL, DARLIN, M. BERNÈS, KORTZ, ROCAFORT, BIOCHE, Ph. GIDEL, MALAPERT, BELOT.

La méthode historique appliquée aux sciences sociales, par CH. SEIGNOBOS, professeur à l'Univ. de Paris. 2e édit.

Assistance sociale. *Pauvres et mendiants*, par PAUL STRAUSS.

L'hygiène sociale, par E. DUCLAUX, de l'Institut.

Le contrat de travail. *Le rôle des syndicats professionnels*, par P. BUREAU, professeur à la Faculté libre de droit de Paris.

Essai d'une philosophie de la solidarité, par MM. DARLU, RAUH, F. BUISSON, GIDE, X. LÉON, LA FONTAINE, E. BOUTROUX.

L'éducation de la démocratie, par MM. E. LAVISSE, A. CROISET, SEIGNOBOS, MALAPERT, LANSON, HADAMARD. 2ᵉ édit.

L'exode rural et le retour aux champs, par E. VANDERVELDE.

La lutte pour l'existence et l'évolution des sociétés, par J.-L. DE LANESSAN, ancien ministre.

La concurrence sociale et les devoirs sociaux, par LE MÊME.

La démocratie devant la science, par C. BOUGLÉ, chargé de cours à l'Université de Paris.

L'individualisme anarchiste. *Max Stirner*, par V. BASCH, chargé de cours à l'Université de Paris.

Les applications sociales de la solidarité, par MM. P. BUDIN, CH. GIDE, H. MONOD, PAULET, ROBIN, SIEGFRIED, BROUARDEL.

La paix et l'enseignement pacifiste, par MM. FR. PASSY, CH. RICHET, D'ESTOURNELLES DE CONSTANT, E. BOURGEOIS, A. WEISS, H. LA FONTAINE, G. LYON.

Études sur la philosophie morale au XIXᵉ siècle, par MM. BELOT, A. DARLU, M. BERNÈS, A. LANDRY, CH. GIDE, E. ROBERTY, R. ALLIER, H. LICHTENBERGER, L. BRUNSCHVICG.

Enseignement et démocratie, par MM. A. CROISET, DEVINAT, BOITEL, MILLERAND, APPELL, SEIGNOBOS, LANSON, CH.-V. LANGLOIS.

Religions et sociétés, par MM. TH. REINACH, A. PUECH, R. ALLIER, A. LEROY-BEAULIEU, LE Bᵒⁿ CARRA DE VAUX, H. DREYFUS.

Essais socialistes, *La religion*, *L'alcoolisme*, *L'art*, par E. VANDERVELDE, professeur à l'Université nouvelle de Bruxelles.

LES MAITRES DE LA MUSIQUE

ÉTUDES D'HISTOIRE ET D'ESTHÉTIQUE

Publiées sous la direction de M. JEAN CHANTAVOINE

Collection honorée d'une souscription du Ministère des Beaux-Arts

Chaque volume in-8 de 250 pages environ, 3 fr. 50

Publiés :

Palestrina, par MICHEL BRENET. 2ᵉ édition.

César Franck, par VINCENT D'INDY. 4ᵉ édit.

J.-S. Bach, par ANDRÉ PIRRO. 2ᵉ édit.

Beethoven, par JEAN CHANTAVOINE. 4ᵉ édit.

Mendelssohn, par CAMILLE BELLAIGUE, 2ᵉ édition.

Smetana, par WILLIAM RITTER.

Rameau, par LOUIS LALOY. 2ᵉ éd.

Moussorgski, par M. D. CALVOCORESSI.

Haydn, par MICHEL BRENET.

Trouvères et Troubadours, par PIERRE AUBRY.

Wagner, par HENRI LICHTENBERGER.

BIBLIOTHÈQUE
D'HISTOIRE CONTEMPORAINE
Volumes in-16 et in-8

DERNIERS VOLUMES PUBLIÉS :

CHALLAYE (F.). Au Congo français. *La question internationale du Congo.* 1 vol. in-8 . . . . 5 fr.

DEBIDOUR, prof. à la Sorbonne. **L'Eglise catholique et l'Etat en France sous la 3ᵉ république (1870-1906).** Tome II (1889-1906). 1 vol. in-8 . . . . 10 fr.

DRIAULT (E.). Vue générale de l'histoire de la civilisation. 2 vol. in-16, illustrés. (*Récompensé par l'Institut*). . . . . . . 7 fr.

— **Le monde actuel.** *Tableau politique et économique.* 1 vol. in-8. 7 fr.

FÈVRE et HAUSER. Régions et pays de France. 1 vol. in-8, illustré. . . . . 7 fr.

HANDELSMAN. Napoléon et la Pologne (1806-1807). 1 vol. in-8. . . . . 5 fr.

MAILATH (Cᵗᵉ J. de). La Hongrie rurale, sociale et politique. 1 vol. in-8. . . . . 5 fr.

MANTOUX (J.). A travers l'Angleterre contemporaine. 1 vol. in-16. Préface de G. Monod, de l'Institut. 1 vol. in-16. . . . 3 fr. 50

Socialisme à l'Etranger (Le). *Angleterre, Allemagne, Autriche, Italie, Espagne, Russie, Japon, Etats-Unis,* par MM. J. Bardoux, G. Gidel, Kinzo Goraï, G. Isambert, G. Louis-Jaray, A. Marvaud, Da Motta de San Miguel, P. Quentin-Bauchart, M. Revon, A. Tardieu. 1 vol. in-16. 3 fr. 50

Vie politique dans les Deux Mondes (La), publiées sous la direction de A. Viallate, professeur à l'Ecole des Sciences politiques. *Deuxième année (1907-1908)* 1 vol. in-8. . . . . 10 fr.

EUROPE·

Histoire de l'Europe pendant la Révolution française, par *H. de Sybel.* Traduit de l'allemand par Mlle Dosquet. 6 vol. in-8. Chacun. 7 fr.

Hist. diplomatique de l'Europe (1815-1878), par *Debidour*, 2 v. in-8. 18 fr.

La question d'Orient, depuis ses origines jusqu'à nos jours, par *E. Driault* ; préface de *G. Monod.* 1 vol. in-8. 3ᵉ édit. . . . . . 7 fr.

La papauté, par *I. de Dœllenger.* Trad. de l'allemand. 1 vol. in-8. 7 fr.

Questions diplomatiques de 1904, par *A. Tardieu.* 1 vol. in-16. 3 fr. 50

La conférence d'Algésiras. *Histoire diplomatique de la crise marocaine (janvier-avril 1906),* par *le même.* 2ᵉ édit. 1 vol. in-8. 10 fr.

FRANCE

La révolution française, par *H. Carnot.* 1 vol. in-16. Nouv. éd. 3 fr. 50

La théophilanthropie et le culte décadaire (1796-1801), par *A. Mathiez.* 1 vol. in-8. . . . . 12 fr.

Contributions a l'histoire religieuse de la révolution française, par *le même.* 1 vol. in-16. . . . . 3 fr. 50

Mémoires d'un ministre du trésor public (1789-1815), par le comte *Mollien.* Publié par *M. Gomel.* 3 vol. in-8. . . . . 15 fr.

Condorcet et la révolution française, par *L. Cahen.* 1 vol. in-8. 10 fr.

Cambon et la révolution française, par *F. Bornarel.* 1 vol. in-8. 7 fr.

Le culte de la raison et le culte de l'être suprême (1793-1794). Étude historique, par *A. Aulard.* 2ᵉ éd. 1 vol. in-16. . . . . 3 fr. 50

Études et leçons sur la révolution française, par *A. Aulard.* 5 vol. in-16. Chacun . . . . 3 fr. 50

Variétés révolutionnaires, par *M. Pellet.* 3 vol. in-16. Chacun 3 fr. 50

Hommes et choses de la Révolution, par *Eug. Spuller.* 1 vol. in-16. . . . . 3 fr. 50

Les campagnes des armées françaises (1792-1815), par *C. Vallaux.* 1 vol. in-16, avec 17 cartes. . . . . 3 fr. 50

LA POLITIQUE ORIENTALE DE NAPOLÉON (1806-1808), par *E. Driault.* 1 vol.
   in-8. . . . . 7 fr.
NAPOLÉON ET LA SOCIÉTÉ DE SON TEMPS, par *P. Bondois.* 1 vol. in-8. 7 fr.
DE WATERLOO A SAINTE-HÉLÈNE (20 juin-16 oct. 1815), par *J. Silvestre,*
   1 vol. in-16. . . . . 3 fr. 50
LE CONVENTIONNEL GOUJON, par *L. Thénard et R. Guyot* 1 vol. in-8. 5 fr.
HISTOIRE DE DIX ANS (1830-1840), par *Louis Blanc.* 5 vol. in-8. Chacun. 5 fr.
ASSOCIATIONS ET SOCIÉTÉS SECRÈTES SOUS LA DEUXIÈME RÉPUBLIQUE (1848-
   1851), par *J. Tchernoff.* 1 vol. in-8. . . . . 7 fr.
HISTOIRE DU SECOND EMPIRE, par *Taxile Delord.* 6 vol. in-8. Chac. 7 fr.
HISTOIRE DU PARTI RÉPUBLICAIN (1814-1870), par *G. Weill.* 1 v. in-8. 10 fr.
HISTOIRE DU MOUVEMENT SOCIAL (1852-1902), par *le même.* 1 v. in-8. 7 fr.
HISTOIRE DE LA TROISIÈME RÉPUBLIQUE, par *E. Zevort* : I. *Présidence de
   M. Thiers.* 1 vol. in-8. 3ᵉ édit. 7 fr. — II. *Présidence du Maréchal.* 1 vol.
   in-8. 2ᵉ édit. 7 fr. — III. *Présidence de Jules Grévy.* 1 vol. in-8. 2ᵉ édi-
   tion. 7 fr. — IV. *Présidence de Sadi-Carnot.* 1 vol. in-8. . . . 7 fr.
HISTOIRE DES RAPPORTS DE L'ÉGLISE ET DE L'ÉTAT EN FRANCE (1789-1870),
   par *A. Debidour.* 1 vol. in-8 (*Couronné par l'Institut*). . . . 12 fr.
L'ÉTAT ET LES ÉGLISES EN FRANCE, Des origines à la loi de séparation,
   par *J.-L. de Lanessan.* 1 vol. in-16. . . . . 3 fr. 50
LA SOCIÉTÉ FRANÇAISE SOUS LA TROISIÈME RÉPUBLIQUE, par *Marius-Ary
   Leblond.* 1 vol. in-8. . . . . 5 fr.
LA LIBERTÉ DE CONSCIENCE EN FRANCE (1595-1905), par *G. Bonet-Maury.*
   1 vol. in-8, 2ᵉ édit. . . . . 5 fr.
LES CIVILISATIONS TUNISIENNES, par *P. Lapie.* 1 vol. in-16. . 3 fr. 50
LES COLONIES FRANÇAISES, par *P. Gaffarel.* 1 vol. in-8. 6ᵉ éd. . . 5 fr.
L'ŒUVRE DE LA FRANCE AU TONKIN, par *A. Gaisman.* 1 v. in-16. 3 fr. 50
LA FRANCE HORS DE FRANCE. *Notre émigration, sa nécessité, ses condi-
   tions,* par *J.-B. Piolet.* 1 vol. in-8 . . . . 10 fr.
L'INDO-CHINE FRANÇAISE (*Cochinchine, le Cambodge, l'Annam et le Ton-
   kin*), par *J.-L. de Lanessan.* 1 vol. in-8, avec 5 cartes en couleurs. 15 fr.
L'ALGÉRIE, par *M. Wahl.* 1 vol. in-8. 5ᵉ éd., revue par *A. Bernard.* 5 fr.
LA FRANCE MODERNE ET LE PROBLÈME COLONIAL (1815-1830), par
   Ch. Schefer. 1 vol. in-8. 7 fr.
L'ÉGLISE CATHOLIQUE ET L'ÉTAT EN FRANCE SOUS LA TROISIÈME RÉPU-
   BLIQUE (1870-1906), par *A. Debidour.* Tome I. 1870-1889. 1 vol. in-8. 7 fr.
   Tome II. 1889-1906. 1 vol. in-8 . . . . 10 fr.
L'ÉVEIL D'UN MONDE. *L'œuvre de la France en Afrique occidentale,* par
   L. Hubert. 1 vol. in-16. . . . . ; . . . . 3 fr. 50

ALLEMAGNE

LE GRAND-DUCHÉ DE BERG (1806-1813), par *Ch. Schmidt.* 1 vol. in-8. 10 fr.
HISTOIRE DE LA PRUSSE, de la mort de Frédéric II à la bataille de Sadowa,
   par *E. Véron.* 1 vol. in-18. 6ᵉ éd. . . . . 3 fr. 50
LES ORIGINES DU SOCIALISME D'ÉTAT EN ALLEMAGNE, par *Ch. Andler.* 1 vol.
   in-8. . . . . 7 fr.
L'ALLEMAGNE NOUVELLE ET SES HISTORIENS (*Niebuhr, Ranke, Mommsen,
   Sybel, Treitschke*), par *A. Guilland.* 1 vol. in-8 . . . . 5 fr.
LA DÉMOCRATIE SOCIALISTE ALLEMANDE, par *E. Milhaud.* 1 vol. in-8. 10 fr.
LA PRUSSE ET LA RÉVOLUTION DE 1848, par *P. Matter.* 1 v. in-16. 3 fr. 50
BISMARCK ET SON TEMPS, par *le même.* 3 vol. in-8, chacun. 10 fr. — I. *La
   préparation* (1815-1862). — II. *L'action* (1863-1870). — III. *Le triomphe
   et le déclin* (1870-1896). (*Ouvrage couronné par l'Institut*).

ANGLETERRE

HISTOIRE CONTEMPORAINE DE L'ANGLETERRE, depuis la mort de la reine
   Anne jusqu'à nos jours, par *H. Reynald.* 1 vol. in-16. 2ᵉ éd. 3 fr. 50
LE SOCIALISME EN ANGLETERRE, par *Albert Métin.* 1 vol. in-16. 3 fr. 50

AUTRICHE-HONGRIE

LES TCHÈQUES ET LA BOHÈME CONTEMPORAINE, par *Bourlier,* in-16. 3 fr. 50
LES RACES ET LES NATIONALITÉS EN AUTRICHE-HONGRIE, par *B. Auerbach,*
   1 vol. in-8. 2ᵉ édit. (*Sous presse*) . . . . 5 fr.
LE PAYS MAGYAR, par *R. Recouly.* 1 vol. in-16. . . . . 3 fr. 50

ESPAGNE

HISTOIRE DE L'ESPAGNE, depuis la mort de Charles III jusqu'à nos jours, par *H. Reynald*. 1 vol. in-16 . . . . 3 fr. 50

GRÈCE et TURQUIE

LA TURQUIE ET L'HELLÉNISME CONTEMPORAIN, par *V. Bérard*. 1 vol. in-16. 4ᵉ éd. (*Ouvrage couronné par l'Académie française*) . . . . 3 fr. 50
BONAPARTE ET LES ILES IONIENNES (1797-1816), par *E. Rodocanachi*. 1 vol. in-8 . . . . 5 fr.

ITALIE

HISTOIRE DE L'UNITÉ ITALIENNE (1814-1871), *Bolton King*. 2 v. in-8. 15 fr.
HISTOIRE DE L'ITALIE, depuis 1815 jusqu'à la mort de Victor-Emmanuel, par *E. Sorin*. 1 vol. in-16 . . . . 3 fr. 50
BONAPARTE ET LES RÉPUBLIQUES ITALIENNES (1796-1799), par *P. Gaffarel*. 1 vol. in-8 . . . . 5 fr.
NAPOLÉON EN ITALIE (1800-1812), par *J.-E. Driault*. 1 vol. in-8.. 10 fr.

SUISSE

HISTOIRE DU PEUPLE SUISSE, par *Daendliker*. Introd. de *Jules Favre*. In-8.
5 fr.

ROUMANIE

HISTOIRE DE LA ROUMANIE CONTEMP. (1822-1900), par *Damé*. In-8. 7 fr.

AMÉRIQUE

HISTOIRE DE L'AMÉRIQUE DU SUD, par *Alf. Deberle*. in-16. 3ᵉ éd. 3 fr. 50
L'INDUSTRIE AMÉRICAINE, par *A. Viallate*, professeur à l'Ecole des Sciences politiques. 1 vol. in-8 . . . . 10 fr.

CHINE-JAPON

HISTOIRE DES RELATIONS DE LA CHINE AVEC LES PUISSANCES OCCIDENTALES (1861-1902), par *H. Cordier*, de l'Instit. 3 vol. in-8, avec cartes. 30 fr.
L'EXPÉDITION DE CHINE DE 1857-58, par *le même*. 1 vol. in-8. . . 7 fr.
L'EXPÉDITION DE CHINE DE 1860, par *le même*. 1 vol. in-8. . . . 7 fr.
EN CHINE. *Mœurs et institutions.* par *M. Courant*. 1 vol. in-16 . 3 fr. 50
LE DRAME CHINOIS, par *Marcel Monnier*. 1 vol. in-16. . . . 2 fr. 50
LE PROTESTANTISME AU JAPON (1859-1907), par *R. Allier*. 1 vol. in-16.
3 fr. 50

ÉGYPTE

LA TRANSFORMATION DE L'ÉGYPTE, par *Alb. Métin*. 1 vol. in-16. 3 fr. 50

INDE

L'INDE CONTEMP. ET LE MOUVEMENT NATIONAL, par *Piriou*. In-16 3 fr. 50

QUESTIONS POLITIQUES ET SOCIALES

Despois (E.). LE VANDALISME RÉVOLUTIONNAIRE. 1 vol. in-16. 4ᵉ éd. 3 f. 50
Dumoulin (M.). FIGURES DU TEMPS PASSÉ. 1 vol. in-16. . 3 fr. 50
Driault (E.). PROBLÈMES POLITIQUES ET SOCIAUX. 2ᵉ éd. 1 vol. in-8. 7 fr.
— HISTOIRE DU MOUVEMENT SYNDICAL EN FRANCE (1789-1906). 3 fr. 50
Eichthal (Eug. d'), de l'Institut. SOUVERAINETÉ DU PEUPLE ET GOUVERNEMENT. 1 vol. in-16 . . : . . . . 3 fr. 50
Guyot (Yves). SOPHISMES SOCIALISTES ET FAITS ÉCONOMIQUES. 1 vol. in-16. . . . . 3 fr. 50
Lanessan (J.-L. de). LES MISSIONS ET LEUR PROTECTORAT. 1 vol. in-16. . . . . 3 fr. 50
Lichtenberger (A.) LE SOCIALISME UTOPIQUE. 1 vol. in-16. 3 fr. 50
— LE SOCIALISME ET LA RÉVOLUTION FRANÇAISE. 1 v. in-8. . . 5 fr.
Louis (Paul). L'OUVRIER DEVANT L'ÉTAT. 1 vol. in-8 . . . . . 7 fr.
Matter (Paul). LA DISSOLUTION DES ASSEMBLÉES PARLEMENTAIRES. 1 vol. in-8 . . . . 5 fr.
Reinach (J.). LA FRANCE ET L'ITALIE DEVANT L'HISTOIRE. 1 vol. in-8. 5 fr.
Schefer (C.). BERNADOTTE ROI (1810-1818-1844). 1 vol. in-8. 5 fr.
Spuller (Eug.). FIGURES DISPARUES, 3 vol. in-16, chacun . 3 fr 50
— L'ÉDUCATION DE LA DÉMOCRATIE. 1 vol. in-16. . . . . 3 fr. 50
— L'ÉVOLUTION POLITIQUE ET SOCIALE DE L'ÉGLISE. 1 vol. in-16. 3 fr. 50

Tardieu (A.). LA FRANCE ET SES ALLIANCES. *La lutte pour l'équilibre.*
1 vol. in-16. . . . . 3 fr. 50
Viallate (A.). LA VIE POLITIQUE DANS LES DEUX MONDES, 1re ANNÉE
(1906-1907). 1 fort volume in-8. . . . . 10 fr.
Weill (G.). L'ÉCOLE SAINT-SIMONIENNE. 1 vol. in-16. . . 3 fr. 50

MINISTRES ET HOMMES D'ÉTAT

Chaque volume in-16, 2 fr. 50

Bismarck, par H. WELSCHINGER.
Prim, par H. LÉONARDON.
Disraeli, par M. COURCELLE.

Ôkoubo, ministre japonais, par
M. COURANT.
Chamberlain, par A. VIALLATE.

BIBLIOTHÈQUE UTILE

Élégants volumes in-32, de 192 pages chacun.

Chaque volume broché, 60 cent.; cartonné, 1 franc.

Acloque (A.). Les insectes nuisibles (avec fig.).
Amigues (E.). A travers le ciel.
Bastide. Les guerres de la Réforme. 5e édit.
— Luttes religieuses des premiers siècles. 5e édit.
Beauregard (H.). Zoologie générale (avec fig.).
Bellet. (D.). Les grands ports maritimes de commerce (avec fig.).
Bère. Histoire de l'armée française.
Berget (Adrien.) La viticulture nouvelle. (*Manuel du vigneron.*) 3e éd.
— La pratique des vins. 2e éd. (*Guide du récoltant*).
— Les vins de France. (*Guide du consommateur.*)
Bertillon (Jacques). La statistique humaine de la France.
Blerzy (H.). Les colonies anglaises. 2e édit.
— Torrents, fleuves et canaux de la France. 3e édit.
Boillot. Les entretiens de Fontenelle sur la pluralité des mondes.
Bondois. (P). L'Europe contemporaine (1789-1879). 2e édit.
Bouant. Les principaux faits de la chimie (avec fig.).
— Hist. de l'eau (avec fig.).
Brothier. Histoire de la terre. 9e éd.
— Causeries sur la mécanique. 5e édit.

Buchez. Les Mérovingiens. 6e éd.
— Les Carlovingiens. 2e éd.
Carnot. Révolution française, 2 vol. 7e édit.
Catalan. Notions d'astronomie. 6e édit.
Collas (L.). Histoire de l'empire ottoman. 3e édit.
Collier. Premiers principes des beaux-arts (avec fig.).
Combes (L.). La Grèce ancienne. 4e édit.
Corbon. De l'enseignement professionnel. 4e édit.
Coste (Ad.). Alcoolisme ou épargne. 6e édit.
— Richesse et bonheur.
Coupin (H.). La vie dans les mers (avec fig.).
Creighton. Histoire romaine (avec fig.).
Cruveilbier. Hygiène générale. 9e édit.
Dallet. La navigation aérienne (avec fig.).
Debidour (A.) Histoire des rapports de l'Eglise et de l'Etat en France (1789-1871). Abrégé par DUBOIS et SARTHOU.
Despois (Eug.). Révolution d'Angleterre. 4e édit.
Doneaud (Alfred). Histoire de la marine française. 4e édit.
— Histoire contemporaine de la Prusse. 2e édit.
Dufour. Petit dictionnaire des falsifications. 4e édit.
Enfantin. La vie éternelle. 6e éd.

Faque. L'Indo-Chine française.

Ferrière. Le darwinisme. 9e éd.

Gaffarel (Paul). La défense nationale en 1792. 2e édit.

—Les frontières françaises. 2e édit.

Gastineau (B.). Les génies de la science et de l'industrie. 3e éd

Geikie. La géologie (avec fig.). 5e édit.

Genevoix (F.). Les matières premières.

—Les procédés industriels.

Gérardin. Botanique générale) avec fig.).

Girard de Rialle. Les peuples de l'Asie et de l'Europe.

Gossin. La photographie (fig.).

— La machine à vapeur (avec fig.)

Grove. Continents et océans. 3e éd.

Hatin. Le Journal.

Henneguy. Histoire de l'Italie depuis 1815.

Huxley. Premières notions sur les sciences. 4e édit.

Jevons (Stanley). L'économie politique. 10e édit.

Jouan. Les îles du Pacifique.

— La chasse et la pêche des animaux marins.

Jourdan (J.). La justice criminelle en France. 4e édit.

Jourdy. Le patriotisme à l'école.

Joyeux. L'Afrique française.

Larbalétrier (A.). L'agriculture française (avec fig.).

—Les plantes d'appartement (avec fig.).

Larivière (Ch. de). Les origines de la guerre de 1870.

Larrivé. L'assistance publique.

Laumonier. (Dr J.) L'hygiène de la cuisine.

Leneveux. Le budget du foyer.

— Le travail manuel en France. 2e édit.

Lévy (Albert). Histoire de l'air (avec fig.). 4e édit.

Look (F.). Jeanne d'Arc. 3e édit.

— Histoire de la Restauration. 5e édit.

Mahaffy. L'antiquité grecque (avec fig.).

Maigne. Les mines de la France et de ses colonies.

Margollé, voy. Zurcher.

Mayer (G.). Les chemins de fer (avec fig.).

Merklen (P.). La Tuberculose ; son traitement hygiénique.

Meunier (G.). Histoire de la littérature française. 4e éd.

— Histoire de l'art (avec fig.).

Milhaud (A.). Madagascar. 2e éd.

Mongredien. Le libre-échange en Angleterre.

Monin. Les maladies épidémiques (avec fig.).

Morand. Introduction à l'étude des sciences physiques. 6e éd.

Morin. La loi civile en France. 6e édit.

Noël (Eugène). Voltaire et Rousseau. 4e édit.

Ott (A.). L'Asie occidentale et l'Egypte. 3e édit.

Paulhan (F.). La physiologie de l'esprit. 5e édit. refondue.

Paul Louis. Les lois ouvrières.

Petit. Economie rurale et agricole.

Pichat (L.). L'art et les artistes en France. 5e édit.

Quesnel. Histoire de la conquête de l'Algérie.

Raymond (E.). L'Espagne et le Portugal. 3e édit.

Regnard. Histoire contemporaine de l'Angleterre.

Renard (G.). L'homme est-il libre ? 5e édit.

Robinet. La philosophie positive. 6e édit.

Rolland (Ch.). Histoire de la maison d'Autriche. 4e édit.

Sérieux et Mathieu. L'Alcool et l'alcoolisme. 4e édit.

Spencer (Herbert). De l'éducation. 12e édit.

Turck. Médecine populaire. 7e édit.

Vaillant. Petite chimie de l'agriculteur.

Wilkins. L'antiquité romaine (avec fig.). 2e édit.

Zaborowski (S.). L'homme préhistorique. 7e édit.

— Les mondes disparus (avec fig.) 4e édit.

— Les grands singes.

— L'origine du langage. 6e édit.

— Les migrations des animaux. 4e édit.

Zevort (Edg.). Histoire de Louis-Philippe. 4e édit.

Zurcher (F.). Les phénomènes de l'atmosphère. 7e édit.

Zurcher et Margollé. Télescope et microscope. 3e édit.

— Les phénomènes célestes. 3e éd.

BIBLIOTHÈQUE
DE PHILOSOPHIE CONTEMPORAINE

VOLUMES IN-16.
Brochés, 2 fr. 50.

Derniers volumes publiés :

J. Bourdeau
Pragmatisme et modernisme.
G. Compayré.
L'adolescence.
Em. Cramaussel.
Le premier éveil intellectuel de l'enfant.
E. d'Eichthal.
Pages sociales.
J. Girod.
Démocratie, patrie et humanité.

A. Joussain.
Le fondement psychologique de la morale.
G. Palante.
La sensibilité individualiste.
Fr. Paulhan.
La morale de l'ironie.
A. Schopenhauer.
Métaphysique et esthétique.

Alaux.
Philosophie de Victor Cousin.
R. Allier.
Philosophie d'Ernest Renan. 3e éd.
L. Arréat.
La morale dans le drame. 3e édit.
Mémoire et imagination. 2e édit.
Les croyances de demain.
Dix ans de philosophie (1890-1900).
Le sentiment religieux en France.
Art et psychologie individuelle.
G. Aslan.
Expérience et Invention en morale.
G. Ballet.
Langage intérieur et aphasie. 2e éd.
A. Bayet.
La morale scientifique. 2e édit.
Beaussire.
Antécédents de l'hégélianisme.
Bergson.
Le rire. 5e édit.
Binet.
Psychologie du raisonnement. 4e éd.
Hervé Blondel.
Les approximations de la vérité.
C. Bos.
Psychologie de la croyance. 2e éd.
Pessimisme, féminisme, moralisme.
M. Boucher.
Essai sur l'hyperespace. 2e éd.
C. Bouglé.
Les sciences sociales en Allemagne.
Qu'est-ce que la sociologie?
J. Bourdeau.
Les maîtres de la pensée. 5e éd.
Socialistes et sociologues. 2e édit.
E. Boutroux.
Conting. des lois de la nature. 6e éd.

Brunschvicg.
Introd. à la vie de l'esprit. 2e éd.
L'idéalisme contemporain.
C. Coignet.
Protestantisme français au xixe siècle
Coste.
Dieu et l'âme. 2e édit.
A. Cresson.
Bases de la philos. naturaliste.
Le malaise de la pensée philos.
La morale de Kant. 2e éd.
G. Danville.
Psychologie de l'amour. 4e édit.
L. Dauriac.
La psychol. dans l'Opéra français.
J. Delvolvé.
L'organisation de la conscience morale.
L. Dugas.
Psittacisme et pensée symbolique.
La timidité. 4e édit.
Psychologie du rire.
L'absolu.
L. Duguit.
Le droit social, le droit individuel et la transformation de l'État.
G. Dumas.
Le sourire.
Dunan.
Théorie psychologique de l'espace.
Duprat.
Les causes sociales de la folie.
Le mensonge. 2e édit
Durand (DE Gros).
Philosophie morale et sociale.
E. Durkheim.
Les règles de la méthode sociol. 4e éd.

E. d'Eichthal.
Cor. de S. Mill et G. d'Eichthal.
Les probl. sociaux et le socialisme.

Encausse (PAPUS).
Occultisme et spiritualisme. 2e éd.

A. Espinas.
La philos. expériment. en Italie.

E. Faivre.
De la variabilité des espèces.

Ch. Féré.
Sensation et mouvement. 2e édit.
Dégénérescence et criminalité. 4e éd.

E. Ferri.
Les criminels dans l'art.

Fierens-Gevaert.
Essai sur l'art contemporain. 2e éd.
La tristesse contemporaine. 5e éd.
Psychol. d'une ville. Bruges. 3e éd.
Nouveaux essais sur l'art contemp.

Maurice de Fleury.
L'âme du criminel. 2e éd.

Fonsegrive.
La causalité efficiente.

A. Fouillée.
Propriété sociale et démocratie.

E. Fournière.
Essai sur l'individualisme. 2e édit.

Gauckler.
Le beau et son histoire.

G. Geley.
L'être subconscient. 2e édit.

E. Goblot.
Justice et liberté. 2e édit.

A. Godfernaux.
Le sentiment et la pensée. 2e édit.

J. Grasset.
Les limites de la biologie. 5e édit.

G. de Greef.
Les lois sociologiques. 4e édit.

Guyau.
La genèse de l'idée de temps. 2e éd.

E. de Hartmann.
La religion de l'avenir. 7e édition.
Le Darwinisme. 8e édition.

B. C. Herckenrath.
Probl. d'esthétique et de morale.

Marie Jaëll.
L'intelligence et le rythme dans
les mouvements artistiques.

W. James.
La théorie de l'émotion. 3e édit.

Paul Janet.
La philosophie de Lamennais.

Jankelevitch.
Nature et société.

J. Lachelier.
Du fondement de l'induction. 5e éd.
Études sur le syllogisme.

C. Laisant.
L'Éducation fondée sur la science.

Mme Lampérière.
Le rôle social de la femme.

A. Landry.
La responsabilité pénale.

Lange.
Les émotions. 2e édit.

Lapie.
La justice par l'État.

Laugel.
L'optique et les arts.

Gustave Le Bon.
Lois psychol. de l'évol. des peuples.
Psychologie des foules. 14e éd.

F. Le Dantec.
Le déterminisme biologique. 3e éd.
L'individualité et l'erreur individua-
liste. 3e édit.
Lamarckiens et darwiniens. 3e éd.

G. Lefèvre.
Obligation morale et idéalisme.

Liard.
Les logiciens anglais contem. 5e éd.
Définitions géométriques. 3e édit.

H. Lichtenberger.
La philosophie de Nietzsche. 11e éd.
Aphorismes de Nietzsche. 4e éd.

O. Lodge.
La vie et la matière. 2e édit.

Lombroso.
L'anthropologie criminelle. 5e éd.

John Lubbock.
Le bonheur de vivre. 2 vol. 11e éd.
L'emploi de la vie. 7e édit.

G. Lyon.
La philosophie de Hobbes.

E. Marguery.
L'œuvre d'art et l'évolution. 2e édit.

Mauxion.
L'éducation par l'instruction. 2e éd.
Nature et éléments de la moralité.

G. Milhaud.
Les conditions et les limites de la
certitude logique. 2e édit.
Le rationnel.

Mosso.
La peur. 4e éd.
La fatigue intellect. et phys. 6e éd.

E. Murisier.
Les mal. du sent. religieux. 3e éd.

A. Naville.
Nouvelle classif. des sciences. 2e éd.

Max Nordau.
Paradoxes psychologiques. 6e éd.
Paradoxes sociologiques. 5e édit.
Psycho-physiologie du génie. 4e éd.

Novicow.
L'avenir de la race blanche. 2e édit.

Ossip-Lourié.
Pensées de Tolstoï. 2e édit.
Philosophie de Tolstoï. 2e édit.
La philos. soc. dans le théât. d'Ibsen·
Nouvelles pensées de Tolstoï.
Le bonheur et l'intelligence.
Croyance religieuse et croyance
  intellectuelle.

G. Palante.
Précis de sociologie. 4e édit.

W.-R. Paterson (Swift).
L'éternel conflit.

Paulhan.
Les phénomènes affectifs. 2e édit.
Psychologie de l'invention.
Analystes et esprits synthétiques.
La fonction de la mémoire.

J. Philippe.
L'image mentale.

**J. Philippe
et G. Paul-Boncour.**
Les anomalies mentales chez les
  écoliers. 2e édit.

F. Pillon.
La philosophie de Charles Secrétan.

Pioger.
Le monde physique.

L. Proal.
L'éducation et le suicide des enfants.

Queyrat.
L'imagination chez l'enfant. 4e édit.
L'abstraction. 2e édit.
Les caractères et l'éducation morale.
La logique chez l'enfant. 3e éd.
Les jeux des enfants. 2e édit.

G. Rageot.
Les savants et la philosophie.

P. Regnaud.
Précis de logique évolutionniste.
Comment naissent les mythes.

G. Renard.
Le régime socialiste. 6e édit.

A. Réville.
Divinité de Jésus-Christ. 4e éd.

A. Rey.
L'énergétique et le mécanisme.

Th. Ribot.
La philos. de Schopenhauer. 12e éd.
Les maladies de la mémoire. 20e éd.
Les maladies de la volonté. 25e éd.
Les mal. de la personnalité.
  14e édit.
La psychologie de l'attention. 10e éd.

G. Richard.
Socialisme et science sociale. 2e éd.

Ch. Richet.
Psychologie générale. 7e éd.

De Roberty.
L'agnosticisme. 2e édit.
La recherche de l'Unité.
Psychisme social.
Fondements de l'éthique.
Constitution de l'éthique.
Frédéric Nietzsche.

E. Roerich.
L'attention spontanée et volontaire.

J. Rogues de Fursac.
Mouvement mystique contemp.

Roisel.
De la substance.
L'idée spiritualiste. 2e édit.

Roussel-Despierres.
L'idéal esthétique.

Rzewuski.
L'optimisme de Schopenhauer.

Schopenhauer.
Le libre arbitre. 10e édition.
Le fondement de la morale. 10e éd.
Pensées et fragments. 22e édition.
Ecrivains et style. 2e édit.
Sur la religion. 2e édit.
Philosophie et philosophes.
Ethique, droit et politique.

P. Sollier.
Les phénomènes d'autoscopie.

P. Souriau.
La rêverie esthétique.

Herbert Spencer.
Classification des sciences. 9e édit.
L'individu contre l'Etat. 8e éd.
L'association en psychologie.

Stuart Mill.
Correspondance avec G. d'Eichthal.
Auguste Comte et la philosophie
  positive. 8e édition.
L'utilitarisme. 5e édition.
La liberté. 3e édit.

Sully Prudhomme.
Psychologie du libre arbitre.

**Sully Prudhomme
et Ch. Richet.**
Le probl. des causes finales. 4e éd.

Tanon.
L'évol. du droit et la consc. soc. 2e éd.

Tarde.
La criminalité comparée. 6e éd.
Les transformations du droit. 6e éd.
Les lois sociales. 5e édit.

J. Taussat.
Le monisme et l'animisme.

Thamin.
Éducation et positivisme. 2e éd.

P.-F. Thomas.
La suggestion, son rôle. 4ᵉ édit.
Morale et éducation. 2ᵉ éd.

Tissié.
Les rêves. 2ᵉ édit.

Wundt.
Hypnotisme et suggestion. 4ᵉ édit.
Zeller.
Christ. Baur et l'école de Tubingue.
Th. Ziegler.
La question sociale 3ᵉ éd.

VOLUMES IN-8.

Brochés, à 5, 7.50 et 10 fr.

Derniers volumes publiés :

J.-H. Boex-Borel.
(*J.-H. Rosny aîné*).
Le pluralisme.   5 fr.
L. Dugas.
Le problème de l'éducation.   5 fr.
A. Fouillée.
Le socialisme et la sociologie ré-
    formiste.   7 fr. 50
Hermant et Van de Waele
Les principales théories de la lo_
    gique contemporaine.   5 fr
Hubert et Mauss.
Mélanges d'histoire des religions.
                                5 fr.
M.-A. Leblond.
L'idéal du xixᵉ siècle.   5 fr.
C. Lombroso.
L'homme de génie (avec planches),
    4ᵉ édit.   10 fr.

E. Naville.
Les philosophies affirmatives. 7 f.50
G. Rodrigues.
Le problème de l'action.   3 fr. 75
F. Schiller.
Etudes sur l'humanisme.   10 fr.
A. Schinz.
Anti-pragmatisme.   5 fr.
P. Sollier.
Le doute.   7 fr. 50
P. Souriau.
La suggestion dans l'art. 2ᵉ édit.
                                5 fr.
Sully-Prudhomme.
Le lien social.   3 fr. 75
P. Tisserand.
L'anthropologie de Maine de Biran.
                                10 fr.

Ch. Adam.
La philosophie en France (première
    moitié du xixᵉ siècle). 7 fr. 50
Arréat.
Psychologie du peintre.   5 fr.
Dʳ L. Aubry.
La contagion du meurtre.   5 fr.
Alex. Bain.
La logique inductive et déductive.
    5ᵉ édit. 2 vol.   20 fr.
Les sens et l'intell. 3ᵉ édit. 10 fr.
J.-M. Baldwin.
Le développement mental chez
    l'enfant et dans la race. 7 fr. 50
J. Bardoux.
Psychol. de l'Angleterre contemp.
    (*les crises belliqueuses*). 7 fr. 50
Psychologie de l'Angleterre con-
    temporaine (*les crises politiques*).
                                5 fr.
Barthélemy Saint-Hilaire.
La philosophie dans ses rapports
    avec les sciences et la religion. 5 fr.
Barzelotti.
La philosophie de H. Taine. 7 fr. 50

A. Bayet.
L'idée de bien.   3 fr. 75
Bazaillas.
Musique et inconscience.   5 fr.
La vie personnelle.   5 fr.
G. Belot.
Études de morale positive. 7 fr. 50
H. Bergson.
Essai sur les données immédiates
    de la conscience. 6ᵉ édit. 3 fr. 75
Matière et mémoire. 5ᵉ édit.   5 fr.
L'évolution créatrice. 5ᵉ éd. 7 fr. 50
R. Berthelot.
Evolutionnisme et platonisme. 5 fr.
A. Bertrand.
L'enseignement intégral.   5 fr.
Les études dans la démocratie. 5 fr.
A. Binet.
Les révélations de l'écriture. 5 fr.
C. Bloch.
La philosophie de Newton.   10 fr.

Em. Boirac.
L'idée du phénomène. 5 fr.
La psychologie inconnue. 5 fr.
Bouglé.
Les idées égalitaires. 2e éd. 3 fr. 75
Essais sur le régime des castes. 5 fr.
L. Bourdeau.
Le problème de la mort. 4e éd. 5 fr.
Le problème de la vie. 7 fr. 50
Bourdon.
L'expression des émotions. 7 fr. 50
Em. Boutroux.
Études d'histoire de la philosophie.
2e édit. 7 fr. 50
Braunschvig.
Le sentiment du beau et le senti-
ment politique. 7 fr. 50
L. Bray.
Du beau. 5 fr.
Brochard.
De l'erreur. 2e éd. 5 fr.
M. Brunschvicg.
Spinoza. 2e édit. 3 fr. 75
La modalité du jugement. 5 fr.
L. Carrau.
Philosophie religieuse en Angle-
terre. 5 fr.
Ch. Chabot.
Nature et moralité. 5 fr.
A. Chide.
Le mobilisme moderne. 5 fr.
Clay.
L'alternative. 2e éd. 10 fr.
Collins.
Résumé de la phil. de H. Spencer.
4e éd. 10 fr.
Cosentini.
La sociologie génétique. 3 fr. 75
A. Coste.
Principes d'une sociol. obj. 3 fr. 75
L'expérience des peuples. 10 fr.
C. Couturat.
Les principes des mathématiques. 5f.
Crépieux-Jamin.
L'écriture et le caractère. 5e éd. 7.50
A. Cresson.
Morale de la raison théorique. 5 fr.
Dauriac.
Essai sur l'esprit musical. 5 fr.
H. Delacroix.
Etudes d'histoire et de psychologie
du mysticisme. 10 fr.
Delbos.
Philos. pratique de Kant. 12 fr. 50
J. Delvaille.
La vie sociale et l'éducation. 3 fr. 75
J. Delvolve.
Religion, critique et philosophie
positive chez Bayle. 7 fr 50

Draghicesco.
L'individu dans le déterminisme
social. 7 fr. 50
Le problème de la conscience.
3 fr. 75
G. Dumas.
La tristesse et la joie. 7 fr. 50
St-Simon et Auguste Comte. 5 fr.
G.-L. Duprat.
L'instabilité mentale. 5 fr.
Duproix.
Kant et Fichte. 2e édit. 5 fr.
Durand (DE GROS).
Taxinomie générale. 5 fr.
Esthétique et morale. 5 fr.
Variétés philosophiques. 2e éd. 5 fr.
E. Durkheim.
De la div. du trav. soc. 2e éd. 7 fr. 50
Le suicide, étude sociolog. 7 fr. 50
L'année sociologique. 10 volumes :
1re à 5e années. Chacune. 10 fr.
6e à 10e. Chacune. 12 fr. 50
V. Egger.
La parole intérieure. 2e éd. 5 fr.
Dwelshauvers.
La synthèse mentale. 5 fr.
A. Espinas.
La philosophie sociale au XVIIIe siè-
cle et la Révolution. 7 fr. 50
Enriques.
Les problèmes de la science et la
logique. 3 fr. 75
F. Evellin.
La raison pure et les antinomies. 5 fr.
G. Ferrero.
Les lois psychologiques du sym-
bolisme. 5 fr.
Enrico Ferri.
La sociologie criminelle. 10 fr.
Louis Ferri.
La psychologie de l'association, de-
puis Hobbes. 7 fr. 50
J. Finot.
Le préjugé des races. 3e éd. 7 fr. 50
Philosophie de la longévité. 12e éd.
5 fr.
Fonsegrive.
Le libre arbitre. 2e éd. 10 fr.
M. Foucault.
La psychophysique. 7 fr. 50
Le rêve. 5 fr.
Alf. Fouillée.
Liberté et déterminisme. 5e éd. 7 fr. 50
Critique des systèmes de morale
contemporains. 5e éd. 7 fr. 50
La morale, l'art et la religion, d'a-
près Guyau. 6e éd. 3 fr. 75
L'avenir de la métaphysique. 2e éd.
5 fr.

Alf. Fouillée.

Évolutionnisme des idées-forces. 4e éd. 7 fr. 50

La psychologie des idées-forces. 2e édit. 2 vol. 15 fr.

Tempérament et caractère. 3e éd. 7 fr. 50

Le mouvement idéaliste. 2e éd. 7 fr. 50

Le mouvement positiviste. 2e éd. 7.50

Psych. du peuple français. 3e éd. 7.50

La France au point de vue moral. 3e édit. 7 fr. 50

Esquisse psychologique des peuples européens. 4e édit. 10 fr.

Nietzsche et l'immoralisme. 2e éd. 5 fr.

Le moralisme de Kant et l'amoralisme contemporain. 2e éd. 7 fr. 50

Eléments sociol. de la morale. 2e édit. 7 fr. 50

La morale des idées-forces. 7 fr. 50

E. Fournière.

Théories social. au XIXe siècle. 7 fr. 50

G. Fulliquet.

L'obligation morale. 7 fr. 50

Garofalo.

La criminologie. 5e édit. 7 fr. 50

La superstition socialiste. 5 fr.

L. Gérard-Varet.

L'ignorance et l'irréflexion. 5 fr.

E. Gley.

Études de psycho-physiologie. 5 fr.

E. Goblot.

La classification des sciences. 5 fr.

G. Gory.

L'immanence de la raison dans la connaissance sensible. 5 fr.

R. de la Grasserie.

De la psychologie des religions. 5 fr.

J. Grasset.

Demifous et demiresponsables. 5 fr.

Introduction physiologique à l'étude de la philosophie. 5 fr.

G. de Greef.

Le transformisme social. 2e éd. 7 fr. 50

La sociologie économique. 3 fr. 75

K. Groos.

Les jeux des animaux. 7 fr. 50

Gurney, Myers et Podmore

Les hallucin. télépath. 4e éd. 7 fr. 50

Guyau.

La morale angl. cont. 5e éd. 7 fr. 50

Les problèmes de l'esthétique contemporaine. 6e éd. 5 fr.

Esquisse d'une morale sans obligation ni sanction. 9e éd. 5 fr.

L'irréligion de l'avenir. 13e éd. 7 fr. 50

L'art au point de vue social. 8e éd. 7 fr. 50

Éducation et hérédité. 10e éd. 5 fr.

E. Halévy.

La form. du radicalisme philos.

I. *La jeunesse de Bentham.* 7 fr. 50

II. *Évol. de la doctr. utilitaire*, 1789-1815. 7 fr. 50

III. *Le radicalisme philos.* 7 fr. 50

O. Hamelin.

Les éléments de la représentation. 7 fr. 50

Hannequin.

L'hypoth. des atomes. 2e éd. 7 fr. 50

Etudes d'histoire des sciences et d'histoire de la philosophie. 2 vol. 15 fr.

P. Hartenberg.

Les timides et la timidité. 2e éd. 5 fr.

Physionomie et caractère. 5 fr.

Hébert.

Evolut. de la foi catholique. 5 fr.

Le divin. 5 fr.

C. Hémon.

Philos. de Sully Prudhomme. 7 fr. 50

G. Hirth.

Physiologie de l'art. 5 fr.

H. Höffding.

Esquisse d'une psychologie fondée sur l'expérience. 4e édit. 7 fr. 50

Hist. de la philos. moderne. 2e édit. 2 vol. 20 fr.

Philosophie de la religion. 7 fr. 50

Ioteyko et Stefanowska.

Psycho et physiologie de la douleur. 5 fr.

Isambert.

Les idées socialistes en France (1815-1848). 7 fr. 50

Izoulet.

La cité moderne. 7e édit. 10 fr.

Jacoby.

La sélect. chez l'homme. 2e éd. 10 fr.

Paul Janet.

OEuvres philosophiques de Leibniz. 2e édition. 2 vol. 20 fr.

Pierre Janet.

L'automatisme psychol. 5e éd. 7 fr. 50

J. Jastrow.

La subconscience. 7 fr. 50

J. Jaurès.

Réalité du monde sensible. 2e édit. 7 fr. 50

Karppe.

Études d'hist. de la philos. 3 fr. 75

A. Keim.

Helvétius. 10 fr.

P. Lacombe.

Individus et sociétés selon Taine. 7 fr. 50

A. Lalande.

La dissolution opposée à l'évolution. 7 fr. 50

Ch. Lalo.
Esthétique musicale scientifique. 5 f.
L'esthétique expérim. cont. 3 fr. 75
A. Landry.
Principes de morale rationnelle. 5 fr.
De Lanessan.
La morale naturelle. 10 fr.
La morale des religions. 10 fr.
Lang.
Mythes, cultes et religions. 10 fr.
P. Lapie.
Logique de la volonté. 7 fr. 50
Lauvrière.
Philosophes contemporains. 2e édit.
3 fr. 75
E. de Laveleye.
De la propriété et de ses formes
primitives. 5e édit. 10 fr.
Le gouvernement dans la démocra-
tie. 3e éd. 2 vol. 15 fr.
Gustave Le Bon.
Psych. du socialisme. 5e éd. 7 fr. 50
G. Lechalas.
Études esthétiques. 5 fr.
Lechartier.
David Hume, moraliste et socio-
logue. 5 fr.
Leclère.
Le droit d'affirmer. 5 fr.
F. Le Dantec.
L'unité dans l'être vivant. 7 fr. 50
Limites du connaissable. 3e édit.
3 fr. 75
Xavier Léon.
La philosophie de Fichte. 10 fr.
Leroy (E.-B.).
Le langage. 5 fr.
A. Lévy.
La philosophie de Feuerbach. 10 fr.
Edgar Poë. Sa vie. Son œuvre. 10 fr.
L. Lévy-Bruhl.
La philosophie de Jacobi. 5 fr.
Lettres de Stuart Mill à Comte. 10 fr.
La philos. d'Aug. Comte. 2e éd. 7 fr. 50
La morale et la science des
mœurs. 3e éd. 5 fr.
Liard.
Science positive et métaphysique.
4e édit. 7 fr. 50
Descartes. 2e édit. 5 fr.
H. Lichtenberger.
Richard Wagner, poète et penseur.
4e édit. 10 fr.
Henri Heine penseur. 3 fr. 75
Lombroso.
La femme criminelle et la prostituée
1 vol. avec planches. 15 fr.
Le crime polit. et les révol. 2 v. 15 f.
L'homme criminel. 3e édit. 2 vol.,
avec atlas. 36 f.
Le crime. 2e éd. 10 f.

E. Lubac.
Système de psychol. rationn. 3 fr. 75
G. Luquet.
Idées générales de psychol. 5 fr.
G. Lyon.
L'idéalisme en Angleterre au XVIIIe
siècle. 7 fr. 50
Enseignement et religion. 3 fr. 75
P. Malapert.
Les éléments du caractère. 2e éd. 5 fr.
Marion.
La solidarité morale. 6e édit. 5 fr.
Fr. Martin.
La perception extérieure et la
science positive. 5 fr.
J. Maxwell.
Les phénomènes psych. 4e éd. 5 fr.
E. Meyerson.
Identité et réalité. 7 fr. 50
Max Muller.
Nouv. études de mythol. 12 fr. 50
Myers.
La personnalité humaine. 2e éd. 7.50
E. Naville.
La logique de l'hypothèse. 2e éd. 5 fr.
La définition de la philosophie. 5 fr.
Les philosophies négatives. 5 fr.
Le libre arbitre. 2e édition. 5 fr.
J.-P. Nayrac.
L'attention. 3 fr. 75
Max Nordau.
Dégénérescence. 2 v. 7e éd. 17 fr. 50
Les mensonges conventionnels de
notre civilisation. 10e éd. 5 fr.
Vus du dehors. 5 fr.
Novicow.
Luttes entre soc. humaines. 2e éd. 10 f.
Gaspillages des soc. mod. 2e éd. 5 fr.
Justice et expansion de la vie. 7 fr. 50
H. Oldenberg.
Le Bouddha. 2e éd. 7 fr. 50
La religion du Véda. 10 fr.
Ossip-Lourié.
La philosophie russe contemp. 5 fr.
Psychol. des romanciers russes au
XIXe siècle. 7 fr. 50
Ouvré.
Form. littér. de la pensée grecq. 10 fr.
G. Palante.
Combat pour l'individu. 3 fr. 75
Fr. Paulhan.
Les caractères. 3e édition. 5 fr.
Les mensonges du caractère. 5 fr.
Le mensonge de l'art. 5 fr.
Payot.
L'éducation de la volonté. 31e éd. 5 fr.
La croyance. 2e éd. 5 fr.
Jean Pérès.
L'art et le réel. 3 fr. 75

Bernard Perez.

Les trois premières années de l'enfant. 5e édit. 5 fr.

L'enfant de 3 à 7 ans. 4e éd. 5 fr.

L'éd. mor. dès le berceau. 4e éd. 5 fr.

L'éd. intell. dès le berceau. 2e éd. 5 fr.

C. Piat.

La personne humaine. 7 fr. 50

Destinée de l'homme. 5 fr.

Picavet.

Les idéologues. 10 fr.

Piderit.

La mimique et la physiognomonie, avec 95 fig. 5 fr.

Pillon.

L'année philos. 19 vol., chacun. 5 fr.

J. Pioger.

La vie et la pensée. 5 fr.

La vie sociale, la morale et le progrès. 5 fr.

L. Prat.

Le caractère empirique et la personne. 7 fr. 50

Preyer.

Éléments de physiologie. 5 fr.

L. Proal.

Le crime et la peine. 3e éd. 10 fr.

La criminalité politique. 2e éd. 5 fr.

Le crime et le suicide passionnels. 10 fr.

G. Rageot.

Le succès. 3 fr. 75

F. Rauh.

De la méthode dans la psychologie des sentiments. 2e éd. 5 fr.

L'expérience morale. 3 fr. 75

Récéjac.

La connaissance mystique. 5 fr.

G. Renard.

La méthode scientifique de l'histoire littéraire. 10 fr.

Renouvier.

Les dilem. de la métaph. pure. 5 fr.

Hist. et solut. des problèmes métaphysiques. 7 fr. 50

Le personnalisme. 10 fr.

Critique de la doctrine de Kant. 7.50

Science de la morale. Nouvelle édit. 2 vol. 15 fr.

G. Revault d'Allonnes.

Psychologie d'une religion. 5 fr.

Les inclinations. 3 fr. 75

A. Rey.

La théorie de la physique chez les physiciens contemp. 7 fr. 50

Ribéry.

Classification des caractères. 3 fr. 75

Th. Ribot.

L'hérédité psycholog. 8e éd. 7 fr. 50

La psychologie anglaise contemporaine. 3e éd. 7 fr. 50

La psychologie allemande contemporaine. 6e éd. 7 fr. 50

La psych. des sentim. 7e éd. 7 fr. 50

L'évol. des idées générales. 2e éd. 5 fr.

L'imagination créatrice. 3e éd. 5 fr.

Logique des sentiments. 2e éd. 3 f. 75

Essai sur les passions. 2e éd. 3 fr. 75

Ricardou.

De l'idéal. 5 fr.

G. Richard.

L'idée d'évolution dans la nature et dans l'histoire. 7 fr. 50

H. Riemann.

Elém. de l'esthétiq. musicale. 5 fr.

E. Rignano.

Transmissibilité des caractères acquis. 5 fr.

A. Rivaud.

Essence et existence chez Spinoza. 7 fr. 50

E. de Roberty.

Ancienne et nouvelle philos. 7 fr. 50

La philosophie du siècle. 5 fr.

Nouveau programme de sociol. 5 fr.

Sociologie de l'action. 3 fr. 75

F. Roussel-Despierres.

Liberté et beauté. 7 fr. 50

Romanes.

L'évol. ment. chez l'homme. 7 fr. 50

Russell.

La philosophie de Leibniz. 3 fr. 75

Ruyssen.

Évolut. psychol. du jugement. 5 fr.

A. Sabatier.

Philosophie de l'effort. 2e éd. 7 fr. 50

Emile Saigey.

La physique de Voltaire. 5 fr.

G. Saint-Paul.

Le langage intérieur. 5 fr.

E. Sanz y Escartin.

L'individu et la réforme sociale. 7.50

Schopenhauer.

Aphorismes sur la sagesse dans la vie. 9e éd. 5 fr.

Le monde comme volonté et représentation. 5e éd. 3 vol. 22 fr. 50

Séailles.

Ess. sur le génie dans l'art. 2e éd. 5 fr.

Philosoph. de Renouvier. 7 fr. 50

Sighele.

La foule criminelle. 2e édit. 5 fr.

Sollier.

Psychologie de l'idiot et de l'imbécile. 2e éd. 5 fr.

Le problème de la mémoire. 3 fr. 75

Le mécanisme des émotions. 5 fr.

Sourian.

L'esthétique du mouvement. 5 fr.
La beauté rationnelle. 10 fr.

Spencer (Herbert).

Les premiers principes. 9e éd. 10 fr.
Principes de psychologie. 2 vol. 20 fr.
Princip. de biologie. 5e éd. 2 v. 20 fr.
Princip. de sociol. 5 vol. 43 fr. 75
  I. *Données de la sociologie*, 10 fr. —
  II. *Inductions de la sociologie.
  Relations domestiques*, 7 fr. 50. —
  III. *Institutions cérémonielles et
  politiques*, 15 fr. — IV. *Institu-
  tions ecclésiastiques*, 3 fr. 75.
  — V. *Institutions profession-
  nelles*, 7 fr. 50.
Justice. 3e éd. 7 fr. 50
Rôle moral de la bienfaisance. 7.50
Morale des différents peuples. 7.50
Problèmes de morale et de socio-
  logie. 2e éd. 7 fr. 50
Essais sur le progrès. 5e éd. 7 fr. 50
Essais de politique. 4e éd. 7 fr. 50
Essais scientifiques. 3e éd. 7 fr. 50
De l'éducation. 13e édit. 5 fr.
Une autobiographie. 10 fr.

P. Stapfer.

Questions esthétiques et religieuses
3 fr. 75

Stein.

La question sociale au point de
vue philosophique. 10 fr.

Stuart Mill.

Mes mémoires. 5e éd. 5 fr.
Système de logique. 2 vol. 20 fr.
Essais sur la religion. 4e édit. 5 fr.
Lettres à Auguste Comte. 10 fr.

James Sully.

Le pessimisme. 2e éd. 7 fr. 50
Etudes sur l'enfance. 10 fr.
Essai sur le rire. 7 fr. 50

Sully Prudhomme.

La vraie religion selon Pascal. 7 f. 50

G. Tarde.

La logique sociale. 3e édit. 7 fr. 50
Les lois de l'imitation. 5e éd. 7 fr. 50
L'opposition universelle. 7 fr. 50
L'opinion et la foule. 2e édit. 5 fr.
Psychologie économique. 2 vol. 15 fr.

Em. Tardieu.

L'ennui. 5 fr.

P.-Félix Thomas.

L'éducation des sentiments. 4e éd.
5 fr
Pierre Leroux. Sa philosophie. 5 fr.

Et. Vacherot.

Essais de philosophie critique. 7 f. 50
La religion. 7 fr. 50

I. Waynbaum

La physionomie humaine. 5 fr.

L. Weber.

Vers le positivisme absolu par
l'idéalisme. 7 fr. 50

REVUE PHILOSOPHIQUE

de la France et de l'Étranger

DIRIGÉE par **Th. RIBOT**,

Membre de l'Institut, Professeur honoraire au Collège de France.

34e année, 1909. — PARAIT TOUS LES MOIS.

Abonnement : Un an : Paris, **30** fr. ; Départ. et Etranger, **33** fr.
La livraison, **3** fr.

JOURNAL DE PSYCHOLOGIE

Normale et pathologique

DIRIGÉ PAR LES DOCTEURS

Pierre JANET et G. DUMAS

Professeur de psychologie au Collège   Chargé de cours à la Sorbonne.
de France.

6e année, 1909. — PARAIT TOUS LES DEUX MOIS.

ABONNEMENT : Un an, du 1er janvier, **14** fr.
La livraison, **2** fr. **60**.

ÉCONOMIE POLITIQUE — SCIENCE FINANCIÈRE

JOURNAL DES ÉCONOMISTES

REVUE MENSUELLE DE LA SCIENCE ÉCONOMIQUE ET DE LA STATISTIQUE

Fondé en 1841, par G. Guillaumin

Paraît le 15 de chaque mois

par fascicules grand in-8 de 10 à 12 feuilles (180 à 192 pages).

RÉDACTEUR EN CHEF : M. G. DE MOLINARI
Correspondant de l'Institut.

CONDITIONS DE L'ABONNEMENT :

France et Algérie : UN AN........ **36** fr.; SIX MOIS....... **19** fr.;
Union postale : UN AN........... **38** fr.; SIX MOIS....... **20** fr.
LE NUMÉRO.............. **3** fr. **50**

Les abonnements partent de Janvier ou de Juillet.

NOUVEAU DICTIONNAIRE

D'ÉCONOMIE POLITIQUE

PUBLIÉ SOUS LA DIRECTION DE

M. LÉON SAY et de M. JOSEPH CHAILLEY-BERT

Deuxième édition.

2 vol. grand in-8 raisin et un Supplément : prix, brochés...... **60** fr.
—   —   demi-reliure chagrin................. **69** fr.

COMPLÉTÉ PAR 3 TABLES : **Table des auteurs, table méthodique
et table analytique.**

Cet important ouvrage peut s'acquérir en envoyant un mandat-poste
de 20 fr., au reçu duquel est faite l'expédition du livre, et en payant le
reste, soit 40 fr., en quatre traites de 10 fr. chacune, de deux mois en
deux mois. (*Pour recevoir l'ouvrage relié ajouter 9 fr. au premier paiement.*)

DICTIONNAIRE DU COMMERCE
DE L'INDUSTRIE ET DE LA BANQUE

DIRECTEURS :

MM. Yves GUYOT et Arthur RAFFALOVICH

2 volumes grand in-8. Prix, brochés........................... **50** fr.
—   —   reliés.............................. **58** fr.

Cet important ouvrage peut s'acquérir en envoyant un mandat-poste
de 10 fr., au reçu duquel est faite l'expédition du livre, et en payant le
reste, soit 40 fr., en quatre traites de 10 fr. chacune, de deux mois en
deux mois. (*Pour recevoir l'ouvrage relié ajouter 8 fr. au premier paiement.*)

COLLECTION DES PRINCIPAUX ÉCONOMISTES

Enrichie de commentaires, de notes explicatives et de notices historiques

(COLLECTION GUILLAUMIN.)

MÉLANGES (1re PARTIE)

David Hume. *Essai sur le commerce, le luxe, l'argent, les impôts, le crédit public, sur la balance du commerce, la jalousie commerciale, la population des nations anciennes.* — **V. de Forbonnais.** *Principes économiques.* — **Condillac.** *Le commerce et le gouvernement.* — **Condorcet.** *Lettres d'un laboureur de Picardie à M. N**** (Necker). — *Réflexions sur l'esclavage des nègres.* — *Réflexions sur la justice criminelle.* — *De l'influence de la révolution d'Amérique sur l'Europe.* — *De l'impôt progressif.* — **Lavoisier.** *De la richesse territoriale du royaume de France.* — **Franklin.** *La science du bonhomme Richard et ses autres opuscules.* 1 vol. grand in-8. . . . . 10 fr.

MÉLANGES (2e PARTIE)

Necker. *Sur la législation et le commerce des grains.* — L'abbé **Galiani.** *Dialogues sur le commerce des blés* avec la *Réfutation* de l'abbé **Morellet.** — **Montyon.** *Quelle influence ont les diverses espèces d'impôts sur la moralité, l'activité et l'industrie des peuples?* — **Bentham.** *Défense de l'usure.* 1 vol. gr. in-8. . . . . 10 fr.

RICARDO

Œuvres complètes. Les œuvres de Ricardo se composent : 1° des Principes de l'économie politique et de l'impôt. — 2° Des ouvrages ci-après : *De la protection accordée à l'agriculture.* — *Plan pour l'établissement d'une banque nationale.* — *Essai sur l'influence du bas prix des blés sur les profits du capital.* — *Proposition pour l'établissement d'une circulation monétaire économique et sûre.* — *Le haut prix des lingots est une preuve de la dépréciation des billets de banque.* — *Essai sur les emprunts publics,* avec des *notes.* 1 vol. in-8. . . . . 10 fr.

J.-B. SAY

Cours complet d'économie politique pratique. 2 vol. grand in-8.   20 fr.

J.-B. SAY

Œuvres diverses : *Catéchisme d'économie politique.* — *Lettres à Malthus et correspondance générale.* — *Olbie.* — *Petit volume.* — *Fragments et opuscules inédits.* 1 vol. grand in-8. . . . . 10 fr.

ADAM SMITH

Recherches sur la nature et les causes de la richesse des nations, traduction de G. **Garnier.** 5° édition, augmentée. 2 vol. in-8. . . . 16 fr.

COLLECTION DES ÉCONOMISTES
ET PUBLICISTES CONTEMPORAINS
FORMAT IN-8.

VOLUMES RÉCEMMENT PUBLIÉS :

ANTOINE (Ch.). Cours d'économie sociale. 4° édition, revue et augmentée. 1 vol. in-8 . . . . 9 fr.

ARNAUNÉ (Aug.), ancien directeur de la Monnaie, conseiller maître à la Cour des comptes. La monnaie, le crédit et le change. 1 vol. in-8. 4° édition, revue et augmentée. . . . . 8 fr.

COLSON (C.), ingénieur en chef des ponts et chaussées. Cours d'économie politique, professé à l'École nationale des ponts et chaussées. 6 vol. grand in-8 . . . . 36 fr.
     Livre I. — *Théorie générale des phénomènes économiques.* 2° édition revue et augmentée . . . . 6 fr.
     — II. — *Le travail et les questions ouvrières.* 3° tirage. . . 6 fr.
     — III. — *La propriété des biens corporels et incorporels.* 2° tir°°. 6 fr.
     — IV. — *Les entreprises, le commerce et la circulation.* 2° tir°°. 6 fr.
     — V. — *Les finances publiques et le budget de la France.* . 6 fr.
     — VI. — *Les travaux publics et les transports.* . . . . 6 fr.
— SUPPLÉMENT ANNUEL (1909) au *Livre du Cours d'Économie politique.* broch. in-8 . . . . » fr. 75

COURCELLE-SENEUIL, de l'Institut. Traité théorique et pratique des opérations de banque. *Dixième édition, revue et mise à jour*, par A. LIESSE, professeur au Conservatoire des arts et métiers. 1 vol. in-8. 9 fr.

EICHTHAL (Eugène d'), de l'Institut. La formation des richesses et ses conditions sociales actuelles, *notes d'économie politique.* . . . 7 fr. 50

LEROY-BEAULIEU (P.), de l'Institut. Le collectivisme, *examen critique du nouveau socialisme.* — *L'Évolution du Socialisme depuis 1895.* — *Le syndicalisme.* 5° édit., revue et augmentée 1 v. in-8. . . . . . . 9 fr.
— De la colonisation chez les peuples modernes. 6° édition. 2 vol. in-8 . . . . 20 fr.

MARTIN-SAINT-LÉON (E.), conservateur de la bibliothèque du Musée Social. Histoire des corporations de métiers, *depuis leurs origines jusqu'à leur suppression en 1791*, suivie d'une étude sur l'*Évolution de l'Idée corporative de 1791 à nos jours* et sur le *Mouvement syndical contemporain.* Deuxième édition, revue et mise au courant. 1 fort vol. in-8. (*Couronné par l'Académie française*) . . . . 10 fr.

NOVICOW (J.). Le problème de la misère et les phénomènes économiques naturels. 1 vol. in-8 . . . . 7 fr. 50

STOURM (R.), de l'Institut, professeur à l'École libre des sciences politiques. *Cours de finances.* Le budget, son histoire et son mécanisme. 6° édition. 1 vol. in-8. . . . . 10 fr.

BANFIELD, Professeur à l'Université de Cambridge. Organisation de l'industrie, traduit sur la 2° édition, et annoté par M. EMILE THOMAS. 1 vol. in-8. . . . . 6 fr.

BAUDRILLART (H.), de l'Institut. Philosophie de l'économie politique. Des rapports de l'économie politique et de la morale. Deuxième édition, revue et augmentée. 1 vol. in-8 . . . . 9 fr.

BLANQUI, de l'Institut. Histoire de l'économie politique en Europe, *depuis les Anciens jusqu'à nos jours*, 5° édition. 1 vol. in-8. . . 8 fr.

BLOCK (M.), de l'Institut. Les progrès de la science économique depuis ADAM SMITH. 2° édit. augmentée. 2 vol. in-8 . . . . 16 fr.

BLUNTSCHLI. Le droit international codifié. Traduit de l'allemand par M. C. LARDY. 5° édition, revue et augmentée. 1 vol. in-8. . . . 10 fr.
— Théorie générale de l'Etat, traduit de l'allemand par M. DE RIEDMATTEN. 3° édition. 1 vol. in-8.. . . . . 9 fr.

COURCELLE-SENEUIL, de l'Institut. Traité théorique et pratique d'économie politique. 3ᵉ édition, revue et corrigée. 2 vol. in-18. 7 fr.

COURTOIS (A.). Histoire des banques en France. 2ᵉ édition. 1 vol. in-8. . . . . 8 fr. 50

FAUCHER (L.), de l'Institut. Études sur l'Angleterre. 2ᵉ édition augmentée. 2 forts volumes in-8. . . . . 6 fr.

FIX (Th.). Observations sur l'état des classes ouvrières. Nouvelle édition. 1 vol. in-8. 5 fr.

GROTIUS. Le droit de la guerre et de la paix. Nouvelle traduction. 3 vol. in-8. 12 fr. 50

HAUTEFEUILLE. Des droits et des devoirs des nations neutres en temps de guerre maritime. 3ᵉ édit. refondue. 3 forts vol. in-8. 22 fr. 50
— Histoire des origines, des progrès et des variations du droit maritime international. 2ᵉ édition. 1 vol. in-8. . . . . 7 fr. 50

LEROY-BEAULIEU (P.), de l'Institut. Traité théorique et pratique d'économie politique. 4ᵉ édition. 4 vol. in-8. . . . . 36 fr.
— Traité de la science des finances. 7ᵉ édition, revue, corrigée et augmentée. 2 forts vol. in-8. . . . . 25 fr.
— Essai sur la répartition des richesses et sur la tendance à une moindre inégalité des conditions. 3ᵉ édit., revue et corrigée. 1 vol. in-8. 9 fr.
-- L'Etat moderne et ses fonctions. 3ᵉ édition. 1 vol. in-8. . . . 9 fr.

LIESSE (A.), professeur au Conservatoire national des arts et métiers. Le travail *aux points de vue scientifique, industriel et social*. 1 vol. in-8. . . . . 7 fr. 50

MORLEY (John). La vie de Richard Cobden, traduit par SOPHIE RAFFALOVICH. 1 vol. in-8. . . . . 8 fr.

NEYMARCK (A.). Finances contemporaines. — Tome I. *Trente années financières, 1872-1901*. 1 vol. in-8, 7 fr. 50. — Tome II. *Les budgets, 1872-1903*. 1 vol. in-8, 7 fr. 50. — Tome III. *Questions économiques et financières, 1872-1904*. 1 vol. in-8, 10 fr. — Tomes IV-V : *L'obsession fiscale, questions fiscales, propositions et projets relatifs aux impôts depuis 1871 jusqu'à nos jours*. 2 vol. in-8 (1907). . . . . 15 fr.

PASSY (H.), de l'Institut. Des formes de gouvernement et des lois qui les régissent. 2ᵉ édition. 1 vol. in-8. . . . . 7 fr. 50

PAUL-BONCOUR. Le fédéralisme économique et le syndicalisme obligatoire, préface de WALDECK-ROUSSEAU. 1 vol. in-8. 2ᵉ édit . . 6 fr.

PRADIER-FODÉRÉ. Précis de droit administratif. 7ᵉ édition, tenue au courant de la législation. 1 fort vol. in-8. . . . . 10 fr.

RAFFALOVICH (A.). Le marché financier. France, Angleterre, Allemagne, Russie, Autriche, Japon, Suisse, Italie, Espagne, États-Unis. Questions monétaires. Métaux précieux. Années 1894-1895. 1 vol. 7 fr. 50; 1895-1896. 1 vol. 7 fr. 50; 1896-1897. 1 vol. 7 fr. 50; 1897-1898 à 1901-1902, chacune 1 vol. 10 fr. ; 1902-1903 à 1907-1908, chacune 1 vol. . 12 fr.

RICHARD (A.). L'organisation collective du travail, essai sur la coopération de main-d'œuvre, le contrat collectif et la sous-entreprise ouvrière, préface par Yves GUYOT. 1 vol. grand in-8. . . . . 6 fr.

ROSSI (P.), de l'Institut. Cours d'économie politique, revu et augmenté de leçons inédites. 5ᵉ édition. 4 vol. in-8. . . . . 15 fr.
— Cours de droit constitutionnel, *professé à la Faculté de droit de Paris*, recueilli par M. A. PORÉE. 2ᵉ édition. 4 vol. in-8. . . . . . . 15 fr.

STOURM (R.), de l'Institut. Les systèmes généraux d'impôts. 2ᵉ édition révisée et mise au courant. 1 vol. in-8. . . . . 9 fr.

VIGNES (Édouard). Traité des impôts en France. 4ᵉ édition, mise au courant de la législation, par M. VERGNIAUD. 2 vol. in-8. . . . 16 fr.

BIBLIOTHÈQUE DES SCIENCES MORALES ET POLITIQUES

FORMAT IN-18 JÉSUS.

Volumes récemment publiés.

AUCUY (M.). Les systèmes socialistes d'échange. Avant-propos de M. A. DESCHAMPS, professeur à la Faculté de Droit de Paris. 1 volume in-16 . . . . 3 fr. 50

CHALLAYE. Syndicalisme révolutionnaire et syndicalisme réformiste. 1 vol. in-16. . . . . 2 fr. 50

DOLLÉANS. Robert Owen (1771-1858). Avant-propos de M. E. FAGUET, de l'Académie française. 1 vol. in-18, avec gravures. . . . . 3 fr. 50

EICHTHAL (E. d'), de l'Institut. La liberté individuelle du travail et les menaces du législateur. 1 vol. in-16. . . . . 2 fr. 50

Forces productives de la France (Les). Conférences organisées par la Société des anciens élèves de l'Ecole libre des sciences politiques, par MM. P. BAUDIN, P. LEROY-BAULIEU, MILLERAND, ROUME, J. THIERRY, E. ALLIX, J.-C. CHARPENTIER, H. DE PEYERIMHOFF, P. DE ROUSIERS, D. ZOLLA. 1 vol. in-16. . . . . 3 fr. 50

GAUTHIER (A.-E.), sénateur, ancien ministre. La réforme fiscale par l'impôt sur le revenu. 1 vol. in-18. . . . . 3 fr. 50

LIESSE, professeur au Conservatoire des arts et métiers. La statistique, ses difficultés, ses procédés, ses résultats. 1 vol. in-18. . . 2 fr. 50

— Portraits de financiers. OUVRARD, MOLLIEN, GAUDIN, BARON LOUIS, CORVETTO, LAFFITE, DE VILLÈLE. 1 vol. in-18. . . . . 3 fr. 50

MARGUERY (E.). Le droit de propriété et le régime démocratique. 1 vol. in-18. . . . . 2 fr. 50

MERLIN (R.), biblioth. archiviste du Musée social. Le contrat de travail, les salaires, la participation aux bénéfices. 1 v. in-18. . . . 2 fr. 50

MILHAUD (Mlle Caroline). L'ouvrière en France, *sa condition présente, réformes nécessaires.* 1 vol. in-18. . . . . 2 fr. 50

MILHAUD (Edg.), professeur d'économie politique à l'Université de Genève. L'imposition de la rente. *Les engagements de l'Etat, les intérêts du crédit public, l'égalité devant l'impôt.* 1 vol. in-16. . 3 fr. 50

MOLINARI (G. de), correspondant de l'Institut, rédacteur en chef du *Journal des Economistes.* Théorie de l'Evolution. *Economie de l'histoire.* 1 vol. in-16. 3 fr. 50

PIC (P.), professeur de législation industrielle à l'Université de Lyon. La protection légale des travailleurs et le droit international ouvrier. 1 vol. in-16 . . . . 2 fr. 50

BASTIAT (Frédéric). Œuvres complètes, précédées d'une *Notice* sur sa vie et ses écrits. 7 vol. in-18. . . . . 24 fr. 50
    I. *Correspondance. — Premiers écrits.* 3ᶜ édition, 3 fr. 50 ; — II. Le *Libre-Echange.* 3ᶜ édition, 3 fr. 50 ; — III. *Cobden et la Ligue.* 4ᶜ édition, 2 fr. 50 ; — IV et V. *Sophismes économiques. — Petits pamphlets.* 6ᵉ édit. 2 vol., 7 fr. ; — VI. *Harmonies économiques.* 9ᶜ édition, 3 fr. 50 ; — VII. *Essais. — Ebauches. — Correspondance.* . . . . . . 3 fr. 50
Les tomes IV et V seuls ne se vendent que réunis.

CIESZKOWSKI (A.). Du crédit et de la circulation. 3ᶜ édit. in-18. 3 fr. 50

COURCELLE-SENEUIL (J.-G.). Traité théorique et pratique d'économie politique. 3ᶜ édit. 2 vol. in-18. . . . . 7 fr.

— La société moderne. 1 vol. in-18. . . . . 5 fr.

FREEMAN (E.-A.). Le développement de la constitution anglaise, depuis les temps les plus reculés jusqu'à nos jours. 1 vol. in-18. . . 3 fr. 50

LAVERGNE (L. de), de l'Institut. Economie rurale de la France depuis 1789. 4ᵉ édition, revue et augmentée. 1 vol. in-18. . . . . . . 3 fr. 50

— L'agriculture et la population. 2ᵉ édition. 1 vol. in-18. . . . 3 fr. 50

MOLINARI (G. de), correspondant de l'Institut, rédacteur en chef du *Journal des Economistes.* Questions économiques à l'ordre du jour. 1 vol. in-18 . . . . 3 fr. 50

— Les problèmes du XXᶜ siècle. 1 vol. in-18. . . . . 3 fr. 50

STUART MILL (J.). Le gouvernement représentatif. Traduction et *Introduction,* par M. DUPONT-WHITE. 3ᶜ édition. 1 vol. in-18. 4 fr.

COLLECTION

D'AUTEURS ÉTRANGERS CONTEMPORAINS

Histoire — Morale — Économie politique — Sociologie

Format in-8. (Pour le cartonnage, **1 fr. 50** en plus.)

BAMBERGER. — **Le Métal argent au XIX° siècle.** Traduction par M. RAPHAEL-GEORGES LÉVY. 1 vol. Prix, broché . . . . . . 6 fr. 50

C. ELLIS STEVENS. — **Les Sources de la Constitution des États-Unis** *étudiées dans leurs rapports avec l'histoire de l'Angleterre et de ses Colonies.* Traduit par LOUIS VOSSION. 1 vol. in-8. Prix, broché. 7 fr. 50

GOSCHEN. — **Théorie des Changes étrangers.** Traduction et préface de M. LÉON SAY. *Quatrième édition française* suivie du *Rapport de 1875 sur le paiement de l'indemnité de guerre*, par le même. 1 vol. Prix, broché. . . . . 7 fr. 50

HERBERT SPENCER. — **Justice.** *3e édition.* Trad. de M. E. CASTELOT. 1 vol. Prix, broché . . . . 7 fr. 50

HERBERT SPENCER. — **La Morale des différents Peuples et la Morale personnelle.** Traduction de MM. CASTELOT et E. MARTIN SAINT-LÉON. 1 vol. Prix, broché . . . . 7 fr. 50

HERBERT SPENCER. — **Les institutions professionnelles et industrielles.** Traduit par HENRI DE VARIGNY. 1 vol. in-8. Prix, br. 7 fr. 50

HERBERT SPENCER. — **Problèmes de Morale et de Sociologie.** Traduction de M. H. DE VARIGNY. 2e édit. 1 vol. Prix, broché. . 7 fr. 50

HERBERT SPENCER. — **Du Rôle moral de la Bienfaisance.** (*Dernière partie des principes de l'éthique*). Traduction de MM. E. CASTELOT et E. MARTIN SAINT-LÉON. 1 vol. Prix, broché . . . . 7 fr. 50

HOWELL. — **Le Passé et l'Avenir des Trade Unions.** *Questions sociales d'aujourd'hui.* Traduction et préface de M. LE COUR GRANDMAISON. 1 vol. Prix, broché . . . . 5 fr. 50

KIDD. — **L'évolution sociale.** Traduit par M. P. LE MONNIER. 1 vol. in-8. Prix, broché. 7 fr. 50

NITTI. — **Le Socialisme catholique.** Traduit avec l'autorisation de l'auteur. 1 vol. Prix, broché . . . . 7 fr. 50

RUMELIN. — **Problèmes d'Économie politique et de Statistique.** Traduit par AR. DE RIEDMATTEN. 1 vol. Prix, broché. . . . . . 7 fr. 50

SCHULZE GAVERNITZ. — **La grande Industrie.** Traduit de l'allemand. Préface par M. G. GUÉROULT. 1 vol. Prix, broché. . . . . . 7 fr. 50

W.-A. SHAW. — **Histoire de la Monnaie (1252-1894).** Traduit par M. AR. RAFFALOVICH. 1 vol. Prix, broché . . . . 7 fr. 50

THOROLD ROGERS. — **Histoire du Travail et des Salaires en Angleterre depuis la fin du XIII° siècle.** Traduction avec notes par E. CASTELOT. 1 vol. in-8. Prix, broché . . . . 7 fr. 50

WESTERMARCK. — **Origine du Mariage dans l'espèce humaine.** Traduction de M. H. DE VARIGNY. 1 vol. Prix broché. . . . . . . 11 fr.

A.-D. WHITE. — **Histoire de la Lutte entre la Science et la Théologie.** Traduit et adapté par MM. H. DE VARIGNY et G. ADAM. 1 vol. in-8. Prix, broché . . . . 7 fr. 50

PETITE BIBLIOTHÈQUE

ÉCONOMIQUE

FRANÇAISE ET ÉTRANGÈRE

PUBLIÉE SOUS LA DIRECTION DE M. J. CHAILLEY-BERT

PRIX DE CHAQUE VOLUME IN-32, ORNÉ D'UN PORTRAIT
Cartonné toile. . . . . 2 fr. 50

XVIII VOLUMES PUBLIÉS

I. — VAUBAN. — Dîme royale, par G. Michel.

II. — BENTHAM. — Principes de Législation, par Mlle Raffalovich.

III. — HUME. — Œuvre économique, par Léon Say.

IV. — J.-B. SAY. — Economie politique, par H. Baudrillart, de l'Institut.

V. — ADAM SMITH. — Richesse des Nations, par Courcelle-Seneuil, de l'Institut. 2e édit.

VI. — SULLY. — Économies royales, par M. J. Chailley-Bert.

VII. — RICARDO. — Rentes, Salaires et Profits, par M. P. Beauregard, de l'Institut.

VIII. — TURGOT. — Administration et Œuvres économiques, par M. L. Robineau.

IX. — JOHN-STUART MILL. — Principes d'économie politique, par M. L. Roquet.

X. — MALTHUS. — Essai sur le principe de population, par M. G. de Molinari.

XI. — BASTIAT. — Œuvres choisies, par M. de Foville, de l'Institut. 2e édit.

XII. — FOURIER. — Œuvres choisies, par M. Ch. Gide.

XIII. — F. LE PLAY. — Économie sociale, par M. F. Auburtin. Nouvelle édit.

XIV. — COBDEN. — Ligue contre les lois, Céréales et Discours politiques, par Léon Say, de l'Académie française.

XV. — KARL MARX. — Le Capital, par M. Vilfredo Pareto. 3e édit.

XVI. — LAVOISIER. — Statistique agricole et projets de réformes, par MM. Schelle et Ed. Grimaux, de l'Institut.

XVII. — LÉON SAY. — Liberté du Commerce, finances publiques, par M. J. Chailley-Bert.

XVIII. — QUESNAY. — La Physiocratie, par M. Yves Guyot.

Chaque volume est précédé d'une introduction et d'une étude biographique, bibliographique et critique sur chaque auteur.

697-09. — Coulommiers. Imp. Paul BRODARD. —PC-09.